사진으로 보는 관징 스님
(화보)

관징 스님 사자후

'서초법조인불자회' 초청법회(2003.02.20, 세랍 79살).

중국 근대 3대 고승 쉬윈(虛雲) 화상 전법 게송

서녘 극락세계에서 보내온 사람
가슴의 卍자 영원(靈源)의 징표
선정 함께 닦아 자성 달 같으니
정법안장 다시 떨쳐 일어나리라!

※ 1957년 쟝시성(江西省) 쩐루선사(眞如禪寺)에서

1

寬淨和尚 行化寺刹地圖

闇亭寺　卍卍
能仁寺

九仙山 靈鷲巖寺
彌勒大殿

清泉岩寺・
虛雲老和尚 舍利塔

闇亭寺　福建省 福州市 永泰縣 盖洋乡 東北14公里 赤岭村
能仁寺　福建省 福州市 永泰縣 长庆镇 下濟村 下濟寺
靈鷲巖寺　福建省 泉州市 德化縣 赤水・上涌・大铭 三乡镇交界处 九仙山
彌勒大殿　福建省 泉州市 德化縣 赤水・上涌・大铭 三乡镇交界处 九仙山
清泉巖寺　福建省 永春縣 泉州市 湖洋镇 蓬莱村 岩屏山中

卍 開平寺

卍 仙佛寺

卍 教忠寺

卍 天馬寺

⊙ 誕生地：福建省 莆田市 涵江區 庄邊鎮 黃洋村

卍 麥斜岩寺
卍 善果岩寺
卍 釋寬淨大和尚蓮塔
卍 滴水岩寺

卍 香山寺

卍 鳳飛寺
卍 三會寺
卍 仙門寺
卍 西方寺

卍 大光禪寺

開平寺　福建省 南平市 西芹鎮
仙佛寺　福建省 福州市 樟城鎮 八仙路 88
教忠寺　福建省 福州市 永泰縣 梧桐鎮 潼关村 大洋 屏峰山
天馬寺　福建省 莆田市 仙遊縣 遊洋鎮 天馬村
麥斜巖寺・善果巖寺・滴水巖寺・香山寺　福建省 莆田市 仙游县 鍾山鎮
鳳飛寺・三會寺・西方寺・仙门寺　福建省 莆田市 仙游县

1924년 7월 7일 탄생

탄생지 : 중국 福建省 莆田市 涵江區 庄邊津 黃洋村

쉬윈(虛雲) 화상을 스승으로

1931년 2월 19일(7살) 출가
1939년 2월 19일(15살) 수계

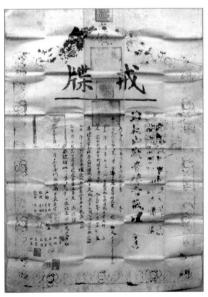

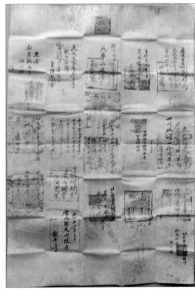

1957년 9월 19일(15살) 정법안장

조동종(曹洞宗=洞雲宗) 47대 쉬윈(虛雲) 화상
관징에게 48대 전법계승자로 정법안장 부촉

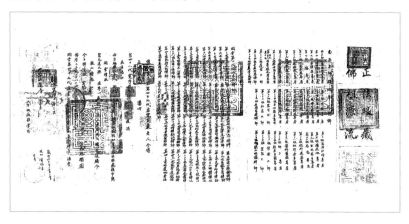

관징(寬淨) 스님 유품에서 나온 쉬윈(虛雲) 화상 법상

앞면

뒷면

1967년 10월 26일 마이셰옌사(福建省 仙遊縣 鍾山鎭 麥斜岩寺)
미륵동굴에서 좌선하던 중 관세음보살의 인도를 받아 극락세계로 출발.

원쥐산(雲居山) 중턱에 있는 마이셰옌사(麥斜岩寺)

참선 정진하던 동굴 입구

아래로 연결된 동굴 출구들

1974년 4월 8일 6년, 5개월간 극락세계 참관하고
쥐셴산(福建省 德化縣 九仙山) 미륵동굴에서 귀환.

쥐셴산 미륵동굴 전경

쥐셴산 미륵동굴 입구

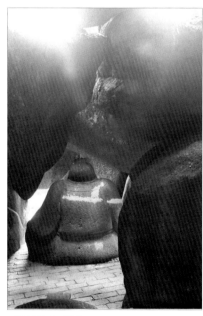

미륵동굴 내부

1979년 종교자유화가 된 뒤 산휘사(三會寺) 주지

1981년 산휘사 첫 제자 홍셴(宏仙, 현 샹산사 주지)

1982년 미국 떠나기 직전 제자와 함께!

1979년 미중 수교 뒤, 1982년
중국 대륙 스님으로는 최초로 미국 뉴욕 대승사 가서 포교

7살 출가하니 법명은 寬淨
큰스승 虛雲 스님 선종 전해주시고,
오대산 能海 스님 밀종 전해주시고,
보타산 深日 스님 정토 전해주시어,
3가지로 교화하니 정법 일어나누나!

거사 竹軒 절하며 짓다.

『미국 대승사 50주년 기념집』
「깊이 선정을 닦은 관징 화상, 대승사에서 안거」

1983~ 미국 활동상황

1983 샌프란시스코
미주불교회 명예회장

1986 로스엔젤리스
관음보살사 명예주지

1983 뉴욕 대승사

1987 LA 반야수덕선당

1984년 미국 제자와 함께 조국 방문하고 불교 성지순례

1984년 6월 31일 우타이산(五臺山) 분향

쥐화산(九華山) 지장전 분향

푸퉈산(普陀山) 푸지선사(普濟禪寺) 분향

30년간(1985~2005년) 중국에 17개 사찰 창건 및 중건

17개 사찰을 본인이 직접 설계·감독하였다. 모든 재원은 다 미국·대만·싱가포르·말레이시아·홍콩·한국 같은 외국 제자들이 보시하였다.

공사현장 직접 지휘   샹산사(香山寺). 1985년 완공

공사중인 링쥬옌사(靈鷲巖寺) 전경. 1990년 낙성

톈마사(天馬寺) 1991년 낙성

미러대전(彌勒大殿) 1992년 낙성

산궈옌사(善果岩寺) 1995년 낙성

띠쉬옌사(滴水岩寺) 1996년 낙성

한국방문 16차(1997~2004 8년간)
100회 넘는 법회를 통해 정토선 보급

서울 능인선원 대법당(1997. 3. 9)

신문 보도(2001)

1000名 참석한 강진 백련사 법회 (2000. 5. 27. 굉선 제공)

불교방송국 대법당(2002.3.2)

법조인불자회(서초구민회관 2003.2.20)

2007年 음력 6月 19日(양력 8月 1日) 0時 원적

관징 스님 사리 : 89과가 나왔고, 그 뒤 18과가 늘어 현재 107과

관징 화상(寬淨和尙) 연탑(蓮塔) 비문

師生甲子年 七歲入開平 十七南華戒 接洞雲傳燈 繼普陀蓮淨
承五台密眞 一九六七間 遊極樂七年 回傳淨土禪 說佛國眞情
往美國宏法 佛教會長名 世界傳道場 歸徒七萬人 國內興寺院
十七處叢林 福慧雙修法 圓融無碍明 法輪頻常轉 佛日永高懸

　　스님은 갑자년(1924) 태어나 7살에 개평사(開平寺)에 들어가,
　　17살에 남화사(南華寺)에서 계 받고, 동운종(洞雲宗) 법을 이어받았으며,
　　보타산(普陀山) 정토종(蓮淨) 잇고, 오대산(五臺山) 밀교(密眞)를 받았다.
　　1967년부터 7년간 극락을 여행하고 돌아와 정토선(淨土禪)을 전하고
　　부처님 나라의 참된 모습을 설하였다.
　　미국으로 가 가르침을 펴고 불교 회장을 맡아 세계에 도장(道場) 전하니
　　7만 명이 귀의했고, 나라 안에서는 절을 일으켜 17곳이 총림이 되었다.
　　복과 지혜를 함께 닦아(福慧雙修法) 두루 통해 막힘없이 밝으니,
　　가르침의 바퀴 쉼 없이 돌고, 부처님 해 오래도록 높이 걸려 있구나!

극락과 염불

맑은
나라

옮긴이 머리말

보정 서길수

이 책에는 다음과 같은 5가지 관징(寬淨 : 관징은 중국어 발음) 스님의 글과 관징 스님 정토선과 인연있는 분들의 체험기가 있다.

1. 극락세계 여행기
2. 정토선 원리
3. 인간정토를 이룩하는 원리
4. 우주적 깨달음
5. 관징 스님 정토선과의 인연

이 5가지는 단계별로 서로 연결되어 있다. 그렇기 때문에 읽는 사람은 자기 경계에 따라 1단계만 읽을 수도 있고, 끝까지 다 읽을 수도 있다.

1. 극락세계 여행기

이 이야기는 쉽고 재미있다. 그렇기 때문에 누구나 부담 없이 읽어 내려갈 것이다. 그러나 만일 이 이야기에 대한 믿음을 가지고 읽어간다면 그 안에서 우리는 재미를 넘어서 엄청난 삶의 보석을 찾아낼 수 있다. 기독교 성경에서는 천국에 대한 구체적인 내용이 거의 없어 많은 사람들이 단테의 신곡이라는 소설을 통해서 천당

과 지옥에 대한 이미지를 갖는다. 불교의 극락에 대해서는 『아미
따경』이나 『무량수경』에 꽤 구체적으로 설명되어 있다. 그러나 이
「극락세계 여행기」에서는 한걸음 더 나아가 경전에서 다루지 않은
아주 자세한 극락세계의 모습을 우리 눈높이에 맞추어 이야기해
주고 있다.

이야기는 1967년으로 되돌아간다. 당시 중국은 문화대혁명이
시작되면서 모든 종교를 '네 가지 옛것'이라는 이름으로 쓸어버렸
다. 손 안에 붉은 색 『모택동 어록』을 든 어린 학생들은 홍위병이
라는 이름으로 지나가는 기차를 세워 타고, 재산을 몰수하고, 아버
지까지 고발하는 전대미문의 반문화 반인륜 혁명을 진행시켰다.
전국의 모든 절은 단 한 군데도 남기지 않고 스님을 쫓아내고 불상
을 비롯한 모든 시설들을 부숴버렸다. 그 결과 스님들은 모두 환속
하였고, 목탁소리는 완전히 끊어져버렸다.

당시 43살이었던 관징 스님도 홍위병에게 쫓겨났지만 몰래 자
기가 주지로 있던 마이셰옌사(麥斜岩寺) 뒤 미륵동굴에 숨어서 혼
자 열심히 수행을 하고 있었다. 어느 날 누가 부르는 것 같더니 불
가사의한 힘에 끌려 동굴을 나와서 걷다가 관세음보살의 화신을
만나 극락세계를 여행하게 된다. 그때 도솔천을 비롯한 하늘세계
를 들러 극락세계에 가서 하품에서 상품까지 돌아보았던 이야기
를 기록한 것이 「극락세계 여행기」다. 본인은 그 모든 일정이 20
시간쯤 걸린 것 같았는데 실제 이 세상으로 돌아와 보니 6년 반이
라는 세월이 지나버렸다고 한다.

이 이야기는 선정에서 본 경계도 아니고, 관징 스님이 특별히
기도를 해서 이룬 결과도 아니었다. 그것은 온전히 관세음보살과

아미따 붇다께서 대승불교의 꽃을 피운 중국에 불교가 완전히 사라져버린 것을 보고 새로운 희망의 메시지를 주기 위해 마련한 프로젝트에 관징 스님이 뽑혀서 다녀왔던 것이다. 그렇기 때문에 관징 스님은 다녀온 뒤 다시 종교자유가 선포되자 폐허가 된 중국 불교를 일으키는데 온 힘을 쏟았고, 미국을 비롯하여 동남아와 한국에 극락을 알리는데 온 힘을 다하다가 입적하셨다.

만화처럼 가볍게 읽을 수 있지만 경전처럼 무거운 내용을 가진 「극락세계여행기」다.

2. 정토선 원리

「극락세계 여행기」를 읽고 '나도 이런 극락에 가고 싶다'고 생각이 들면 바로 이어서 「정토선 원리」를 읽어야 한다. 정토선이란 바로 극락에서 실행되는 수행법이기 때문이다.

불교에서 궁극적인 도를 이루기 위해 많은 사람들이 선(禪)수행을 하고 있지만 오탁악세인 이승에서 깨달음을 이룬다는 것은 쉽지 않다. 그렇기 때문에 한 번 가면 다시는 물러서지 않는 극락에 가서 깨달음 얻으려고 염불하는 것을 정토수행이라고 한다. 정토선은 바로 정토와 선을 합쳐서 더 이상 줄일 수 없을 정도로 가장 쉽게 만든 수행법이다.

「정토선 원리」에서는 이런 수행법의 원리를 아주 쉽게 정리하여 놓았다. 군더더기 없이 꼭 필요한 이야기만 알기 쉽게 써놓았기 때문에 특별히 설명하지 않아도 누구나 읽어 가면 정토선 수행법을 이해할 수 있고, 바로 실천에 옮길 수 있다. 이 수행법의 특징은 단계가 뚜렷하게 나뉘어 있고, 그 단계를 눈 밝은 선지식이 없더라

20

도 스스로 검증이 가능한 것이다. 오로지 "나모아미따불" 6자 염불을 열심히 하면, 언젠가 몸속에서 염불소리가 나는 자성염불 단계가 되고(이것은 정토선의 으뜸가는 특징이다), 그때는 입으로 소리 내서 염불하지 않고 그 소리를 집중해서 듣기만 하면 일념(一念)단계에 들어가며, 거기서 더 나아가면 그 염불소리마저 없어지는 무념(無念)단계가 되면 이른바 깨달음을 얻게 되는 것이다.

관징 스님은 이 수행법이 관징 스님의 수행법이 아니고, 극락세계 수행법이고 불보살께서 일러주신 수행법이라는 것을 강조하였다.

3. 인간정토를 이룩하는 원리

불교적인 유토피아를 이 지구상에서 이룩하는 원리를 제시한 것이다. 경제사상사를 전공한 옮긴이는 일찍이 토마스 모어의 『유토피아』을 읽고 감동을 받았고, 그 뒤 「공자의 유토피아」라는 논문을 썼으며, 성경과 꾸란, 그리고 불경에서 인류미래를 해결할 유토피아적 경제사상을 찾기 위해 무던히 노력했었다. 그 가운데 불교는 비물질적이고 형이상학적인 내용이 많아 현실적인 물질문명의 위기를 해결하는 유토피아를 찾기 어려웠다. 그런데 관징 스님의 유토피아를 읽는 순간 인류의 문제, 해결할 사람, 해결할 사람을 양성하는 구체적인 방법을 제시하였고, 핵 재난이나 인구문제 같은 아주 구체적인 보기를 친절하게 들고 그 해결 방법을 제시하고 있어 참으로 놀랐다.

결국은 우주라는 하나의 더할 수 없이 큰 심령을 깨달은 사람들만이 인류를 구할 수 있다는 주장인데, 그런 깨달음을 '몸으로 자성을 깨닫는 신성각(身性覺)'이라고 했다.

어린 학생시절부터 이 신성각을 이루기 위한 특별교육을 하는 학교를 세워 이 유토피아론을 현실화시켜보았으면 하는 바람이 있다. 이 책을 읽은 사람들 가운데 그런 실천가들이 많이 나왔으면 한다.

4. 우주적 깨달음

옮긴이가 관징 스님을 연구하면서 이 『우주적 깨달음』을 읽고 관징 스님이 매우 위대한 고승이라는 생각을 굳혔다. 어떤 경전에 대한 새로운 해석이나 자기가 깨달은 경계를 내세우는 정도가 아니라 최고의 깨달음인 우주적 깨달음을 종횡무진으로 설명해 나간다. '통일체 우주관' '모두지만 몸통이 없는 것' '부분이지만 나눌 수 없는 것'처럼 꽤 어려운 용어를 사용하고 경전에 나온 비슷한 용어들을 수없이 반복하고 있기 때문에 옮긴이에게는 솔직히 번역하기에 벅찬 논문이었다. 그러나 이처럼 어려운 논리를 전개하였지만 결론인 '우주적 깨달음을 얻는 방법'은 매우 단순하고 쉬웠다. 그리고 누구나 쉽게 실천할 수 있는 것이었다.

붇다는 중생들에게 반드시 '나모아미따불'을 염불하도록 하였는데, 이것이 바로 붇다가 우주적 각오 · 우주적 진리 · 우주는 붇다 · 붇다는 우주 같은 것을 가르치려는 뜻에 가장 잘 들어맞는 것이다.

아!…

인류는 반드시 '나모아미따불' 염불을 해야 한다! 더 미룰 시간이 없다! 세상에 있는 모든 것(萬物)과 감각이 있는 모든 생명(衆生)은 반드시 '나모아미따불' 염불을 해야 한다. 더 늦출 시간이 없다!

5. 관징 스님 정토선과의 인연

이 마당에서는 관징 스님이 한국을 방문했을 때 직접 지도를 받고 수행해본 10명과 중국 본토에서 2명의 제자에 대한 이야기를 뽑아 실었다. 이 내용은 1,000쪽이 넘는 『극락 가는 사람들』에 실린 내용에서 극히 일부분만 골라낸 것이다. 멀리만 느껴졌던 극락과 염불수행이 바로 가까이 있다는 것을 보여주는 것으로, 읽는이 여러분들이 발심하는데 도움이 되리라고 믿는다.

이 책은 올 4월 8일 첫판을 찍었는데 인연있는 절에서 법보시용으로 나누어 썼기 때문에 절판이 되었습니다. 그래서 '넷째 마당 우주적 깨달음'을 더 넣어 증보판을 내게 되었습니다.

이 책을 읽은 모든 이들이 앞에서 본 5가지 글을 자기 것으로 만들어 모두 극락에 가서 태어나거나 이승에서 수행을 통해 우주적 깨달음을 얻는 실마리가 되기를 간절히 빌어마지 않습니다.

2016년 4월 15일
보정 서길수 합장

차례

24

관징(寬淨) 스님의 간추린 한 살이(一生)

관징 스님은 1924년 7월 14일 중국 푸젠성(福建省) 푸젠현(浦田縣) 한장구(涵江區) 장볜진(庄邊鎭) 황양촌(黃洋村)에서 태어났다. 1931(7살)년 푸젠성(福建省) 카이핑사(開平寺)로 출가해서 1941(17살)년 광둥성(廣東省) 난화사(南華寺)에서 쉬윈(虛雲) 화상을 스승으로 구족계를 받았다.

1957(34살)년 윈쥐산(雲居山)에서 조동종(허운 화상은 정법안장에는 洞雲宗이라 썼다) 47대 쉬윈(虛雲)·꾸옌(古嚴) 화상으로부터 48대 관징(寬淨) 푸씽(復興) 선사에게 전하는 정법안장(正法眼藏)을 받았다. 1962(39살)년 이후 껑디핑사(坑底坪寺)·수이롄사(水聯寺)·셴포사(仙佛寺) 당가(當家)를 지냈고 마이셰옌사(麥斜岩寺)의 주지를 맡아 수행에 전념하였다.

1966(43살)년 문화대혁명이 시작되면서 홍위병에 의해 강제 환속(還俗)되었으나 2달 뒤 다시 잠적하여 동굴에서 수행에 몰두하던 중, 다음 해인 1967(44살)년 10월 25일 관세음보살님의 인도를 받아 서녘 극락세계로 떠나게 된다. 이어서 극락세계의 9품 연꽃의 여러 경계를 참관하고 돌아오니 1974(51살)년 4월 8일이었다. 하늘나라와 극락을 하루쯤 다녀온 것처럼 느꼈는데 실제로 돌아와 보니 6년 5개월이란 세월이 지나가 버린 것이다. (자세한 내용은 본문 참조).

1979(56살)년 중국이 대외개방을 시작하며 종교 활동을 허가

하자 다시 절로 돌아와 카이핑사(開平寺) · 마이셰사(麥斜寺) · 산휘사(三會寺) 주지를 지냈다. 푸젠성 셴여우현(仙遊縣) 산휘사(三會寺) 주지로 있을 때, 늘 하루나 이틀씩 선정에 들곤 하였는데, 1980(57살)년 12월 23일부터 29일까지 6일 반 동안 선정에 들어 주위를 놀라게 한 이야기는 지금도 스님들 사이에 전설처럼 내려오고 있다. 이 때 귀의한 제자들이 많았다고 한다.

1982(59살)년 미국으로 건너가, 뉴욕의 Mahayana Temple(大乘寺), 샌프란시스코의 Norras Temple(諾那寺), 로스엔젤리스의 Pho Da Son Quan Am Bo Tat Tu(普陀山 觀音菩薩寺)와 Prajna Buddhist Mission(般岩修德善堂) 같은 절에서 행각승으로 있으면서 불법을 폈다. 미국에서 설법한 내용을 바탕으로 극락 다녀온 이야기를『붇다나라와의 별난 인연(佛國奇緣)』이란 책으로 내고, 극락 가는 수행인『정토선 원리(淨土禪精義)』의 출간을 준비하며 미국 신도들의 수행을 이끌었다.

1984(61살)년 미국으로 건너간지 2년 만에 미국 제자 와이콴(慧群, LA 관음보살사 주지) 스님과 함께 고국으로 돌아와 당시 불교 재건 상황을 파악한 뒤 본격적인 사찰 복원불사를 시작한다. 관징 스님은 미국 영주권을 20년 이상 가지고 있었지만 절반 이상을 중국에서 살면서 17곳의 사찰을 직접 다시 세우거나 증축을 도왔다(仙游縣 : 天馬寺, 麥斜岩寺, 善果巖寺, 滴水巖寺, 香山寺, 西方寺, 三會, 仙門寺. 永春縣 : 淸泉巖寺 허운 화상 사리탑. 德化縣 : 靈鷲巖寺, 彌勒大殿, 觀音巖. 永泰縣 : 仙佛寺). 관징 스님이 관계된 절은

모두 가난하고 스님들도 공부를 못한 분들이라, 관징 스님은 이런 분들에게 3개월 속성과정으로 불교 기초와 법회 방식을 가르쳐 절에 머물도록 하여, 대부분이 문맹인 시골 마을 사람들에게 불교를 생활화하도록 해 주었다. 실제로 그런 시골의 조그마한 절이나 농부들이 관징 스님을 살아있는 붇다(活佛)라고 하는 말은 빈말이 아니었다. 살아있는 붇다가 아니라 요즈음 말로 산타클로스 할아버지라고 하는 것이 더 어울리는 불사였다. 이와 같은 불사는 모두 미국, 대만, 홍콩, 싱가포르, 한국에 다니며 직접 모은 성금으로 이룩한 것이었다.

이처럼 미국과 중국의 수많은 절에서 지도하고, 수많은 절을 새로 세우거나 수리했지만 어느 한 절에 적을 두고 계속 머문 적이 없었다. 늘 스스로를 '구름처럼 떠도는 중(雲遊僧)'이라 부르며, 필요한 곳에 가서 필요한 것을 도와주었다. 필요에 따라 어떤 절 주지라고 한 적은 있으나 불사가 끝나면 그 절을 현지의 스님에게 넘기고, 또다시 구름처럼 거침없이 미국으로, 싱가포르로, 홍콩으로, 한국으로 돌아다니며 행각승 노릇을 이어갔다.

미국으로 건너가 터를 잡은 5년 뒤 1987년, 싱가포르 강연을 바탕으로 『극락세계 여행기(極樂世界遊記)』, 『정토선 원리(淨土禪精義)』란 책이 발간되어 본격적으로 대만, 홍콩, 싱가포르, 중국, 한국에 퍼지게 된다. 이 두 책이 퍼지면서 관징 스님에 대한 평가는 크게 두 가지로 갈린다. 하나는 '관세음보살의 영험으로 극락을 다녀와 쓴 여행기는 극락이 어떻게 생겼고 어떻게 가는지를 알려주는 좋은 지침서'라는 것이고, 다른 하나는 '극락을 다녀왔다는 이야기는 믿을 수 없다'는 것이다. 아마 중화인민공화국 성립 이후 계속 중국 본토에 남아 있던 스님들이 쓴 책 가운데 이처럼 커다란 반향과 논란이 있었던 것은 없었을 것이다. (자세한 내용은 따로 출판한 『극락 가는 사람들』 5~6마당 참조)

중화권의 이와 같은 평가는 『극락세계 여행기(極樂世界遊記)』에만 집중되어 있고, 이상하다고 할 정도로 극락에 가는 수행법을 상세하게 다룬 『정토선 원리(淨土禪精義)』에 대해서는 단 한 줄의 평가도 이루어지지 않았다(최근에는 조금씩 소개는 되고 있다). 그러나 한국에서는 정토선을 수행하는 단체도 생기고 실제로 『정토선 원리(淨土禪精義)』에 나온 수행법에 따라 수행하여 수행법의 고갱이(核心)라고 할 수 있는 자성염불(自性念佛)을 이룬 사람도 많이 생겨났다는 것은 특기할만한 사실이었다. 이것은 1997년 한국 불교단체의 초청으로 한국을 방문한 뒤 2004년까지 8년간 모두 16차례에 걸쳐 한국에 와서 전국 여러 곳에서 100회가 넘게 정토선 염불이 극락 가는 지름길이라는 것과 그 구체적인 방법을 강의했기 때문이라고 볼 수 있다.

2007년 음력 6월 19일(양력 8월 1일) 푸젠성(福建省) 셴여우현(仙遊縣) 산휘사(三會寺)에서 세상을 떠났는데, 세속 나이 83살(한국 나이 84살), 출가 나이(法臘) 76살이었다. 셴먼사(仙門寺)에서 다비할 때, 89알(顆)의 사리가 나왔는데 현재 중국, 대만, 한국에서 제자들이 모시고 있다. (관징 스님 일대기 『극락과 정토선』 참조)

첫째 마당

서녘 극락세계 여행기
西方極樂世界遊記

지금까지 이 세상 누구도 찾아내지 못한
옛 사람을 놀라게 하고 이 시대를 빛낸
몸소 서녘 극락을 다녀온 큰스님의 강론

1987년 4월[1] 싱가포르 남해보타산(南海普陀山)[2] 강연

여러 법사님들! 여러 큰스님들! 여러 신도님들!
안녕하십니까!

오늘 우리는 붇다와 맺은 인연이 있어 이 자리에 함께 모이게
되었고, 아울러 전생이나 과거세(過去世)에 맺은 인연이 있어 비로
소 오늘 여기서 만날 수 있게 된 것입니다. 제가 말씀 드리려고 하
는 것은, 제가 몸소 서녘 극락세계에 직접 가서 겪은 경위와 아울
러 극락세계에서 보고 들었던 형편과 모습을 모두 여러분들께 알
리고자 하는 것입니다.

제가 말씀드리고자 하는 것은 다음 다섯 가지입니다.

1) 제가 어떻게 극락세계에 가게 되었는가? 어떤 인연으로 그
곳에 갈 수 있었는가? 하는 것입니다. 실제로 제가 극락세계에 다
녀온 시간이 (느낌으로는) 모두 합해서 20시간쯤 된다고 생각했는
데, 다시 인간 세상에 돌아왔을 때는 이미 6년 5개월 남짓 지나 있
었습니다.

2) 서녘 극락세계에 갔다 오는 동안 제가 잇따라 들렀던 곳은

---

1) 1987년 4월 17일~19일(음력 정묘년 3월 20일~22일) 금요일에서 일요일까지 날마
   다 저녁 7시에 한 강연.
2) 싱가포르에 있는 절(新加坡惹蘭林沐門牌八二五B, No 825-B JlnLimbok

(먼저)나한동(羅漢洞)[3] · 도리천(忉利天)[4] · 도솔천(兜率天)[5]을 들 수 있고, 그 다음 다시 극락세계의 3군데, 곧 하품연꽃(下品蓮花) · 중품연꽃(中品蓮花) · 상품연꽃(上品蓮花)을 갔었습니다.[6] 제가 여러분에게 말씀 드리고자 하는 것은 이 세 곳의 경계가 도대체 어떠한가 하는 것입니다.

3) 9품에 가서 태어나는(往生) 실제 사정과 형편에 대해 말씀드리겠습니다. 쉽게 말하면, 중생들이 싸하세계[7]에서 수행하여 얻은

───────────

3) 나한동(羅漢洞) : 나한(羅漢)들이 머무는 세계로, 나한은 아라한(阿羅漢)의 준말이다. 아라한(阿羅漢, arhan)이란 성문이 깨닫는 수다원 · 사다함 · 아나함 · 아라한 4단계 가운데 가장 윗자리로, 3계의 번뇌를 모두 끊고 수행이 완성되어 존경과 공양을 받을 수 있는 지위를 말한다. 초기불교에서는 최고의 깨달음을 얻은 이를 말한다.

4) 도리천(忉利天) : 하늘나라 욕계(欲界)는 사왕천(四王天), 도리천(忉利天), 야마천(夜摩天), 도솔천(兜率天), 화락천(化樂天), 타화자재천(他化自在天) 같은 여섯 나라가 있는데, 두 번째 나라가 도리천이다. 수미산 꼭대기에 있는데, 가운데 제석천(帝釋天)이 있고 4방에 8개씩 32개 하늘나라가 있어 모두 33개 하늘나라가 있다고 한다.

5) 도솔천(兜率天, Tusita-deva) : 하늘나라 6욕천(六欲天) 가운데 넷째 하늘. 수미산 꼭대기로부터 12만 유순 위에 있는 하늘인데, 7가지 보석으로 된 아름다운 궁전이 있고 헤아릴 수 없이 많은 하늘사람들이 살고 있다고 한다. 여기에는 내원(內院)과 외원(外院)이 있는데, 외원은 일반 하늘사람들이 사는 곳이고 내원은 미륵보살의 정토(淨土)이다. 이곳에 앞으로 붇다가 될 보살(현재는 미륵보살)이 다스리고 있다가 때가 되면 지상으로 내려와 법을 편다고 한다.

6) [원문 주] 각 품 연꽃(蓮花)은 다시 상 · 중 · 하 3등급으로 나뉘어 모두 합쳐 9품 연꽃(九品蓮花)이라 한다.
   [옮긴이 주] 9품 연화에 대해서는 본문에서 구체적인 정황이 나오기 때문에 자세히 설명하지 않는다. 경전과 비교해보려면 『무량수경(無量壽經)』과 『관무량수경(觀無量壽經)』 참조.
   앞으로 원문에 있던 주는 [원문 주]라고 따로 표시하고, 나머지는 모두 옮긴이의 주이기 때문에 [옮긴이 주]라는 표시를 하지 않는다. 다만 [원문 주]와 함께 있을 때만 [옮긴이 주]라는 표시를 한다.

7) 싸하세계(Sahā-lokadhātu, 娑婆國土) : 한자는 소리 나는 대로 사바(娑婆) · 사하(沙訶) · 사하(沙呵) · 색하(索訶)라고 했고, 뜻으로는 참고 견딤(堪忍) · 참는 나라(忍土)로 옮겼다. 사꺄무니(釋迦牟尼) 붇다가 태어난 이 세상을 말한다. 이 땅의 중생은 여러 가지 번뇌를 참고 나가야 하고, 또 성인도 이곳에서 어려움을 참고 교화해야 하므로 이 세상을 '참고 견디는 나라'라고 했다. 우리가 흔히 사바세계라고 하는데, 한자에서 사바(娑婆)와 사하(沙訶 · 娑呵)가 다 나온다. 홍법원 사전에는 싸하(Sahā)와 싸바(Sabhā) 두 개의 산스크리트 낱말이 다 나오는데, 불광사전에서는 싸바(Sabhā)는 나오지 않는다. 산스크리트-영어 사전에는 싸하 세계를 나타내는 낱말로 싸하(Sahā)만 들고 있고, 싸바(Sabhā)는 모임(assembly), 회합(congregation), 만남(meeting), 회의(council) 같은 뜻만 있고 '참고 견디다'는 뜻이 없다.

공덕이 9품 연화 가운데 어느 품(品)에 가서 태어나도록 결정되는지, 또 각 연꽃의 품마다 그 안에서 일어나는 실제 생활의 정경, 보기를 들면 그들 몸 생김새의 특징, 옷과 낯빛, 먹을거리와 지내는 생활, 연꽃의 높이와 크기 같은 것들이 도대체 어떠한지 말씀드리고자 합니다.

4) 극락세계 중생들의 수행방법에 대해 말씀드리겠습니다. 쉽게 말하면, 그 곳에 가서 태어난 사람들이 어떤 방법으로 수행하여 한 품 한 품 아래서 위로 올라가 끝내 붇다라는 도를 이루는가 하는 것입니다.

5) (극락에) 가서 태어난 사람 가운데 서로 알게 된 사람들이 제가 싸하세계로 다시 돌아가게 되면 그들의 가족에게 안부를 전해 달라는 부탁도 있었습니다.

* 앞으로 법사가 서녘 극락세계에 가서 겪은 경과를 말할 때
   1인칭 '나'는 (관징) 스님 자신을 말하는 것임.

1장. 길에서 만난 별난 인연
- 관세음보살 안내로 찾아간 거룩한 경계 -

1967년 10월 25일에 일어난 일이다.

그날 나는 마이셰옌사(麥斜岩寺)[8] 미륵동굴(彌勒洞)에서 좌선을 하고 있었는데, 갑자기 누군가 나를 부르는 듯한 소리가 들리더니, 이어서 나를 떠밀어 앞으로 걸어가게 하였다. 이때 나는 좀 취한 사람처럼 얼떨떨해서 무슨 까닭인지 묻지도 않고 바로 절을 나섰다. 다만 내 마음 속에서는 내가 이즈음 푸젠성(福建省) 더화현(德化縣)에 가서 떠돌고 있다는 것은 알 수 있었다.

걷고 또 걸었지만 가는 동안 조금도 힘든지 몰랐고 배도 고프지 않았다. 다만 목이 마를 때는 두 손으로 샘물을 떠서 몇 모금 마셨을 뿐이고, 몇 날 몇 밤을 걸었는지도 알 수가 없었다. 아무튼 길을 가는 동안 쉬거나 잠을 잘 필요가 없었으며, 한 가지 기억나는 것은 그때는 모두 밝은 대낮이고 맑게 갠 날이었다.

더화현(德化縣)을 지나 쌍용(上湧)에 있는 쥐셴산(九仙山)이 멀지 않은 곳에 다다랐을 때, 갑자기 의식이 깨어나고 있다는 것을 느꼈다. 그때 나는 길 가던 사람이 "오늘은 10월 25일"이라고 하

---

8)[원문 주] (관징) 법사는 그 절 주지였다.
　[옮긴이 주] 중국 푸젠성(福建省) 셴여우현(仙游縣) 쭝산향(鍾山鄕) 마이셰옌촌(麥斜岩村)에 있는 절. 1966년 문화혁명으로 파괴될 당시 관징 스님은 이 절의 주지였다. 이 당시는 이미 절이 폐쇄되었고, 관징 스님이 홍위병 몰래 동굴에서 숨어서 수행하고 있었다. 자세한 것은 관징 스님 일대기『극락과 정토선』참조.
　* 일반 출판물과 마찬가지로 1930년대 이후 고유명사는 현재 중국에서 쓰이고 있는 보통화 발음으로 읽고, 그 이전 고유명사는 우리말식으로 읽는다.

는 것을 들었다.

다음날 새벽 3시로 기억한다. 길을 가다가 우연히 노스님 한 분을 만났는데(나중에야 관세음보살의 화신이라는 것을 알았다), 그분의 옷차림이 나와 똑같았다. 우리는 본디 서로 아는 사이는 아니었지만 같은 길을 가는 사람을 만났기 때문에 아주 자연스럽게 마치 약속이나 한 것처럼 바로 서로 두 손을 모아 인사를 나누었다.

우리는 서로 이름을 댔는데, 그 노스님은 나에게 자신을 이렇게 소개하였다.

"내 법호는 웬관(圓觀)이오. 오늘 우리는 서로 인연이 있어 만났으니 쥐셴산(九仙山)이나 찾아가 함께 돌아보는 것이 어떻겠소?"

마침 같은 길을 가고 있었기 때문에 나는 머리를 끄떡여 좋다는 의사를 표했다. 이렇게 우리는 걸으며 이야기하면서 함께 길을 갔다. 길을 가는 동안 그 분은 마치 나의 오랜 과거의 내막을 환하게 꿰뚫어 보듯이 수많은 인과를 얘기해 주었는데, 마치 신화(神話)를 얘기하듯이 나의 지난날 전생, 곧 어느 생에는 어느 곳 어느 지점 어느 때 태어났는지 고스란히 털어놓았다. 아주 신기하게도 그 분이 말해 주는 한마디 한마디를 뚜렷이 기억할 수 있었다.[9]

이야기를 하며 걷다 보니 나도 모르는 사이에 이미 쥐셴산(九仙

---

[9] [원문 주] 7년 뒤 관징 스님은 그 분의 말씀에 따라 여러 곳을 가서 조사해보니 각 전생마다 실제로 그런 사람이 있었으며 시간과 장소도 다 정확했는데, 모두 스님으로 살았다. 다만 한 살이(生涯)만 재가신도로 살았는데, 청(淸)나라 강희(康熙, 1662~1722) 때였으며, 살았던 곳은 푸젠성(福建省) 쌍용방(上涌方) 꿰거촌(桂格村)이었다. 이름은 정원사(鄭遠思)로 6남 2녀를 낳아 길렀는데, 그 가운데 한 사람이 진사 벼슬을 했고, 주소와 시간, 무덤들을 조사해 보니 모두가 사실이었다. 현재 121가구에 450명이 넘는 후손이 살고 있다.

山)[10]에 이르렀다. 이 산 위에는 미륵동굴(彌勒洞)이라는 큰 동굴이 하나 있는데, 이곳이 우리가 본디 가려고 하는 목적지다. 동굴 안은 방 한 칸 크기 밖에 되지 않지만 미륵불상이 모셔져 있기 때문에 '미륵동굴'이라고 부른다.

그러나 우리가 쥐셴산에 이르러 산을 반쯤 올라갔을 때 기이한 모습이 눈앞에 나타났다. 눈앞에 보이던 길이 갑자기 바뀌어 버렸는데, 이미 바뀐 길은 이전 쥐셴산에 나 있던 길이 아니었다. 새로운 길은 돌을 다듬어서 만들었는데, 어슴푸레한 빛을 띤 것이 아주 특이했다. 산 끝에 이르러 바라보니 원래 그 산에 있던 '미륵동굴'이 아니고 완전히 딴 세상에 와 버린 것이다.

눈앞에 펼쳐진 것은 이제껏 본 적이 없는 큰 절인데, 대단히 장엄하고 화려했으며, 큰 절의 양쪽에는 두 개의 보탑(寶塔)이 더 있었다. 얼마 걷지 않아 우리는 바로 산문(山門)에 이르렀다. 문득 보니 흰 돌로 쌓은 산문은 구조가 매우 웅장하고 아름다웠으며, 큰 문 위에는 금으로 새긴 커다란 현판(懸板)이 걸려 있는데, 겉면에 쓰인 커다란 금빛 글씨는 무슨 뜻인지 전혀 알 수가 없었다.

산문 앞에는 스님 4명이 있었는데, 몸에는 붉은 장삼을 걸치고 허리에는 금띠를 둘렀으며 모습이 점잖고 엄숙했다. 우리 두 사람이 온 것을 보자 모두 몸을 굽혀 절하며 맞이하였고 우리도 얼른 답례를 하였다. 이때 내 마음 속에 '이곳 스님들의 옷차림이나 치렛거리는 본 적이 없는 것인데, 라마승(喇嘛僧)[11] 같지 않은가!' 라

10) [원문 주] 복건성에서 가장 높은 산.
11) 라마승(喇嘛僧, Lama) : 티베트 말 bla-ma 또는 lama를 소리 나는 대로 옮긴 것이다. 일반적으로 티베트와 몽골의 스님들을 높이어 일컫는 말이다. 중국에서 뜻으

는 생각이 들었다. 그들은 모두 웃음을 머금고 "어서 오십시오, 환영합니다!" 라고 말하며 우리들을 안으로 안내했다.

산문 안으로 들어가 몇 개의 전각을 지나는데, 참 신기하게도 이곳 건물들은 모두 빛을 내고 있었고, 모든 건물들이 장엄하고 화려해 볼 만하였다. 안쪽으로 들어가자 아주 긴 복도만 보이는데, 복도 양쪽에는 이름도 알 수 없고 빛깔도 다른 갖가지 신기한 꽃과 나무들이 심어져 있었고, 창문을 통해 밖을 내다보니 보탑이나 크고 화려한 집(殿堂) 같은 건물들을 볼 수 있었다.

얼마 뒤 우리 일행은 첫 대전(大殿)에 이르렀다. 대전 위에는 금으로 쓴 4글자가 번쩍이고 있었는데, 중국어(漢文)도 아니고 영어도 아니라 알아볼 수가 없어 웬관 노스님에게 이 4글자가 무슨 뜻인지 여쭈어 보았더니, 노스님은 '중천나한(中天羅漢)이다'라고 대답해 주었다. 나한이란 이름을 부른 것 보고, 나는 바로 이곳은 틀림없이 아라한(阿羅漢)[12]들이 수행하여 얻은 경계라는 생각이 들었다. 여기까지 오니 나는 어슴푸레하게나마 이곳은 이미 우리들 인간의 세계가 아니구나 하는 것을 느낄 수 있었다. 그 글자 가운데 현재 내가 기억해 낼 수 있는 한 글자는 「非」이고, 나머지 3글자는 기억이 나지 않는다.

로 상사(上師)·상사(尙師)라고 옮기는데, 가장 높은 사람(最上者·上人)이란 뜻으로, 산스크리트의 웃따라(uttara, 鬱多羅) 또는 구루(guru, 咕嚕)에 해당된다.

12) 아라한(阿羅漢, arhan) : 초기불교 수행자 가운데 최고의 경지. 온갖 번뇌를 끊고 4가지 거룩한 진리(四聖諦)에 대한 이치를 깨달아 세상 사람들의 존경을 받을만한 공덕을 갖춘 성인.

나와 웬관 노스님이 우연히 만났을 때가 새벽 3시였기 때문에 이때쯤 아마 동틀 무렵이 되었을 것이라고 생각했는데, 보이는 것은 큰 집 안팎뿐이었다. 아주 많은 사람들이 드나들고 있었는데, 노랗고 하얗고 누렇고 검은 갖가지 살빛이 모두 있었고, 그 가운데 누른빛이 가장 많았으며 사내·계집·늙은이·젊은이가 모두 있었다. 그들의 옷차림은 멋있고 특별했으며 모두 빛을 내고 있었다. 서너 사람이나 대여섯 사람이 떼를 지어 무술을 닦는 사람들도 있고, 즐겁게 노래하고 춤추는 사람들도 있고, 바둑 두는데 골몰하는 사람들도 있고, 조용히 앉아 호흡을 조절하고 정신을 통일하고 있는 사람들도 있었는데, 모두 기쁨과 즐거움으로 가득 찬 모습들이었다. 우리가 온 것을 보자 모두 상냥하게 머리를 끄덕이고 웃으며 기꺼이 맞이하는 뜻을 드러냈지만 우리들과 이야기를 나누지는 않았다.

　　큰 건물 안으로 들어갈 때 4자의 큰 글자가 보였는데, 웬관 노스님이 "저것은 '대웅보전(大雄寶殿)'이란 네 글자다"라고 알려 주었다. 두 분의 노화상(老和尙)[13]이 와서 우리를 맞이하였는데 그 모습을 살펴보니 한 노화상은 수염이 하얗고 아주 길었으며, 다른 한 노화상은 수염이 없었다. 그들은 웬관 노스님이 온 것을 보자마자 바로 몸을 굽혀 오체투지(五體投地)[14]로 큰절을 올렸다. 중천나한에서 웬관 노스님에게 이처럼 큰절로 예를 갖추는 것을 보고, '웬

---

13) 화상(和尙)은 수행을 많이 한 중이나 중을 높여 부르는 말.
14) 오체투지(五體投地) : 불교에서 절하는 법의 하나. 처음에 두 무릎을 땅에 꿇고 두 팔을 땅에 대고 그 다음에 머리를 땅에 대어 절한다. 몸의 다섯 부분을 땅에 대고 절하는 가장 높은 절. 티베트 라마교에서 많이 하는 절이다.

관 노스님은 결코 예사롭지 않는 분이구나!' 라는 생각이 들었다.

그들이 우리를 손님방(客廳)으로 맞이해 갈 때 대웅보전 안 곳 곳을 둘러보니, 문득 향 연기가 피어오르는데 그 맑은 향내가 코에 스쳤으며, 땅바닥은 모두 은은한 빛이 나는 흰 돌로 깔려 있었다. 그런데 이상하게 법당 안에 불상(佛像)은 한 분도 모시지 않았는데 공양물은 아주 많았다. (그 가운데) 산꽃(生花)은 마치 고무공만큼 컸고 모두 둥근 북처럼 생겼는데, 꾸며 놓은 온갖 등(燈)은 빛깔이 가지가지로 많고 찬란하게 빛났다.

손님방으로 들어가자 노화상은 아이가 가지고 온 물 2잔을 받아주었다. 그 아이를 살펴보니 머리꼭지에 2가닥 쪽을 찌고, 몸에는 초록색 옷을 입고, 허리에는 금띠를 둘렀는데, 아이의 차림새가 아주 보기 좋았다. 잔에 담긴 물은 흰빛이고, 맑고 시원하고 달았다. 내가 반잔쯤 마셨을 때 웬관 노스님도 함께 마셨는데, 마시고 나니 정신이 훨씬 맑고 시원하게 느껴지고, 온 몸이 산뜻하여 피곤한 느낌이 조금도 들지 않았다.

웬관 노스님과 노화상은 귓속말로 무엇인가 이야기하고 난 뒤, 노화상이 아이더러 나를 데리고 가서 몸을 씻도록 안내하라고 일렀다. 얼핏 보니 맑은 물이 가득 찬 하얀 구리 동이가 이미 그 자리에 마련되어 있었다. 나는 바로 얼굴과 몸을 씻고 젖은 수건으로 몸을 닦은 뒤 나를 위해 미리 마련해 놓은 깨끗한 잿빛 승복(僧服)을 입었다. 목욕을 마치고 나니 몸과 마음이 훨씬 시원하고 산뜻해졌다. 이때 '내가 오늘 정말 거룩한 경계(聖境)에 들어 왔구나!' 라고 생각하니, 마음속에 우러나오는 기쁨을 어떤 말로도 표현하기 어려울 지경이었다.

　손님방으로 다시 돌아왔을 때, 나는 바로 노화상 앞에 무릎을 꿇고 세 번 절한 뒤 가르침을 청하고, 장래 불교의 앞날이 어떻게 될 것인지 물었다.[15] 노화상은 한 마디 말도 하지 않고 다만 붓을 들어 종이 위에 여덟 글자를 썼는데, 그 8자는 이렇다.

　불자심작(佛自心作) : 붇다는 스스로 마음이 만드는 것인데
　교유마주(敎由魔主) : 가르침은 마라(魔羅)[16]가 주인노릇 하네.
　노화상이 그 종이를 건네주어 두 손으로 받아 들고 8글자 속에 들어 있는 뜻을 이리저리 꼼꼼하게 따져 보고 있는데, 다른 노화상이 나를 위해 알기 쉽게 풀어 설명해 주었다.

　"이 8글자를 가로세로 · 세로가로 · 왼쪽오른쪽 · 오른쪽왼쪽 · 위아래 · 아래위로 마지막 글자를 나누어 36구절을 읽어내면 앞으로 100년 안의 불교 정황을 알 수 있고, 만일 다시 이 36구절로 840구절을 이끌어내면 온 세계 불교가 앞으로 어떻게 발전할 것인가 하는 정황과 불교가 중생제도를 마칠 때까지도 알 수 있게 된다."

---

15) 이 때 중국 불교는 문화혁명 때문에 완전히 사라져버린 위기상황이므로 앞으로 이 일이 어떻게 전개될 것인지 관징 스님에게는 가장 절실한 문제이기 때문에 질문을 한 것이다. (자세한 것은 관징 스님 일대기『극락과 정토선』참조)
16) 마라(魔羅, māra) : 산스크리트 māra의 소릿값을 따서 한자로 마라(魔羅)라고 옮겼는데, 한자에서는 간단하게 줄여서 쓰는 습관이 있어 흔히 마(魔)라고 줄여서 쓰면서 마라(魔羅)가 마(魔)로 굳어졌다. 산스크리트를 한문으로 옮길 때 뜻에 따라 마(魔)로 옮긴 것으로 잘못 아는 경우가 더 많은데, 소리를 따서 옮긴 것이다. 마라(魔羅)란 불도를 닦는데 장애가 되는 귀신이나 사물을 말한다. 우리가 흔히 쓰는 마구니는 마라의 무리인 마군(魔群)을 부르다 변한 것이다.

한바탕 이야기를 나눈 뒤 노스님은 나를 불러 방에 가서 쉬라고 하였다. 아이의 안내를 받아 방에 들어가 보니, 방안에 침대는 없고 아주 우아한 걸상 몇 개만 놓여 있는데 걸상 위에는 아주 보들보들하고 질 좋은 비단이 깔려 있었다. 나는 바로 그 가운데 큰 걸상 위에 고요히 앉아 있어보니, 앉자마자 온 몸이 아주 편안해지고 가볍게 나를 것 같아 내 엉덩이를 어디다 대고 있는지 모를 정도였다.

머지않아 웬관 노스님이 나를 부르는 소리가 들려 바로 내려와 방을 나섰다. 웬관 노스님이 나에게 말씀하셨다.

"이제 그대를 데리고 도솔천(兜率天)에 가서 미륵보살[17]과 아울러 그대의 스승인 쉬윈(虛雲) 노화상[18]을 만나 뵈려 합니다."

나는 대답하였다.

---

17) 미륵(彌勒, Maitreya)보살 : 성은 미륵으로 자씨(慈氏)라는 뜻이고, 이름은 아일다(Ajita, 阿逸多)로 무승(無勝)·막승(莫勝)이란 뜻이다. 따라서 미륵보살, 자씨보살(본디 음은 마이뜨레야), 아일다보살(본디 이름은 아지따)은 모두 같은 보살이다. 인도 바라나국의 바라문 집에서 태어나 석존의 교화를 받고, 미래 성불할 것이라는 수기를 받아 석존보다 먼저 입멸하여 도솔천에 올라가 하늘에서 하늘사람들을 교화하고 있는데, 석존 열반 뒤 56억 7천만년을 지나면 다시 싸하세계에 나투신다고 한다. 그 때 화림원(華林園) 용화수(龍華樹) 아래서 성도하여 3번 설법으로 석존의 교화에서 빠진 모든 중생을 제도한다고 한다.

18) 쉬윈(虛雲)화상(1840~1959) : 중국 근대 3대 고승(高僧)으로 불리는 관징 스님의 스승이다. 19세에 푸젠성(福建省) 꾸산(鼓山) 용추안사(湧泉寺)에서 출가하여 다음해 미아오리엔 화상(妙蓮和尙)으로부터 구족계를 받았다. 56세까지 37년간은 자신을 위한 구도의 세월이었다. 참선은 물론 염불, 천태, 화엄을 두루 익히고, 걸어서 전국의 사찰은 물론 티베트, 부탄, 스리랑카, 미얀마 같은 성지를 떠돌며 힘든 구도의 길을 걸었다. 56세 때 양저우(楊州) 까오민사(高旻寺)에서 찻잔이 깨지는 소리를 듣고 환하게 깨달았다. 그 뒤 120세까지 무려 65년간을 중생제도에 몸을 바쳤는데, 5대 선종(禪宗)의 맥을 살려 전수하고, 각종 경전을 강론하고, 윈난성(雲南省) 지주산(鷄足山)·윈치사(雲棲寺), 광둥(廣東)의 난화사(南華寺)·윈먼사(雲門寺), 지앙시(江西)의 윈주산(雲居山) 쩐루사(眞如寺) 같은 주요 사찰을 중건하였으며, 국내외에서 귀의한 제자가 110만 명이나 되었다고 한다.

"정말 좋습니다. 수고가 많으십니다. 감사합니다."

대웅보전을 떠날 때 나는 그 두 분 노화상께 작별인사를 해야겠다고 생각했는데, 웬관 노스님이 바로 단호하게 말했다.

"그럴 필요 없습니다. 시간이 별로 없습니다."

이번에 우리들이 가려는 목적지는 도솔천(兜率天)이다.

2장. 도솔천에서 쉬윈(虛雲) 노화상을 만나다.

(도솔천으로) 가면서 굉장히 크고 거룩하여 볼만한 금빛 법당과 보탑 같은 것이 눈에 많이 띄었는데, 모두가 빛을 내고 있어 눈을 뗄 수가 없었다. 그러나 웬관 노스님은 자주 나를 재촉하며 시간이 많지 않으니 빨리 가자고 했다. (나중에야 비로소 알았지만, 하늘나라 시간과 우리 인간의 시간은 달라 너무 오래 머물러서는 안 되는 것이었는데, 잘못하면 인간세상으로 다시 돌아올 때 이미 몇 백 년이나 몇 천 년이 지나 버릴 수도 있기 때문이다.)

우리가 가고 있는 길은 모두 흰 돌을 다듬어 만들었는데 돌에서 은은한 빛이 나고, 산 위의 기이한 꽃과 풀에서 나는 맑은 향기가 바람따라 코에 스쳐 사람의 마음을 시원하게 하고 기분을 산뜻하게 했다.

몇 굽이를 돌고 몇 리쯤 갔을 때 눈앞에 큰 다리가 하나 나타났다. 그런데 이상하게 이 다리는 커다란 중간 부분만 하늘에 떠 있고 다리 끝 부분이 없어 도무지 발을 딛고 올라갈 수가 없었다. 게다가 밑을 내려다보니 아래는 한없이 깊은 못이었다.

'이 다리를 어떻게 건너가지?'라고 혼잣말로 중얼거렸다.

내가 이렇게 생각하며 머뭇거리고 있을 때 웬관 노스님이 이렇게 물었다.

"그대가 평소에 어떤 경을 읽고 어떤 다라니(眞言)[19]를 외는가?"

---

19)다라니(dhāraṇī) : 총지(總持), 능지(能持), 능차(能遮)라고 옮긴다. 헤아 릴 수 없이 많은 이치를 받아 지녀 잃어버리지 않는 슬기의 힘을 일컫는다. 보살은 중생을 교화하기 위해 반드시 다라니를 얻어야 한다고 한다. 흔히 주(呪), 주문(呪文), 진언(眞

나는 "평소 묘법연화경(妙法蓮華經)[20]을 읽고 능엄주(楞嚴呪)[21]를 외웁니다." 라고 대답했다.

그러자 웬관 노스님께서, "좋소, 그럼 그 다라니를 외워 보시오!" 라고 하여, 나는 곧 입속에서 중얼중얼 능엄주를 외기 시작했다. 능엄주는 모두 3,000자 남짓 되는데, 내가 20~30자만 외자 눈앞의 모습이 갑자기 확 바뀌었다. 문득 보니 큰 다리의 앞뒤 끝이 갑자기 육지 두 편짝으로 이어졌는데, 황금빛을 띠고 있어 금빛이 번쩍거리고 7가지 보석으로 짜여 있어, 마치 7색깔 찬란한 무지개 한 줄기가 하늘에 걸려있는 것처럼 장엄하고 화려하기 그지없었다. 다리 양쪽 가 난간에는 모두 반짝이는 구슬 등(燈)이 걸려 있어 갖가지 색깔의 빛을 내고 있었다. 다리 어귀에는 5개의 큰 글자가 걸려 있었는데, 대전(大殿)위에 있던 글자와 같았기 때문에 나는 바로 '이 글자는 틀림없이 중천나한교(中天羅漢橋)일 것'이라고 짐작했다.

다리를 지나며 우리는 다리 위에 있는 정자에서 한 번 쉬었는데, 그 때 웬관 노스님에게 물었다.

"왜 바로 전에 보이지 않던 다리 어귀와 다리 양쪽 끝이 다라니를 외자 비로소 볼 수 있게 되었습니까?"

노스님께서 이렇게 대답하였다.

言)이라고 한다.

20) 묘법연화경(妙法蓮華經) : 대승불교 경전 가운데 하나. 붇다가 세상에 나온 본뜻을 말한 것으로 7권 또는 8권 28품으로 되어 있다. 흔히 법화경(法華經)이라고 한다.

21) 능엄주(楞嚴呪) : 능엄경(楞嚴經)에 나오는 427마디의 다라니(呪文, 眞言). 불정주(佛頂呪)라고도 하고, 자세히는 대불정만행수능엄다라니(大佛頂萬行首楞嚴陀羅尼)라 한다.

"다라니를 외기 전에는 그대의 본성(본디모습)이 스스로의 업장(業障)으로 겹겹이 에워싸여 눈길을 가로막았기 때문에 거룩한 경계(聖境)을 볼 수 없었으나, 다라니를 왼 뒤에는 업장이 다라니의 힘을 받아 연기가 사라지고 구름이 흩어지듯 한꺼번에 없어지기 때문이오. 그렇게 되면 장애가 사라지고 자성(自性)이 맑고 깨끗해져 본디 있던 모든 경계가 드러나고, 미혹(迷惑)에서 깨어나 모든 것을 볼 수 있게 되니, 이른바 '만 리에 구름 없으면 만 리가 하늘이다(萬里無雲 萬里天)'[22]는 것이 바로 이런 도리를 말하는 것이요."

쉬고 나서 우리는 다시 길을 떠났다. 나는 다라니를 외면서 걷는데 갑자기 발아래 연꽃이 나타났다. 꽃잎 하나하나가 푸른빛을 내는 수정 같았고, 이파리도 갖가지 빛을 띠고 있었다. 연꽃을 밟고 오르자 공중으로 날아올라 마치 구름과 안개를 타고 하늘을 나는 것처럼 곧바로 앞으로 달려 나갔다. 귓가에 스치는 바람소리만 쌩쌩 날뿐 몸은 오히려 큰 바람이란 느낌이 없었고, 속도는 비행기 타는 것보다 더 빨랐다. 주위의 온갖 것들이 끊임없이 뒤쪽으로 물

---

22) 송나라 종경(宗鏡), 『소석금강과의회요주해(銷釋金剛科儀會要註解)』(3)에서 금강경의 '모든 상(相)은 상(相)이 아니라는 것을 보면, 바로 여래를 보는 것이다(若見諸相非相卽見如來)'라는 구절에 대한 풀이를 하면서 '보신·화신 참되지 않고 헛된 인연이요(報化非真了妄緣) 법신의 맑고 깨끗함 넓어 가없듯(法身清淨廣無邊) 천 개 강에 물 있어 천 개 달이 뜨고(千江有水千江月) 만리에 구름 없으니 만리가 하늘이로다(萬里無雲萬里天)'라고 했다. '비록 보신이니 화신이니 나누지만 본디 하나의 법신인데, 사람들 그릇(根機)이 달라 헛된 인연에 대한 분별 때문에 생긴 것이다. 그렇기 때문에 반드시 헛된 인연 때문에 생기는 것이요, 원래는 맑고 깨끗한 하나의 법신인 것이니 어디 분별하는 설이 있겠는가?' '천 개 강에 물 있어 천 개 달이 뜨고(千江有水千江月)'라는 것은 '그릇(根機)은 1000개의 강에 비유한 것이고, 달은 법신에 비유한 것이니, 강이 있으면 이 달이 모두 비친다는 것'을 이 한 구절에 드러내 보인 것으로, 실제로는 하늘의 참된 달이 아니다. 그러므로 보신과 화신은 참된 것이 아니고 헛된 인연이라고 한 것이다. '만리에 구름 없다(萬里無雲)'는 것은 두 번째 구절인 '법신의 맑고 깨끗함은 넓어 가없다(法身清淨廣無邊)'는 것을 나타내는 것이다.

러나며 우리 몸 곁을 스쳐 지나갔다.

얼마 뒤 내 몸에서 조금씩 열이 나는 것을 느낄 수 있었다. 이때 눈앞에 크고 훌륭하고 장엄하고 화려한 대문이 나타났다. 대문 돌기둥에 새겨진 용과 봉황은 번쩍번쩍 빛을 내고 있었고, 지붕은 고궁 양식이지만 모두 은처럼 흰 빛깔이라 마치 커다란 백은성(白銀城)처럼 아주 웅장하고 위엄이 있었다.

이 백은성에 이르러 문득 성문 위를 보니 5가지 글자로 쓰인 현판(懸板)이 걸려 있는데, 맨 처음은 '남천문(南天門, 바로 사대천왕[23]이 있는 곳)'이란 한자(漢字) 3자가 씌어 있었다. '남천문' 안에는 수많은 하늘사람들이 서 있었는데, 문인(文人) 옷을 입은 사람은 청나라 때 관복과 좀 비슷하였고, 옷과 몸차림의 꾸밈새는 대단히 아름다웠으며 옷은 모두 빛을 내고 있었다. 무인(武人) 옷을 입은 사람은 마치 연극무대에서 옛날 사극을 연기하는 장수처럼 갑옷을 입었는데 번쩍번쩍 빛이 나 아주 위엄이 있고 당당했다. 그들은 모두 성문 어귀 양편짝에 나란히 줄지어 서서 두 손을 합장하고 우리에게 눈인사를 보내며 성에 들어오는 것을 기꺼이 맞이하였지만 우리에게 말을 걸어오는 사람은 없었다.

성 안으로 열 발자국쯤 들어가니 큰 거울이 하나 보였다. 이 거울은 스스로의 본바탕 넋(元神)을 비춰 보고 옳고 그름을 가려내는 것이다. 성안으로 들어서 가는 도중, 무지개 같고, 공 같고, 꽃 같고, 번갯불 같은 갖가지 신기한 것들이 수없이 나타나 나는 듯이

---

23) 사대천왕(四大天王) : 흔히 사천왕(四天王)이라고 하는데, 욕계(欲界) 여섯 하늘 가운데 첫째 하늘로 수미산(須彌山) 중턱에 자리하고 있다. 4대천왕은 동녘의 지국천왕(持國天王), 남녘의 증장천왕(增長天王), 서녘의 광목천왕(廣目天王), 북녘의 다문천왕(多聞天王)인데, 모두 도리천(忉利天) 왕 제석천(帝釋天)의 명을 받아 4천하(天下)를 돌아다니며 사람들의 움직임을 살펴 보고하는 신이다.

우리 곁을 스쳐 지나갔다. 구름과 안개 층 속에는 어렴풋이 수없이 많은 정자, 다락집, 뾰족탑들이 보이는데 멀고 가까움은 한결 같지 않았다. 웬관 노스님이 이렇게 소개하였다.

"이곳은 사왕천(四王天)보다 한 층 더 위인 도리천(忉利天, 욕계 하늘 가운데 두 번째)이라 부르는데, 바로 옥황상제(玉皇上帝)가 머물며 4방 32개 하늘나라를 다스린다."

우리는 볼 시간이 없어 곧바로 하늘을 몇 층인가 솟구쳐 올라갔는데, 웬관 노스님께서 "이제 벌써 도솔천(兜率天)에 다다랐다."고 하셨다.

눈 깜짝할 사이에 바로 전각(殿閣) 한 채가 있는 산문(山門) 앞에 이르렀는데, 20명쯤 되는 사람들만 앞으로 나와 우리를 맞이하였다. 그 가운데 한 사람은 다른 사람이 아니라 바로 나를 이끌어 주신 스승 쉬윈(虛雲) 노화상[24](근대 중국 3대 고승 가운데 한 분)이었다. 그 가운데 내가 아는 분이 두 분 더 있었는데, 한 분은 묘련(妙蓮) 화상[25]이시고 또 한 분은

---

[24] 쉬윈(虛雲) 화상은 92세였던 1931년 부모가 없어 출가를 못하는 7살짜리 어린 관징 스님을 제자로 맞이하여 출가시켰으며, 100세였던 1939년계족산(鷄足山) 관음선사(觀音禪寺)에서 구족계를 주어 본격적인 수행을 할 수 있게 하였다. 쉬윈 화상은 입적하기 2년 전인 1957년(118세) 관징스님에게 동운종(洞雲宗, 曹洞宗을 말한다) 정법안장(正法眼藏)을 전해 관징 스님을 동운종의 48대 전법자(傳法者)로 만들었다. 따라서 쉬윈 노화상은 관징 스님에게 스승이면서 동시에 부모 같은 존재라고 할 수 있다. (자세한 내용은 관징 스님 일대기『극락과 정토선』참조)

[25] 묘련(妙蓮) : 18세에 난핑(南平) 카이핑사(開平寺)에서 출가하여, 푸저우(福州) 꾸산(鼓山) 용촨사(湧泉寺)에서 수행하였고, 1854년 꾸산(鼓山) 126대 방장이 되었다. 그 뒤 상가포르, 말레이시아 같은 나라에 불법을 전하다가 1904년 용촨사로 다시 돌아왔으며, 1907년 용촨사에서 원적하였다. (『開平禪寺』, 「歷代高僧簡介」). 쉬윈(虛雲) 화상이 20세 때인 1859년 푸젠성(福建省) 꾸산(鼓山) 용촨사(涌泉寺)에서 구

복영(福榮)대사[26]였다(이 두 분은 모두 이미 열반하신 분들이었다). 그들은 모두 붉은 비단으로 지은 가사를 입고 있었는데 빛나고 아름답기 그지없었다.

스승이신 쉬윈 노화상을 뵙자마자 나는 바로 무릎을 꿇고 엎드려 절을 했는데, 그 때 너무 감격한 나머지 하마터면 울음을 터트릴 뻔했다. 스승께서 나에게 물었다.

"괜찮으냐? 기뻐하고 슬퍼할 것이 뭐가 있느냐? 오늘 너를 데리고 오신 저 분이 누구신지 알고 있느냐?"

내가 대답하였다.

"웬관 노스님이란 분입니다."

이때 스승께서 나에게 깜짝 놀랄 만한 일을 밝히셨다.

"이 분이 바로 너희들이 날마다 염불하던, 중생들을 가없이 사랑하고 불쌍히 여겨(大慈大悲) 괴로움과 어려움 속에서 건져 주시는(求苦求難) 관세음보살이시다."

나는 그 말을 듣고 깜짝 놀라 관세음보살이신 웬관 노스님을 향해 무릎을 꿇고 머리를 숙여 절을 올렸다. 참으로 '눈이 있어도 태산을 알아보지 못한 것'이 아닌가! 관세음보살 앞에서 잠깐 동안 무슨 말을 해야 할지 몰랐다.

족계를 받은 스승이다.

26)복영(福榮) : 카이핑사(開平寺)에서 출가하였다. 1921년 인도에 가서 14년간 수행하고 돌아오면서 빤뜨라(pāttra, 貝多羅) 잎에 새긴 패엽경(貝葉經)을 비롯한 여러 권의 경전과 영어로 된 경전을 가져왔으며, 구슬쟁반(眞珠盤), 단지(壺)와 높이 1m 되는 관세음보살 상도 가져왔다. 카이핑사에서 원적.(『開平禪寺』,「歷代高僧簡介」).

'도솔천'에 사는 하늘사람(天人)들은 우리 싸하세계 사람들의 키가 5~6자(약 150~180㎝)밖에 되지 않는 것과 달리 세 길(三丈=30자=약 9m)쯤 된다. 그런데 웬관 노스님(관세음보살의 화신)께서 나를 데리고 이곳에 오면서 나의 몸도 저절로 바뀌어 그들과 엇비슷하게 세 길(三丈)남짓 크기로 바뀌었다.

그 때 또 스승께서 거듭거듭 당부하시길, 업장이란 시련을 거쳐야지만 비로소 없어지는 것이니 싸하세계에서 부지런히 닦아야 한다고 하셨으며, 아울러 절을 짓거나 고치는 것 같은 일도 해야 한다고 당부하셨다.

여기서 나는 많은 사람들을 보았는데, 사내 계집 늙은이 젊은이가 모두 있었으며, 그들의 옷차림은 명나라 때 옷과 비슷했다.

3장. 미륵보살(彌勒菩薩)의 설법

그 뒤 바로 우리는 함께 '도솔천' 내원(內院)으로 들어가 미륵보살(彌勒菩薩)께 가서 뵙고 절을 올렸다. 미륵대전(彌勒大殿)에 들어갔을 때 보니 대전 안은 굉장히 우람하고 화려하여 정말 글로서는 어떻게 나타낼 수가 없을 정도였다. 곳곳에 금빛이 번쩍이고, 대전 문 앞에는 다섯 가지 글로 쓴 세 글자가 금빛으로 빛나고 있었는데, 중국어로 쓴 것은 '도솔천(兜率天)'이라고 되어 있다. 바로 여기서 나는 미륵보살님을 내 눈으로 직접 뵈올 수가 있었다.

미륵보살의 모습은 우리가 싸하세계에서 받들어 모시는 '배가 크고 웃는 불상'[27]처럼 배가 터질 듯이 통통하게 튀어 나오고 얼굴은 해죽이 웃는 모습이 결코 아니었다. 진짜 미륵보살을 그대로 말하면 점잖고 위엄이 있으며, 32가지 상(相)과 80가지 호(好)[28]를 모두 갖추시어 겉모습이 아주 뛰어나셨다.

대전 양편에는 아주 많은 보살들이 서거나 앉아 있는데, 몸에 걸친 갖가지 가사(道衣)에는 빛을 내는 붉은 색깔이 많았고, 모두 다 연꽃자리(蓮花座)를 하나씩 차지하고 있었다. 나는 앞으로 나아가 미륵보살께 절을 올리고 법을 설해주시길 청하였다. 미륵보살께서는 나를 위해 몇 마디 법어(法語)를 말씀해 주셨다.

"나는 앞으로 (60억만년 뒤) 싸하세계로 내려가서 용화수(龍華

---

[27] 중국에서는 흔히 배가 불룩 튀어나오고 호탕하게 웃는 모습의 포대화상(布袋和尙)을 미륵보살의 화신이라고 받들어 모신다.

[28] 붇다의 화신은 32가지 거룩하고 덕스러운 상(三十二相)과 80가지 호(八十種好)가 있다고 한다. 이것을 흔히 상호(相好)라고 하는데, 미륵보살님은 이런 붇다 화신의 특징적 모습을 모두 갖추었다는 뜻이다.

樹) 아래서 깨달아 3번 설법으로 중생들을 교화할 것이다. 그때 지구 위에는 높은 산이 없어지고 땅은 손바닥 같이 고르고 판판해지며, 싸하세계는 인간정토(人間淨土)로 바뀔 것이다. (그때까지) 너희들은 종교와 종교 사이에 서로 사랑하고 보호하며, 서로 북돋우고 힘써 닦아야지 서로 헐뜯어서는 안 된다. 불교 안에서도 여러 종파끼리 서로 헐뜯어서는 안 되고 반드시 어긋난 것은 바로잡고 바른 것은 도와야 한다." (보살님께서 내리신 법어가 더 있는데, 내 기억이 확실하지 않다).

나는 절을 올리며 감사를 드렸다.

그 뒤 스승이신 쉬원 노화상께서 나를 데리고 큰 다락집으로 갔다. 집 앞에는 명나라 옷 같은 차림을 한 무장(武將)이 있었는데 위태(韋駄)[29]는 아니었다. 그 무장이 나를 안내해 집안으로 들어가자 바로 선녀들이 꽃에서 따낸 꿀로 만든 떡을 내와 우리를 대접했다. 한 조각 먹어보았더니 달콤한 맛이 비할 바가 없고 개운했으며, 아주 배가 부르면서 아울러 생각하고 판단하는 힘이 배로 늘어나는 느낌이 들었다.

그때 복영(福榮)대사께서 나에게 말씀해 주셨다.

"하늘나라에서는 모두 꽃에서 딴 꿀로 만든 시럽을 먹을거리로 삼는데, 내원(內院) 앞에 사는 하늘나라 선녀들이 공양으로 보내온 것이다. 갖가지 꽃에서 나온 꿀로 만든 시럽은 맛이 아주 좋고

---

29) 위태(韋駄) : 불법을 지키는 신장으로 위타천장(韋陀天將) 또는 위태천장(韋駄天將)이라고 한다. 4천왕 가운데 남녘 증장천왕이 거느린 8장수 가운데 하나이며, 32하늘(32天)의 우두머리다. 당나라 때 도선율사(道宣律師)가 이 신장을 만난 뒤부터 절에 모시기 시작하였다.

인간세상 사람들이 이 꽃 꿀 시럽을 먹으면 병을 물리치고 수명을 늘일 수 있어 늙은 사람이 아이로 되돌아갈 수 있다. 너도 좀 더 들어보아라, 좋은 데가 있을 것이다."

그 날 이후 내 몸은 정말 예전에 비해 젊어졌으며, 오늘에 이르기까지 약을 먹어본 적이 없다. 이어서 복영 대사께서 나에게 또 말씀해 주셨다.

"하늘나라 사람들은 편안히 놀기만 좋아하고 수행을 하려고 하지 않아, 마치 인간세상에서 재산이 넉넉하고 지위가 높은 집안처럼 출가하려 하지 않고 오로지 가만히 앉아서 눈앞의 즐거움만 누리려고 하기 때문에 3계(三界)[30]를 벗어나지 못하고 육도(六道)[31]를 윤회하며, 나고 죽는 것을 벗어날 수 없다는 것을 전혀 모르고 있다. 우리들은 여기서(내원) 미륵보살님의 설법을 듣고, 장래에 다시 싸하세계에 내려가 중생을 제도한 뒤, 비로소 참된 보살도에 들어가서 나고 죽는 것을 벗어나게 된다."

이 때, 스승이신 쉬원 노화상께서 나에게 일러주셨다.
"말법시기 가장 뒤떨어지고 나쁜 환경 속에서도 꾸준히 중생을 제도해야 한다. 순조로운 환경에서 즐거움을 누리려 하지 말고, 어려운 환경에서 도망치려 하지 말고, 나쁜 사람도 반드시 깨우쳐 좋

---

30)삼계(三界) : 중생들이 나고 죽는 것을 되풀이하는 3가지 세계, 곧 욕계 (欲界), 색계(色界), 무색계(無色界).
31)육도(六道) : 중생들이 지은 업에 따라 윤회하는 6가지 세계, 곧 지옥, 아귀, 축생, 아수라, 인간, 천상.

은 쪽으로 돌아서게 해야지만 좋은 사람들이 비로소 나은 생활을 할 수 있게 된다. 맑고 깨끗한 수행을 해야지만 뒤떨어지고 나쁜 환경 속에서도 붇다의 불법(慧命)을 이어가는 정법(正法)[32]을 굳게 지닐 수 있으며, 비로소 참된 보살도를 행하는 것이다.

너에게 당부할 것은 인간세계에 돌아간 뒤 너와 같은 길을 가는, 특히 함께 닦고 있는 형제들에게 '계(戒)를 스승으로 삼고, 옛 수행법을 따르고 새로 고치지 말고, 승가(僧伽)의 규범을 적당히 꾸며 고치지 말라'고 전해주기 바란다. 오늘날 능엄주(楞嚴呪)를 가짜라는 사람이 있고, 승복(僧服)을 죄다 고치자는 사람이 있고, 인과(因果)를 믿지 않고 달걀을 야채요리라고 하는 사람이 있다. 힘들게 닦아 중생들을 감동시키려 하지 않고, 오히려 삿된 법으로 중생을 꾀어 속이며, 붇다의 가르침을 그릇되게 설명하면서 허풍을 떨고, 속여서 공양이나 뺏고 있다. 이런 무리들은 모두 마라(魔羅)가 인간 세상에 나타나 붇다 지혜의 바탕을 갉아내 버리고, 마라가 머리를 들고 마음대로 사람을 해치도록 하는 짓이다. 그렇기 때문에 너는 반드시 나의 뜻을 힘껏 받들어야만 비로소 나의 제자라 할 수 있다.

너는 앞으로 세계 여러 나라에서 법을 설하고 (중생들을) 교화하게 될 것이다. 다만 중국에서는 뒤떨어지고 나쁜 환경이라 하더라도 반드시 내가 살았을 때 새로 세운 절들은 다시 일으켜 보살펴

---

32)여기서 정법은 '바른 법'이라고 새길 수도 있지만 정법안장(正法眼藏)을 말할 수도 있다. 붇다가 가섭에게 마음에서 마음으로 불법을 전하는 정법안장을 맡긴 뒤 28대 달마대사가 중국으로 와서 중국 선종의 첫 조사가 된다. 그 뒤 6조 혜능까지는 계속 한 사람에게만 전하던 정법안장이 6갈래 문중으로 퍼지게 된다. 송나라 이후 기울어가는 이 정법안장을 쉬원화상이 모두 되살려 제자들에게 전했는데, 관징 스님에게는 동운종(洞雲宗, 조동종을 쉬원 화상이 다시 붙인 이름)의 정법안장을 전했었다.

야 한다. 그래서 처음 너에게 법을 전수할 때 푸씽(復興)이란 이름을 붙인 것이다.[33] 이제 이런 뜻을 알겠느냐?"

잠깐 멈추었다가 스승이신 쉬원 노화상께서 갑자기 큰 소리로 한 글자 한 글자 (다음 같은) 글귀(頌)[34]를 읊어나갔는데, 내가 들은 것은 이렇다.

청송상설유견독 (青松霜雪愈堅禿)
해천일색변삼천 (海天一色遍三千)

푸른 솔에 서리와 눈 내리니 더더욱 굳세 지고,
하늘과 바다 한 빛 되니 삼천세계 두루 퍼지누나.

잠깐 쉬고 난 뒤, 관세음보살은 나를 데리고 법당 밖으로 나와 내원(內院) 앞으로 가서 하늘나라 모습을 보여주었다. 한줄기 빛나고 환한 빛과 신선세계의 신기한 짐승과 새들이 날아다니며 노래하는 것만 보아도 우아하고 아름다워 듣기 좋았고, 맑고 깨끗한 하

---

33) 관징 스님이 1939년 15세 때 쉬원화상으로부터 처음 계를 받을 때 법명은 관징(寬淨)이었는데, 이때는 임제종의 항렬자인 관(寬)자를 따서 관징이란 법명을 받는다. 그리고 1957년 33세에 정법안장을 받으면서 푸씽(復興)이란 법호를 받는데, 그것은 그 정법안장이 동운종(洞雲宗)의 법맥이고, 동운종의 항렬자가 부(復)이고, 당시 1957년은 쉬원 화상이 입적하기 2년 전이고 중국이 사회주의를 완성하기 위해 우익을 몰아내던 때라 불교도 아주 어려운 시기였기 때문에 불교의 앞날을 내다보고 푸씽(復興)이란 법호(法號)를 다시 내렸던 것이다.
34) 글귀(頌, gāthā) : 산스크리트를 음으로는 가타(加陀)·게타(揭陀) 따위로 옮겼고, 뜻으로는 송(頌)·게송(偈頌)·풍송(諷誦) 따위로 옮겼다. 경전에서 붇다를 기리는 운문체의 시구(詩句)를 말하는 것으로, 8자(字)짜리 4토막(4句)이 한 마디(一節)를 이룬다.

늘 음악과 멀고 가까운 곳에서 아름답게 울리는 악기 소리가 뛰어나고 자연스러웠다.

선녀와 선동(仙童)들이 갖가지 아름다운 옷을 입고 한 줄 한 줄 열을 지어 한가롭고 자유롭게 노닐고, 곳곳에 하늘 꽃(仙花)이 활짝 피어 눈부시게 아름다웠다. 멀고 가까이 있는 정자나 다락집, 갖가지 보탑(寶塔)들은 모두 빛을 내고 있어 참으로 하늘나라의 모습은 인간 세상과 도저히 견줄 수가 없었다.

나는 한편으로는 구경하고 한편으로는 감탄의 소리가 끊이지 않았는데, 관세음보살이 곤륜산(崑崙山)보다도 더 크고 높으며 100가지 빛을 내뻗치는 보탑을 가리키며 말씀하셨다.

"저 곳은 태상노군[太上老君 : 노자(老子)]이 머무는 곳인데, 연단대탑(煉丹大塔)이라고 부른다."

눈을 가늘게 뜨고 멀리 바라다보니 문득 더할 나위 없이 웅장한 '연단대탑'이 보였는데, 구름 때문에 보였다 안 보였다 하며 가려진 부분도 있어 몇 층인지도 알 수 없고 다만 큰 산 앞에 서있는 것만 같았다. 우리는 겉모습만 한 번 보고 탑 안으로 들어가지는 않았다. 관세음보살이 또 말씀하셨다.

"이 탑은 바로 높은 신선들이 사는 곳인데, 사방에 영원수[靈元樹 : 도가(道家) 수련의 원형(原形)]와 사철 열리는 꽃과 열매가 아주 많다."

들건대, 선법(仙法)을 닦는 사람들이 잘 닦으면 하늘나라에 있는 영원수 꽃이 잘 피어 아름답고, 그렇지 않으면 생기가 없어지고 말라 죽어 버리기까지 한다고 한다.

이때 관세음보살이 나를 재촉하며 말씀하셨다.

"시간이 많지 않다. 이제 너를 데리고 서녘 극락세계로 가려고 하는데, 지금 이 곳보다 더욱 뛰어난 곳이고 싸하세계와는 비교할 수도 없는 곳이다."

4장. 극락세계 가서 아미따불을 몸소 뵙다.

도솔천을 나와 또 능엄주를 외우자 발밑에 연꽃자리(蓮華座)가 나타나 하늘 높이 떠올라 갔다. 가는 길에 귓가에서는 윙윙하는 소리가 들렸지만 바람이 분다는 느낌은 들지 않았으며, 빠르기가 정말 뭐라고 표현할 수가 없었다. 눈앞에 보이는 모든 우아하고 아름다운 하늘나라 모습이 우리 몸을 스치고 지나가는데, 너무 빠르기 때문에 뒤쪽으로 젖혀지는 것 같았다.

어림잡아 15분쯤 지나 연꽃자리 아래를 내려다보니, 금모래로 깐 땅에 큰 나무들이 한 줄 한 줄 늘어섰는데, 높이가 수 십 길(丈)씩 되고, 가지는 황금이고 잎사귀는 옥이고(金枝玉葉), 잎은 세모꼴 다섯모꼴 일곱모꼴로 모두 빛이 나고 꽃이 피어 있었다. 갖가지 아름답고 고운 새들은 몸에서 빛이 나고, 머리가 2개나 여러 개인 것도 있는데, 거침없이 마음대로 날아다니며 아미따불의 거룩한 이름을 노래하고 있었다. 둘레에는 모두 7가지 빛깔로 된 난간으로 둘러싸여 있었는데[35], 관세음보살께서 말씀하셨다.

"불경에서 말하는 일곱 겹 그물과 일곱 겹 나무숲이 바로 이런 경계다."

귓가에는 수많은 이야기 소리가 들려 왔으나 어느 나라 말인지 전혀 알아들을 수가 없었는데 관세음보살께서 "아미따불이란 말은 알아들을 수 있을 것이다"고 하셨다. 길을 가면서 또 높은 탑을

---

[35] 무량수경(無量壽經)과 아미따경(阿彌陀經)에 자세하게 나와 있다.

수없이 보았는데, 모두 7가지 보배(七寶)[36]로 이루어졌고 은은한 빛을 띠고 있었다. 이렇게 줄곧 가니 머지않아 커다란 황금산 앞쪽에 다다랐는데, 이 커다란 황금산은 중국의 어메이산(蛾眉山)[37]과 비교해 그 높이와 크기가 몇 만 배나 될지 모를 정도였다.

물어볼 것 없이 이때 나는 이미 '서녘 극락세계'의 한가운데에 다다른 것이다. 관세음보살께서 손으로 가리키며 말씀하셨다.
"다 왔다. 아미따불께서 바로 네 앞에 계시는데 보이느냐?"

나는 이상해서 여쭈었다.
"어디 계십니까? 제게 보이는 것은 눈앞을 가로막고 있는 커다란 바위벽(石壁) 뿐입니다."

어찌 상상이나 했겠는가! 관세음보살의 대답은 전혀 뜻밖의 일로 다가왔다. 관세음보살께서 대답하셨다.
"이제 너는 아미따불 발가락 끝에 서 있느니라."

나는 말씀드렸다.
"아미따불 몸이 이렇게 크고 높으신데 제가 어떻게 볼 수 있겠습니까?"

---

36) 칠보(七寶) : 『아미따경』에는 금·은·유리·수정(頗梨)·옥돌(車渠)·붉은 구슬·마노를 7가지 보배라고 했다.
37) 어메이산(蛾眉山) : 중국 시추안성(四川省) 수도 청두(成都)에서 남서쪽으로 160㎞ 떨어진 곳에 있는 산으로 가장 높은 만불정(萬佛頂)이 3,099m이다. 푸투어산(普陀山) 지우화산(九華山) 우타이산(五臺山)과 함께 중국의 4대 불교 명산으로 예부터 선경(仙境)이라고 일컬어지는 중국 서남쪽 최고의 성산이다.

사실 이러한 정경은 마치 개미 한 마리가 미국에 있는 백 몇 층의 높은 빌딩 아래서 아무리 머리를 들어본들 그 하늘을 찌를 듯한 높은 빌딩의 전체 모습을 볼 수 없는 것과 같은 것이었다.

관세음보살께서는 나에게 빨리 무릎을 꿇고 아미따불께서 자비를 베풀어 서녘 극락세계로 갈 수 있도록 인도해 달라고 말씀드리라고 하셨다.

나는 얼른 무릎을 꿇고 아미따불께 자비를 베풀어주실 것을 빌고 또 빌었다. (그러자) 눈 깜짝 할 사이에 내 몸이 갑자기 높고 커지며 곧바로 붇다 배꼽 높이까지 이르렀고, 그 높이에서 나는 아미따불께서 분명하고 확실하게 내 앞에 서계시는 것을 볼 수 있었다. 아미따불께서는 몇 층인지 헤아릴 수 없는 연꽃자리(蓮花座) 위에 계셨다. 꽃잎 위에는 층마다 귀한 보배로 장식한 빼어난 탑이 있어 수 천만 가지 색깔의 빛을 내고 붇다는 그 빛 속에 계셨는데, 황금색 빛 한 가운데 단정하게 앉아 계셨다. 아울러 또 눈부시게 화려한 대전(大殿)이 한 채 보이고, 다시 눈길을 멀리 두고 바라보니 서녘 극락세계의 모든 모습이 다 한눈에 들어왔다.

이때 웬관 노스님께서 관세음보살의 본디 모습으로 바뀌셨는데, 온몸 속까지 비치어 환한 금빛이고 옷에서는 수 백 가지 빛이 나며, 남자인지 여자인지 가늠할 수가 없었다. 이 때 관세음보살의 몸은 나보다 훨씬 크고 높았는데, 어림잡아 아미따불의 어깨 높이쯤 됐다.

내가 어디 서 있는지, 이런 뛰어난 경계를 보면서 넋이 나가 잠깐 동안 한 마디 말도 할 수가 없었다. 지금 그때 눈앞에 보인 뛰어난 경계를 하나하나 이야기하자면 아마 7일 밤낮은 걸릴 것이다.

장엄하고 비할 데 없는 아미따불의 모습만 이야기해도 한나절로는 모자랄 것이다. 보기를 들면, 아미따불의 모습 가운데 눈은 마치 넓은 바다 같은데 이야기해도 믿는 사람이 없을 것이다. 그렇지만 실제 붇다의 눈은 인간세상의 큰 바다처럼 크다.

불경에서 말씀하신 것에 따르면, 서녘 극락세계 땅은 10만억 붇다 나라를 지나서 있다고 할 만큼 아득히 멀다. 만일 시간으로 셈하여 인간세상 1분마다 1광년(光年)[38]을 간다 해도 150억 광년이라는 시간이 걸려야지 다다를 수 있는 것으로, 바꾸어 말해 사람의 목숨을 가지고 본다면 그것은 도무지 가능성이 없는 일이다. 다만 서녘 극락세계를 가고자 발원(發願)만 세우면 찰나에도 문득 다다를 수 있다. 만일 물질을 가지고 설명한다면 사람의 몸으로 하는 행동에 따라 서녘 극락세계를 가기 위해 온 지구를 가로로 세로로 나서부터 죽을 때까지 긴 시간을 걸어도 다다를 길이 없는 것이다. 그러므로 자기 스스로의 바라는 힘(願力)에다 아미따불이 베푸신 자비의 힘을 더해야 한 찰나 사이에도 문득 목적지에 다다를 수 있는 것이다.

나는 아미따불을 향해 머리가 땅에 닿도록 몸을 구부려 절을 하면서 자비심으로 보살펴 나고 죽는 것을 벗어날 수 있는 복과 지혜를 내려 주시길 빌었다.

아미따불께서 말씀하셨다.

"관세음보살이 너를 이곳으로 데리고 왔으니, 여러 곳을 돌아보도록 하여라. 지금 바로 가 보되, 다 돌아본 뒤에는 반드시 인간세

---

[38]광년(光年) : 빛이 1년 동안 가는 거리. 빛의 속도는 초속 30만㎞이고, 서울에서 뉴욕까지가 11,000㎞ 정도니 빛은 1초에 서울~뉴욕 거리의 거의 30배를 갈 만큼 빠르고, 1광년(光年), 곧 빛이 1년 동안 가는 거리는9조 4천 600억㎞이다.

상으로 다시 돌아가야 한다."

그때 나는 극락세계의 뛰어난 경계에 놀라 인간세상은 너무 괴로운 곳이라고 느껴져 다시 돌아가고 싶지 않아 애절하게 말했다.

"이곳 극락세계가 너무나 좋아 다시 돌아가고 싶지 않습니다. 아미따불께서 크게 사랑하고 불쌍히 여기셔 저를 이곳에 머무르게 해 주십시오."

아미따불께서 말씀하셨다.

"그건 안 된다. 네가 이곳에 머무르는 것을 허락하지 않으려는 것은 아니다. 네가 이곳에 머무르면 안 되는 것은, 네가 2겁(劫)[39] 전에 이미 극락세계에 와서 태어났는데, 스스로 다시 인간세계로 돌아가 세상을 구하고 사람들을 제도하겠다고 발원했기 때문이다. 그렇기 때문에 너는 이제 다시 돌아가서 너의 마음 속 바람을 다 이루면서 극락세계의 사정과 형편을 사람들이 알 수 있도록 전달해 주고, 책을 펴내 세상 사람들을 가르쳐 일깨워야 한다."

아미따불께서는 거듭 시구를 읊으셨다.

"니이왕생이겁전(你已往生二劫前)

---

39) 겁(劫, kalpa) : 산스크리트의 깔빠(kalpa)를 음에 따라 한자로 겁파(劫波)라고 옮겼는데, 줄여서 겁(劫)이라고 쓴다. 뜻은 긴 시간(長時)이란 뜻으로 어떤 시간 단위로도 셀 수 없는 그지없이 긴 시간을 말한다.『지도론(智度論)』5권에 보면, '사방 40리 성안에 겨자(芥子)를 가득 채우고 100년에 한 알씩 집어내어 그 겨자가 다 없어져도 겁(劫)은 다하지 않는다.' '사방 40리 되는 바위를 100년마다 한 번씩 엷은 옷으로 스쳐서 마침내 그 바위가 닳아 없어지더라도 겁(劫)은 다하지 않는다.'고 하였다.

지인발원도중생(只因發願度衆生)

누세부모급친속(累世父母及親屬)

서구동귀구품련(誓求同歸九品蓮)

그대 이미 2겁 전 태어났으나

다만 중생제도 발원해서

여러 대 어버이와 친족과 함께

9품 연꽃 돌아오길 다짐하였네."

붇다께서 이 시구를 다 읊으시자, 나는 바로 온몸이 흔들리어 움직이면서 2겁 전 이곳에 태어났던 모습이 떠오르고, 모든 것을 환히 알 수 있도록 눈앞에 똑똑하게 나타나서 뚜렷하게 볼 수 있었다.

아미따불께서 관세음보살에게 말씀하셨다.

"너는 저 사람을 데리고 여러 곳을 가서 보여주도록 하여라."

나는 붇다께 3번 절을 올리고 관세음보살과 함께 설법대(說法臺)의 큰문을 나섰다.

이때 내가 본 큰문·회랑·연못가·난간·산·땅들이 모두 7가지 보배로 되어 있고, 다 빛을 내고 있어 마치 전기로 불을 켜는 전기기구 같았다. 가장 신기한 것은 보기에는 '꼴이 있는(有形)' 것 같은데 모두 속까지 환히 비치어 걸림이 없이 지나다닐 수 있다는 것이었다. 큰문에는 금으로 쓴 4개의 큰 글자가 있었고 옆쪽에도 기둥에 써 붙인 글귀가 있었지만 알아볼 수가 없고 지금 생각나는 것은 '카' 한 글자뿐이고, 나머지 3글자는 뚜렷하게 기억나지 않는다. 관세음보살께서 풀이해 주셨다.

"중국말로 읽는다면 '대웅보전(大雄寶殿)'이란 뜻인데, '무량수불(無量壽佛)'이라고 풀이할 수도 있다."

금빛과 푸른빛으로 눈부시게 번쩍이는 그 대전(大殿)은 크고 거룩함이 견줄 바가 없었고, 그 안에 수 만 명의 사람이 있었다. 아울러 아주 많은 보살들이 대전 안팎에 서거나 앉아 있었는데 몸이 모두 금빛으로 안이 환히 비쳤으며, 보살들의 키는 붇다보다 좀 작았다. 보살들 가운데는 대세지(大勢至)보살과 상정진(常精進)보살 같은 큰보살님[40]들도 볼 수 있었다.

관세음보살께서 말씀하셨다.
"자, 이제부터는 너를 데리고 가서, 하품하생(下品下生)부터 중품중생(中品中生)에 이른 뒤, 계속해서 상품상생(上品上生)까지 보도록 하겠다."

함께 가는 동안 우리 몸집이 천천히 점점 작아지기 시작하였다. 이런 신기한 현상을 느끼자마자 바로 관세음보살께 여쭈어 보았다.

---

[40] 원문에는 대보살(大菩薩)이라고 되어 있는데, 산스크리트의 보살마하살(菩薩摩訶薩, bodihisattva-mahāsattva)을 말한다. 성문과 연각도 보살(道衆生)이므로 구별하기 위해 마하살(大衆生)을 붙인 것이다. 보살에는 많은 품계가 있는데, 10지(十地) 이상의 보살을 표시하기 위하여 마하살을 더했다. 아미따경을 비롯하여 한자로는 대보살(大菩薩)이라고 옮겼는데, 한글로는 큰보살로 옮긴다. 우리가 보통 스님들 가운데 도력이 높은 스님을 큰스님이라 부르는 것과 같은 이치이다.

"왜 이러한 일이 일어나며, 사람이 왜 점점 작아집니까?"

관세음보살께서 대답하셨다.

"극락세계의 각 품(品) 중생들은 경계가 다르기 때문에 몸집 크기도 크고 작은 차이가 있다. 우리는 지금 상품(上品 : 아미따불이 계신 곳)에서 하품으로 가고 있다. 9품으로 나뉜 연꽃세계는 상품(上品)에 있는 이는 중품(中品)에 있는 이들보다 크고, 중품에 있는 이들은 하품(下品)에 있는 이들보다 더 크다. 현재 우리는 하품으로 가기 때문에 몸집이나 키가 조금씩 작아져 하품 중생들과 같은 크기의 비례에 이르게 된다. 또 인간세상에서는 사람의 몸이 아무리 커도 8자(8尺 : 약 2m 40㎝)를 넘지 못하고, 하늘나라의 천신들의 키는 3길(3丈 : 1길=10자이므로 약 10m)남짓 되는 것도 '경계에 따라 몸집이 그 경계에 들어맞게 되는 것'이라고 하는 것이다."

5장. 하품연화(下品蓮花)
- 업(業)을 가지고 가서 태어나는 곳 -

이야기하고, 또 이야기하는 동안 우리는 하품 연꽃못(下品蓮華
池)에 이르렀다. 눈길을 멀리 두고 바라보니 그곳 땅은 손바닥처럼
평평하고, 모두 황금이 깔려 있으며, 은은한 빛을 내고 속까지 환
히 비치었다.

얼마 지나지 않아 눈앞에 아주 널찍한 마당이 하나 나타났는데,
너른 마당에는 아주 많은 여자아이들이 있었다. 나이가 13~14세
쯤 되어 보이는 여자아이들은 머리 꼭대기에 두 갈래 쪽을 찌고 자
줏빛 꽃을 꽂은 것이 아주 아름다웠다. 그들은 똑같이 몸에 연한
초록빛 옷을 입고 연분홍빛 앞치마[41]에 허리에는 금띠(金帶)를 두
른 옷차림을 하고 있어 겉차림은 하나로 통일되어 있었다.

'서녘 극락세계에 어떻게 여자들이 있을까?!' 의아하게 생각한
나는 관세음보살께 여쭈었다.

"불경에 말씀하신 것을 보면 극락세계에는 남녀가 따로 없다고
했는데, 왜 이곳에 여자아이들이 있을 수 있습니까?"

관세음보살께서 대답하셨다.

---

41)앞치마 : 한문 원문에는 뚜췬(肚裙)이라고 했다. 뚜췬이란 중국 동남쪽 푸젠성 촨
　주시(泉州市) 후이안현(惠安縣)의 전통 여자 옷으로 위아래 옷을 입고 앞치마처럼
　걸치는 꾸밈 옷이다. 본디 이름은 빠이즈비엔췬(百褶边裙)으로 '100개의 주름이
　잡힌 옆 치마'란 뜻인데 보통 뚜췬(肚裙), 곧 '배 치마'라고 부른다. 우리나라의 앞
　치마 비슷한데 주름이 많이 잡힌 치마를 말하지만 여기서는 알기 쉽게 앞치마라고
　옮겼다.

"그렇지, 이곳에는 남녀라는 모습이 따로 없다. 이제 네 스스로는 어떤지 한 번 보아라!"

나는 그 말씀을 듣고서야 비로소 나도 이미 열서너 살 된 여자아이로 바뀌어 있고, 옷차림도 그 아이들과 똑같다는 것을 새삼스럽게 알아차릴 수 있었다. 나는 놀라서 관세음보살께 여쭈었다.
"왜 이렇게 되었습니까?"

관세음보살께서 말씀하셨다.
"이곳은 한 보살이 맡고 있는데, 그 보살이 남자로 바뀌면 모두 남자로 바뀌고, 여자로 바뀌면 모두 여자로 바뀐다. 실제는 남자로 바뀌든 여자로 바뀌든 연꽃에 화생(化生)하면 피와 살로 된 몸은 없고, 몸은 모두 하얀 수정같이 속까지 환히 비쳐 파리(玻璃)[42]처럼 된다. 그렇기 때문에 사람이란 모양새는 있지만 실제 남녀 구별은 전혀 없다."

내가 스스로 몸을 살펴보니 관세음보살께서 말씀하신 것과 아주 똑같이 피부·살·손톱·뼈·피는 보이지 않고, 오로지 하얗고 속이 환히 비치는 수정 같은 몸뿐이었다.

하품하생(下品下生)에 태어난 사람은 모두 업을 가지고 와서 태어난다. 여기 오면 사내와 계집, 늙은이와 어린아이를 따지지 않고

---

42)파리(玻璃) : 아미타경에 나오는 극락의 7가지 보석 가운데 하나. 보석으로 들어가는 유리나 수정을 파리라고도 한다.

연꽃에 바뀌어 태어난(化生) 뒤 모두 한결같이 열 서너 살의 아이 모습으로 바뀐다. 늙은이도 아이로 돌아가 모두 다정하고 사랑스럽고 아름다운 얼굴모습이 보통과는 다르며, 겉으로 보기는 남녀의 구분이 있는 것 같지만 실제로는 남녀가 따로 없다.

나는 관세음보살께 여쭈어 보았다.
"왜 이곳에 와서 태어난 중생들은 모습이 한 결 같고 나이도 똑같이 바뀔 수 있습니까?"

관세음보살께서 대답하셨다.
"그것은 불성(佛性)이 평등하기 때문이다. 아미따불께서 붇다의 위신력(佛力)으로 이곳으로 맞아들여 연꽃에 바뀌어 태어나면 한결 같고 똑같이 대한다. 인간세상에서 할아버지건 할머니건 또는 중년이건 장년이건 따지지 않고 연꽃에 바뀌어 태어나면 똑같이 십 몇 살의 모습이 된다. 이런 원리는 마치 인간 세상에서 갓 태어난 아기는 몸의 크기가 거의 같은 것과 마찬가지다.
하품하생에서 연꽃에 화생한 뒤, 연꽃 속에서 날마다 여섯때[43] 가운데 한 때는 경전 공부 시간인데 큰보살(大菩薩) 한 분이 맡으신다. 경전공부 시간이 되어 범종이 한 번 울리면 연꽃못에 있는 사람이나 다락집에 머물고 있는 사람이나 모두 한결같이 여자아이나 남자아이 모습으로 바뀌게 된다.
그들의 모습과 옷차림은 모두 붇다의 힘이나 보살이 다스리는

---

43) 여섯때(六時) : 하루를 아침(晨朝, 平旦), 한낮(日中, 日正中), 저녁(日沒, 日入), 이른 밤(初夜, 人定), 한밤중(中夜, 夜半), 새벽(後夜, 鷄鳴)으로 나누어 여섯때라고 한다.

대로 이루어진다. 붇다가 남자로 바꾸고자 하면 바로 남자 모습이 되고, 여자로 바꾸고자 하면 바로 여자 모습이 된다. 옷차림도 마찬가지로 붉은 빛으로 하고자 하면 바로 붉은 빛으로, 초록빛으로 하고자 하면 바로 초록빛으로, 노란빛으로 하고자 하면 바로 노란빛으로 한결같이 바뀐다.

이들 하품하생의 중생들은 낮에는 연꽃에서 나와 놀거나, 노래하거나, 춤추거나, 절하거나 염불하거나, 경전을 읽거나, 놀이를 하거나, 그 밖의 다른 활동을 하다가, 쉬는 때가 되면 이내 스스로의 연꽃 속으로 들어가게 된다. 바꾸어 말하면 한낮에는 꽃이 피고 밤에는 꽃이 오므라든다. 쉴 때는 연꽃 속에서 마음속으로 염불하기도 하고 갖가지 달콤한 꿈을 꾸기도 한다(업을 가지고 태어났기 때문에 지난날의 업이 멋대로 사실처럼 나타나는 것을 피할 수 없다)."

관세음보살께서 말씀하셨다.
"자, 이제 너를 데리고 연꽃마당에 가보도록 하겠다."

그곳에 다다르자 처음에는 10~20명의 여자아이들만 보였는데, 가까이 가자 몇 십, 몇 천, 몇 만 명의 여자아이들이 빠르고 끊임없이 늘어나더니, 눈 깜짝할 사이에 모든 대전(大殿)과 높은 건물 안에 겉모습과 옷차림이 똑같은 여자아이들로 꽉 찼다. 그 아이들을 한 곳에 모이게 하여 우리가 보도록 한 것인데, 그들에게는 한꺼번에 여러 만 명을 한 곳에 모이게 하여 눈앞에 보이는 것은 아주 쉬운 일이다. 우리 인간세상에서 몇 천, 몇 만 명을 한 곳에 모이게 하려면 무척 힘이 들고 시간도 많이 걸리는 것과는 달랐다.

이윽고 우리는 연꽃못(蓮花池)에 다다랐다. 문득 보니 연못 속의 물이 아주 신기하게 마치 공기와 같아, 우리 싸하세계의 물이 액체인 것과 달랐다. 관세음보살께서 말씀하셨다.

"내려가서 한 번 씻어 보아라."

내가 여쭈었다.
"옷이 젖으면 어떻게 합니까?"

관세음보살께서 말씀하셨다.
"젖지 않는다. 싸하세계에서 물에 들어가면 옷이 젖는 것과는 다르다."

나는 두려워서 아주 조심스럽게 못에 들어가 몸을 씻어보니 말씀하신 그대로 옷이 전혀 젖지 않았다. 더 신기한 것은 나는 헤엄을 칠 줄 몰라 바닥으로 가라앉을까 두려워했는데, 연꽃못 속에서 헤엄치는 것은 자기 뜻대로 높이 오르고자 하면 높이 오르고, 내려가고자 하면 내려가고, 왼쪽으로 가려하면 왼쪽으로 가고, 오른쪽으로 가려하면 오른쪽으로 가, 완전히 스스로 마음을 내는 대로 다스릴 수가 있었다.

나는 못 속에서 한 바퀴 또 한 바퀴 맴돌며 놀았는데 매우 즐거웠다. 나는 호기심에 물을 한 모금 마셔보았는데 아주 시원하고 맛이 좋았다. 입안 가득가득 마음껏 마셨는데 마시면 마실수록 정신이 갑절로 맑아지고 온몸이 가벼워져 마치 날아갈 것만 같았다. 나

72

는 옷을 여러 번 만져 보았지만 조금도 젖지 않았다.

　내가 헤엄을 치면서 연꽃못 한 가운데까지 갔을 때 수없이 많은 아름다운 연꽃들이 찬란하게 피어 있고, 꽃 위에 사람이 얌전하고 바르게 앉아 염불을 하고 있는 것을 보았다. 그러나 몇몇 연꽃들은 시들거나 꺾인 것도 있고, 나중에는 말라 죽은 것도 있었다. 연꽃못에 있는 물은 바로 아미따불에 관한 경전에 나오는 '여덟 가지 공덕의 물(八功德水)'[44]이었다.

---

44) 8가지 공덕의 물(八功德水) : 현장(玄奘)이 옮긴 아미따경에는 8가지 공덕의 물 이름이 자세하게 나온다. ① 맑고 깨끗하다(澄淨) ② 아주 시원하다(淸冷) ③ 달다(甘美) ④ 가볍고 부드럽다(輕軟) ⑤ 미끄럽고 윤기가 있다(潤澤) ⑥ 온화하다(安和) ⑦ 마시면 헤아릴 수 없는 허물과 근심(過患)을 없애준다 ⑧ 5근과 4대를 길러주고, 갖가지 최고의 선근을 늘려준다.

6장. 하품하생(下品下生)에 태어난 사람의 업(業)이 헛되이 나타나다.

하품하생에 태어난 사람은 바로 우리 싸하세계에서 정토에 태어나기를 바라면서 한마음으로 염불하여 '업(業)을 가지고 와서 태어난(帶業往生)' 중생들이다.

'업을 가지고 와서 태어난다'는 것은 무엇인가?

이런 중생들은 지난 날 싸하세계에서 죽이고(殺生), 훔치고(偸盜), 속이고(詐欺), 헐뜯고(誹謗), 해치고(陷害), 이간질하고(兩舌), 삿되고 음탕한 짓(邪淫) 같은 갖가지 나쁜 업(惡業)을 지었기 때문에, 그들의 행실을 가지고 따지면 본디 서녘(극락세계)에 태어날 수 없는 사람들이다. 그러나 목숨이 다할 때 선지식(善知識)⁴⁵⁾을 만나 붇다의 가르침을 마음에 새기고(念佛經) 아미따불의 거룩한 이름을 한마음 흐트러지지 않게 염불하면⁴⁶⁾ 아미따불의 바람(願力)과 보살핌(加被)을 빌어 극락세계로 안내를 받아 태어나게 되며, 하품하생의 연꽃에 바뀌어 태어나게(化生) 되는 것이다.

그렇지만 9품으로 된 연화세계는 가장 낮은 품(下品下生)에서 가장 높은 품(上品上生)까지 가려고 하면 무려 12겁이라는 시간이 걸린다. 1겁은 1,679만 8천년과 맞먹기 때문에 하품하생에 가서

---

45) 선지식(善知識, kalyāṇamitra) : 바른 도리를 가르치는 이를 선지식[바른 벗(善友), 뛰어난 벗(勝友), 바르고 사이좋은 벗(善親友)이라고도 한다.]이라고 하는데, 화엄경 입법계품(入法界品)에서 선재동자가 가르침을 받은 53명의 선지식이 대표적인 것으로 어떤 모습을 하던 불도로 인도하는 사람을 말한다.

46) [원문 주] 한마음 흐트러지지 않게 (염불)할 수 있는 사람들은 모두 과거세에 선근(善根)을 심은 사람들이다.

태어난 사람이 가장 높은 품(상품상생)에 이를 때까지 닦으려면 2억 157만 6천년이란 시간이 걸려야 비로소 붇다가 될 수 있다.[47] 다만 우리가 싸하세계에서 적극적으로 마음을 다잡아 부지런히 닦고 꾸준히 익혀나가면 3~5년이란 시간에도 바로 중품이나 상품에 태어날 수 있고, 어떤 사람은 이생의 삶에서 도를 이룰 수도(成道) 있다.

그렇기 때문에 우리들은 반드시 '사람 몸을 받기 어렵다'는 말을 아주 귀중하게 여겨 부지런하고 꾸준히 수행하여 이루어낸다면 바로 상품상생에 가서 태어나 꽃이 피어 붇다를 뵐 수 있다. 인광(印光) 대사[48]와 홍이(弘一) 법사[49]가 바로 살아있는 본보기다.

---

47) 여기서 말하는 시간은 인간세상의 시간 개념으로 말하는 것으로 실제 극락세계의 시간 개념으로는 하품하생(13~14세)에서 상품상생(30여세)까지 올라가는데 15~20년 안팎이 걸린다. 다만 하품하생에 태어나 극락에서 무생법인을 얻은 뒤 싸하세계로 돌아와 중생 제도를 목적으로 한다면 2억 157만 6천년 이후에야 가능하기 때문에 살아생전 열심히 닦아 품을 올려야 한다. 다음에 그 이야기가 이어진다.

48) 인광(印光 1861~1940) : 중국의 근대 선지식으로 3대 고승 가운데 한 분이며, 대세지보살의 화신이라고 불릴 정도로 평생 동안 정토를 널리 폈다. 정토종 13대 조사. 후베이(湖北) 리엔화사(蓮華寺)에 들렀다가 불경 말리는 데서 우연히 용서(龍舒)의 정토문(淨土文) 파본을 읽고 염불법문을 알게 되었다. 어려서부터 눈병이 있어 소경이 될 위기였는데 한마음으로 염불하여 눈병이 나아버리자, 살아있는 동안 오로지 정토에 귀의하여 스스로 수행하며 남을 교화하는 방편법문으로 삼았다. 1881년(21세) 쫑난산(終南山) 난우타이산(南五臺山) 리엔화동사(蓮華洞寺)에서 출가, 1881년 산시성(陝西省) 씽안(興安) 쌍계사에서 구족계. 1886(26살) 베이징(北京) 홍루어산(紅螺山) 지푸사(資福寺)가 정토법문만 수행하는 염불도량이라는 소식을 듣고 찾아가 3년간 염불 수행과 대승경전을 읽고, 이(理)와 사(事)에 걸림이 없게 되었다. 1893(33) 푸투어산(普陀山) 파위사(法雨寺) 화원(化聞) 화상을 따라가 그곳 장경루(藏經樓)에서 6년간 정진. 1937(77) 수저우(蘇州) 링옌사(靈巖寺)에서 3년간 안거하다가 1940(80살) "아미따불께서 영접하러 오시니, 나는 이제 가련다. 모두들 염불 열심히 하고 간절히 발원하여 서방 극락에 가 태어나야 한다"고 말하고, 큰 소리로 염불하는 가운데 편안히 극락정토로 돌아갔다.

49) 홍이(弘一) 법사(1880~1942) : 1918년 39세 때 항저우(杭州) 따지사(大慈寺)에서 출가, 링인사(靈隱寺)에서 구족계를 받았는데, 법명은 옌인(演音), 호는 홍이(弘一)라 하였다. 평생 계율을 공부하였는데, 특히 남산율 종(南山律宗)을 널리 폈다. 평생토록 인광(印光) 대사를 가장 높이 받들어 숭배하였기 때문에 인광대사와 똑 같이 대중을 거느리지 않고 절의 주지를 맡지 않고 오로지 대중에게 글씨를 써주며

이 점에 대해서는 다음에 다시 이야기하겠다.

이제, 다시 하던 이야기로 돌아와서, 우리 싸하세계에 사는 중생들은 도리어 수많은 괴로움이 있어 피할 수 없다. 그것은 바로 태어남(生), 늙음(老), 아픔(病), 죽음(死), 갖고 싶은 것을 얻지 못한 괴로움(求不得苦), 싫어하는 사람과 함께 살아야 하는 괴로움(怨憎會苦), 사랑하는 사람과 헤어지는 괴로움(愛別離苦), 5가지 요소(五陰)[50]로 말미암은 괴로움(五陰盛苦)이다.

(그러나) 극락세계는 하품하생(下品下生)에 태어난다고 할지라도 앞에서 본 괴로움은 아주 없다. 왜냐하면 '극락세계'란 '즐거움(樂)'만 있고 '괴로움(苦)'이란 없기 때문이다. 비록 하품하생에 태어난 중생은 12겁이라는 긴 시간을 닦아야 하지만 차례대로 품(品)이 올라가도록 보장되어 있기 때문에 끝내는 꽃이 피어 붇다를 뵙게 되는 것이지 도중에 뒤로 물러나 3가지 나쁜 길(惡道)이나 4가지 나쁜 길(四惡趣)[51]로 떨어질 걱정이 아주 없다. 그리고 모든

인연을 맺었다. 『사분율비구계상표기(四分律比丘戒相表記)』를 비롯한 율종 관계 저서가 많고, 정토에 관한 책으로는 『미타소의힐록(彌陀義疏擷錄)』이 있으며, 『홍이대사법집(弘一大師法集)』이 있다. 1942년 진지앙(晉江) 원링양로원(溫陵養老院)에서 63세 법랍 24세로 입적하였는데, 극락에 가서 태어난 왕생전이 전해지고 있다.

50) 5가지 요소(五陰, pañca-skandha) : 다섯 가지 요소(陰), 곧 색(色) 수(受) 상(想) 행(行) 식(識)을 말한다. 요소(陰)란 산스크리트 skandha를 뜻으로 옮긴 것으로 온(蘊)이라고도 한다. skandha는 원래 인도의 옛날 문헌에서는 '나무의 줄기(stem, trunk) 특히 가지가 뻗기 시작하는 줄기(몸통)를 나타낼 때 쓴 낱말이다. 여기서 skandha는 사람을 구성하는데 없어서는 안 되는 핵심적인 구성요소(constituent elements)를 뜻하는 것으로, (물질인) 사람 몸뚱이(rūpa, 色, bodily form)와 (마음 작용인) 느낌(vedanā, 受, sensation)·(느낌에서 생긴 나름대로의) 견해(saṃjñā, 想, perception)·(그 견해에 따라) 만드는 짓(saṃskāra, 行, putting together)·(한 짓의 결과로 생긴) 판단 능력(vijñāna, 識, consciousness or thought-faculty)을 말하는 것으로 크게는 물질계와 정신계를 아우르는 인연에 의해 생기는 모든 유위법(有爲法)을 말하고, 작게는 인간의 몸과 마음을 말한다. 따라서 여기서 5가지 요소란 인간이 나고 죽고 변화하는 데서 생기는 모든 괴로움을 말한다.

51) 3가지 나쁜 길(三惡道)과 4악취(四惡趣) : 중생이 죄를 지어 죽은 뒤에 떨어지는 지옥, 아귀, 짐승 같은 3가지 괴로운 길을 3가지 나쁜 길(三惡道)이라고 한다. 악도(惡

수행과정은 처음부터 끝까지 가장 즐거운 극락 상태에서 이루어지게 된다.

하품하생의 연꽃은 우리 인간세상의 연꽃과는 달라서 1~3 평방리(500~1,500㎡)[52]쯤 크고, 3~4층 건물만큼 높으며, 연꽃은 모두 빛을 낸다. 그러나 이곳에 와서 태어난 사람이 그 연꽃 안에서 갖가지 헛된 생각(妄想)을 일으키면 바로 연꽃의 빛깔이 어두워지고 빛이 나지 않으며, 반대로 헛된 생각 없이 속마음이 맑고 깨끗하면 연꽃은 바로 눈부시게 빛나 환한 빛을 낸다.

다음은 두 가지 실제 본보기다. 관세음보살님께서 말씀하셨다.

"중생들은 여러 생을 살아오면서 갖가지 서로 다른 업(業)을 지었기 때문에 그 업을 가지고 와서 태어난 뒤 그 업이 헛되이 되비치는 것도 다르다. 하품하생에 태어난 사람은 업장(業障)이 꽤 두터운 편이지만, 그것도 가볍고 무거운 나눔이 있어 하품의 연꽃도 상·중·하 셋으로 나뉜다. 거의 모든 사람들은 은혜와 사랑을 잊기 어려운데, 어버이 형제 누이 벗들과 아울러 물질과 재산에 대한 욕망이 모두 하나하나 비추어 되살아나는 것이 마치 인간세상에서 꿈을 꾸는 것과 같다. 이제 너를 데리고 헛된 업이 되비치는 실제 상황을 가보기로 하겠다."

몇 굽이를 돌자 색깔과 빛이 어두운 연꽃 한 송이가 보였다. 들어가서 보니 높은 빌딩이 있는데 집이 황궁보다 더 빛나고 아름다웠고, 꽃밭은 그윽하고 품위가 있었으며, 집안에는 옛날 물건과 진

道와 악취(惡趣)는 같은 뜻으로 지옥, 아귀, 짐승의 3악도(三惡道)에 아수라 세계를 합친 것을 4악도 또는 4악취라고 한다.
52)리(里) : 중국에서 1리는 500m로, 중국의 8리가 한국의 10리와 맞먹는다.

귀한 보배들이 모두 아주 점잖고 아름답게 꾸며져 있어 마치 인간 세상의 재상(宰相)이 사는 큰 집 같았다. 집안에 있는 남자와 여자, 늙은이와 아이 수 십 명의 옷차림은 인간 세상과 똑같이 빛나고 아름다웠고, 일하는 사람들이 들락날락하며 매우 떠들썩한 분위기로 보아 마치 무슨 기쁜 일이 있는 것 같았다.

나는 관세음보살께 여쭈었다.

"왜 극락세계에 인간세상의 집안처럼 살림하는 방식이 남아 있습니까?"

관세음보살께서 대답하셨다.

"이 사람은 목숨이 다 할 때 아주 맑고 깨끗하여 업을 가지고 와서 태어났지만(帶業往生), 수많은 겁(劫)동안 쌓인 버릇(習氣)[53]과 헛된 생각(妄想)이 매우 많아 세속적인 먼지가 아직 남아 있는 것이다. 여기 수 십 명은 모두 그가 살았을 때의 어버이·아내와 아들딸·애인·형제·누이·며느리·친족들인데, 은혜와 사랑을 벗어나기 어려워 연꽃에서 쉴 때마다 이런 사람과 물건들을 문득 그리워하며 헛된 생각을 일으켰기 때문에 그들이 바로 나타나게 된 것이다. 극락세계는 즐거움만 있고 괴로움은 없기 때문에 어버이를 생각하면 어버이가 오고, 아내와 자식을 생각하면 아내와 자식이 오고, 화려한 빌딩을 생각하면 화려한 빌딩이 나타나고, 맛 좋은 먹을거리를 생각하면 맛 좋은 먹을거리가 온다. 이렇게 나타나

---

53)버릇(習氣, vāsanā, the present consciousness of past perceptions) : 번뇌를 일으킬 때마다 마음속에 새겨진 버릇이다. 그렇기 때문에 전생의 번뇌와 업은 기억에서는 사라져 잊어버리지만 이 버릇(習氣)은 씨앗(種子)이 되어 계속 다음 생까지 이어진다. 이 씨앗은 다시 자라나고 키워져 알라야식(ālaya, 阿賴耶識)에 갈무리되고, 다시 그 다음 생에 되풀이 되게 된다.

펼쳐지는 모습은 마치 싸하세계 중생들이 꿈을 꿀 때와 같아, 꿈속에서는 실제 상황처럼 함께 살지만 꿈을 깨고 나면 모든 것이 헛되고 아무 것도 없는 것처럼, 이것은 다만 업이 제멋대로 되비쳐지는 거짓된 모습일 뿐이지 인간 세상에 사는 친족들은 알지도 못하는 일이다."

관세음보살의 말씀은 사람들에게 스스로를 깊이 돌이켜보게 한다. 따지고 보면 사람이 살아가는 것도 한바탕 큰 꿈이 아닌가! 죽어서 넋이 몸뚱이를 떠날 때는 사람들이 가지고 있는 모든 것은 가지고 갈 도리가 없으니 이미 그대의 것이 아니요, 마치 한바탕 곡두(幻)⁵⁴⁾같은 꿈을 꾼 것과 마찬가지로, 마침내 모든 것이 한바탕 공(空)이 되는 것이다.

관세음보살께서 다시 그 도리를 자세히 풀어주셨다.

"사실 업을 가지고 이곳에 와서 태어난 사람들은 헛된 생각(妄想)이 인간세상의 욕망보다 훨씬 많다. 싸하세계는 (물질을 바탕으로 한) '물질(物質)'이기 때문에 가로막는 것이 너무 많다(물질이란 종이 한 장만 막혀도 볼 수 없고, 물질이란 스스로 끊임없이 묵은 것은 없어지고 새것이 대신 생기면서 연줄 따라 생겼다가 연줄 따라 사라지는 것이다). 그렇기 때문에 수많은 물건을 '갖고 싶지만

---

54)곡두(幻) : 환영(幻)이란 한자 낱말에 딱 들어맞는 우리말이다. 사전에서 '곡두'를 찾아보면 '실제로 눈앞에 없는 사람이나 물건의 모습이 마치 있는 것 같이 보였다가 가뭇없이 사라져버리는 현상. [漢] 幻影'이라고 나와 있고, 환영(幻影)을 찾아보면 '곡두'라고 나와 있다. 환(幻) 또는 환영(幻影)을 '허깨비'라고 옮기는 경우도 가끔 있다. 그러한 허깨비는 A를 B라고 보는 착각이나 새를 쫓는 사람 모양의 물건(허수아비)을 말하기 때문에 환영(幻影)과는 다른 뜻이다. 곡두는 실제는 존재하지 않는 것을 있는 것으로 잘못 보는 것을 말한다.

얻을 수 없는 고통(求不得苦)' 때문에 한숨짓는 때가 자주 있지 않는가! 그렇지만 극락세계는 그와 달리 물질적인 세계가 아니기 때문에 어떤 것을 바라는 생각(헛된 생각)만 하면 그것이 바로 눈앞에 나타나 끊임없이 누릴 수 있게 해준다. 극락세계의 (자성을 바탕으로 한) '성질(性質)'이란 텅 빈 공간(虛空)에 속하기 때문에 온 법계(法界)에 두루 꽉 차고, 하늘나라는 [신성(神性)을 바탕으로 한] '신질(神質)'에 속하기 때문에 비록 5가지 신통력(神通力)[55]이 있지만 구하는 것을 얻지 못하는 때가 있다. 인간 세상은 '물질(物質)'에 속하기 때문에 겹겹이 가로막혀 구하는 것을 얻기 어렵다."[56]

나는 또 관세음보살께 여쭈었다.

"헛된 경계(꿈)와 여래의 맑고 깨끗한 참된 경계는 어떻게 다릅니까?"

관세음보살께서 가르침을 주셨다.

"참된 경계란 늘 있어 없어지지 않는 것(常住不滅)으로 갖가지 빛을 끝없이 오래 내뻗칠 수 있지만, 헛된 경계란 덧없는 것(無常)으로 어떤 빛도 내뻗칠 수가 없다. 그렇기 때문에 한 번 스스로의 헛된 업(業)을 깨치게 되면 바로 모든 것이 공(空)하여 아무 것도 없는 것과 같다. 마치 사람이 잠을 잘 때 꿈을 꾸는 것과 같아서 꿈

---

55) 5가지 신통력(五神通力) : 전생을 알 수 있는 숙명통(宿命通), 세상의 모든 일을 알 수 있는 천안통(天眼通), 하늘과 땅의 모든 소리를 들을 수있는 천이통(天耳通), 다른 사람의 마음을 알 수 있는 타심통(他心通), 바라는 곳에 마음대로 갈 수도 있고 몸을 여러 개로 만들 수도 있는 신족통(神足通) 같은 5가지 신통력.

56) 싸하세계의 물질(物質), 하늘나라의 신질(神質), 진여세계의 성질(性質)에 관해서는 나중에 관징 스님이 정토선(淨土禪) 수행법에 대해서 쓴 『정토선 원리(淨土禪精義)』에서 자세히 구체화 시킨다.

속에서 본 산·내(川)·사람·물건이나 도시·빌딩 같은 것들이 꿈을 깨고 나면 아무 것도 없는 것과 같다.

싸하세계에 사는 중생들은 명예와 이익을 다투는데 목숨을 걸고 너 죽고 나 살자는 식으로 온 삶의 정신과 힘을 아낌없이 쏟아 버린다. 그러다가 마침내 죽고 나면 단 한 가지도 가지고 가지 못하고 정신과 넋은 6가지 길을 따라 끊임없이 나고 죽는(六道輪廻) 소용돌이에 빠져들어 연줄(緣) 따라 나고 연줄 따라 죽으며 업보(業報)에 따라 괴로움과 아픔을 끝까지 견뎌내야 하는 것이다. 그렇기 때문에 이 괴로움의 바다를 벗어나고 싶다면 반드시 하루 빨리 깨달아서 이 언덕(극락세계)으로 돌아와야 한다."

앞에서 본 그 집 주인도 업을 가지고 와서 태어난 것으로, 관세음보살의 말씀에 따르면 그는 나와 같은 고향[푸젠성(福建省) 푸티엔현(蒲田縣)]이라고 한다. 나와 서로 말이 통할 것이니 집안으로 들어가 보라고 하셨다.

우리가 그 화려한 큰 건물 안으로 들어가 보니, 안쪽에 큰 술자리가 마련되어 있고 상 위에는 온갖 맛있는 음식들이 차려 있는데, 60~70명이 바야흐로 크게 먹고 마시는 중이라 광경이 꽤나 떠들썩하였다. 한 노인이 있는데, 70살쯤 되어 보이는 겉모습이 인간 세상에서 재산이 넉넉하고 세력이 있는 사람 같아 주인이라는 생각이 들었다.

그는 내가 들어오는 것을 보더니 정중하게 앞으로 나와 멋쩍어 하면서 물었다.

"어디에서 오셨는지요?"

나는 푸젠성(福建省) 사투리를 써서 대답하였다.

"나는 푸젠성 푸티엔(蒲田)에서 왔는데, 당신과 같은 고향입니다."

그는 '같은 고향'이라는 말을 듣자마자 한껏 기뻐하며 머리를 잇달아 끄덕이며 말했다.

"어서 오십시오. 정말 잘 오셨습니다."

아울러 나를 아주 정성껏 맞이하여 자리에 함께 하도록 하였다. 나는 얼떨결에 물었다.

"여러분은 여기서 무슨 큰 잔치를 하고 있습니까?"

그는 웃으며 오히려 되물었다.

"당신은 어떻게 여길 오시게 됐습니까?"

나는 손을 들어 문 밖에 서 계시는 웬관 노스님을 손으로 가리키며 말했다.

"관세음보살께서 나를 데리고 여기까지 오셔서, 여기를 돌아보면서 구경하고 있습니다."

이 말이 떨어지자마자 눈앞의 모든 모습이 갑작스럽게 바뀌기 시작했다. 이 노인은 관세음보살이란 이름을 듣자마자 몸이 갑자기 한차례 흔들리더니 얼굴에 부끄러워하는 모습이 그대로 드러났다. 잠깐 사이에 눈앞에 보이던 그 화려한 건물과 안에 있던 60~70명, 그리고 모든 잔치의 시끌벅적한 장면이 갑자기 사라져

버렸다. 그 노인도 13~14살의 모습으로 바뀌어 연꽃 위에 얌전하고 바르게 앉아 있는데, 온몸이 수정처럼 하얗고 속까지 환히 비치어 아주 아름다웠다.

이처럼 광경이 갑자기 바뀐 것은 바로 관세음보살께서 조금 앞에 말씀하신 것과 같은 것으로, 경치나 모습은 헛된 생각(妄想)에서 생겼고 그 헛된 생각이 사라지자 경치나 모습도 따라서 사라진 것이다.

본디 이 사람은 전생에 싸하세계에서 이름난 부자 상인이었다. 그는 갖가지 살아있을 때의 헛된 생각이 아직도 남아있어 쌓인 버릇(習氣)을 없애지 못하고 큰 잔치를 베풀어 손님을 맞이하는 것을 좋아했다. 이런 버릇은 뜻하지 않은 때 갑자기 드러나는데, 바로 조금 전 같은 정경들이 이루어졌던 것이다.

조금 뒤 그는 나에게 스스로를 소개하였다.

"저는 푸젠성(福建省) 푸티엔현(浦田縣) 한쟝향(涵江鄉) 뚜어터우촌(哆頭村) 사람이고, 이름은 린따오이(林道一)라고 합니다. 집안은 잘 살아 뚜어터우촌에서는 이름난 집안에 들었습니다. 목숨이 다할 때 선지식(善知識)의 가르침과 안내를 받아 '열 번 염불(十念)'[57]로 (극락에) 와서 태어났습니다. 다만 참으로 부끄러운 것은

---

57) 10번 염불(十念) : 무량수경(無量壽經)에 보면 아미따불이 과거세에 극락을 기획하면서 한 다짐과 바람(誓願) 48가지 가운데 18째에 이런 다짐을 한다. "제가 붇다가 될 때, 시방 중생들이 마음 깊이(至心) 믿고 기뻐하며(信樂) 저의 나라에 태어나고자(欲生) 제 이름을 열 번까지 새겼는데도(十念) 태어날 수 없다면 깨달음을 얻지 않겠습니다(設我得佛 十方衆生至心信樂 欲生我國 乃至十念 若不生者 不取正覺)." 같은 경에서 사꺄무니 붇다는 이렇게 말씀하셨다. "(가장) 아래 동아리(下輩)란 시방세계의 여러 천신과 인간이 마음 깊이 그 나라(극락)에 태어나길 바라는 무리들로, 설사 여러 가지 공덕(功德)을 짓지 못했다고 하더라도 마땅히 위없는 보디마음(菩提心)을 내고 뜻을 오로지 하나로 합쳐 열 번(十念)만이라도 무량수불(無量壽佛)을

나의 업장과 헛된 생각(妄想)이 너무 많아 없애버리지 못하고 은혜
와 사랑도 버리기 어렵기 때문에 늘 허튼 생각을 하게 되면 갖가지
헛된 경계가 나타납니다. 관세음보살께서 이미 두 차례나 저를 불
러 가르침을 주시면서 바로 잡으라고 하셨으나 나는 아무리 해도
묵은 병이 다시 도져 죄다 고쳐지지 않고 있습니다."

헤어질 때 그는 또 나에게 한 가지 소식을 전해달라고 맡겼다.
그는 아들이 하나 있는데, 이름은 아왕(阿旺)이고 싱가포르에 살고
있다고 한다. 내가 나중에 싸하세계로 돌아간 뒤 그 아들 아왕에게
'아버지는 중국에서 이미 서녘 정토에 가서 태어났다'는 한 마디를
전해 달라는 것이었다.[58]

관세음보살께서는 이처럼 업을 가지고 와서 태어난 사람들에게
는 연꽃못인 '여덟 가지 공덕의 물(八功德水)'에 가서 많이 씻도록
해, 마음속의 헛된 생각을 씻어버리고 스스로의 참된 마음이 조금
씩 맑고 깨끗하게 되돌아가도록 타이르고 이끌어주신다고 한다.

나와 관세음보살은 다시 가파른 절벽 아래 이르렀다. 이때 나
는 또 기묘하고 이상한 광경을 보았다. 나이가 스무 살 안팎쯤 되

마음에 새기면서(念, 염불) 그 나라에 태어나길 바라는 무리나, 또는 깊은 법(法)을
듣고 기꺼이 믿고 즐거워하며 의혹(疑惑)을 일으키지 않고 단 한 생각(一念)이라도
그 붇다(아미따불)를 마음에 새기면서 아주 정성어린 마음으로 그 나라에 태어나길
바라는 무리이다. 이러한 사람이 임종할 때에는 꿈결에 아미따불을 뵈옵고 극락세
계에 왕생하는데, 그 공덕과 지혜는 가운데 동아리(中輩)의 다음간다."

58) 2012년 11월 28일, 이 이야기에 나온 주소(현재 주소 : 福建省 莆田市涵江區 三
江區鎮 哆頭村 哆中 角頭溝)를 찾아가 아왕(阿王)의 큰 아들 리밍반(李明般)을
찾아 자세한 집안 사정을 조사했다. 조사 결과 린따오이(林道一)는 리린따오(李林
道一)란 두 개의 성을 썼다. 본시 성은 리(李)인데, 아마 양자를 가서 린(林)씨 성을
하나 더 가진 것으로 보인다. 다행히 그 집에 린따오이와 아왕의 사진이 모두 있어
손에 넣을 수 있었고, 아왕은 1976년 이미 싱가포르에서 세상을 떴다고 한다. 자세
한 내용은 관징 스님 일대기 『극락과 정토선』을 볼 것.

는 여자를 보았는데, 몸에 사람들과 똑같은 검은 옷을 입고 높은 절벽 아래서 큰 소리로 울부짖고 있는 것이 아닌가! 그때 나는 '극락세계는 즐거움만 있고 괴로움은 없는 것인데, 왜 여기에 저처럼 몹시 슬퍼서 괴로워하는 사람이 아직 있는 것인가?' 라는 아주 이상한 생각이 들었다.

관세음보살께서는 이미 나의 속마음을 훤히 알고 계시듯 나를 다 꿰뚫어 보시고는 날더러 앞으로 나가서 한 번 물어보면 바로 알 것이라고 했다. 그래서 나는 그녀 곁으로 가서 두 손을 합장하고 물었다.

"보살님, 왜 여기서 이렇게 슬프게 울고 있습니까?"

그녀가 머리를 들고 쳐다보는데, 울고 있는 것이 아니라 빙긋이 웃으며 나에게 말했다.

"저는 마음이 놀라서 헛된 생각이 어지럽게 흩날리고 있는 것입니다."

말소리가 떨어지자마자 바로 연꽃못의 연꽃 위로 돌아가 얌전하고 바르게 앉았는데, 13~14살의 여자 아이 모습으로 변하고, 온몸이 수정 같았으며, 그 높은 벼랑도 한꺼번에 사라져 버렸다.

그녀는 나에게 스스로를 소개하였다.

"저는 푸젠성 슌창(順昌) 사람이고, 이름은 ○○○이며, 현재 21세인데 불문(佛門)에 귀의한 청신녀입니다. 1960년대 저는 출가하기로 마음먹었으나 사람들이 중간에 간섭하며 줄곧 반대하였으며, 마지막에는 너무 심하게 괴롭혀 벼랑에서 뛰어내려 자살을 하게 되었습니다.

본디 제 목숨을 스스로 끊어 죽는 것은 10가지 나쁜 짓(十惡)[59]에 들어 극락에 태어날 수 없는 것이지만, 관세음보살께서 큰 자비심을 내시어, 저의 한 가닥 참되고 바른 정성을 마음속에 두셨다가 맑은 나라(淨土)에 태어나도록 이끌어 주셨습니다.

저는 이곳에 태어난 지 얼마 안 되었기 때문에 놀랜 마음과 헛된 업장을 아직 없애지 못해 자주 스스로를 억눌러 다스리지 못하고 마음속에 있는 놀랜 마음과 헛된 업장이 되비쳐 나타나는 것입니다. 이런 현상은 바로 사람들이 불길한 꿈을 꾸는 것과 같아서 마음속에 늘 놀랍고 무서운 경계가 나타나곤 한답니다. 비록 관세음보살께서 설법으로 깨우쳐 주셨지만 아직 없애버리지 못하고 있습니다."

나는 그녀를 보살펴 주려는 마음을 내어 손가락으로 가리키며 말했다.

"보세요. 내 옆에 서계시는 분이 바로 관세음보살님이 아니십니까!"

그녀가 이 말을 듣자마자 바로 관세음보살님에게 무릎을 꿇고 엎드려 절을 올리자 관세음보살께서 그녀에게 일러서 시키셨다.

"너는 빨리 연꽃못의 여덟 가지 공덕의 물(八功德水)로 몸을 많이 씻어라. 그러면 이런 업장이 조금씩 없어질 것이다."

---

59)몸·입·뜻으로 짓는 10가지 나쁜 짓(十惡業). 곧 ① 산 것을 죽이는 짓(殺生) ② 도둑질(偸盜) ③ 삿되고 음탕한 짓(邪淫) 같은 몸으로 짓는 업(身業), ④ 거짓말(妄語) ⑤ 묘하게 꾸며대는 말(綺語) ⑥ 두말(兩舌) ⑦ 욕(惡口) 같은 입으로 짓는 업(口業), ⑧ 탐냄(貪) ⑨ 성냄(瞋) ⑩ 어리석음(癡) 같은 생각으로 짓는 업(意業)을 말하는데, 자신을 죽이는 자살은 첫째 산 것을 죽이는 10가지 나쁜 짓에 들어맞는 것이다.

연꽃못에 있는 연꽃도 싱싱하게 피고 시드는 갖가지 현상을 드러내고 있어, 관세음보살께 이내 물어보았다.

"왜 이렇게 되는 것입니까?"

관세음보살께서는 대답하셨다.

"연꽃 하나하나가 시들거나 생기를 잃는 까닭은, 어떤 사람이 붇다를 처음 믿을 때 아주 경건하고 정성스러운 마음으로 온힘을 다해 염불에 정진하면서 붇다가 될 씨앗을 뿌리면, 그 씨앗은 연꽃 못에서 싱싱하게 자라 아름다운 꽃이 활짝 피게 된다. 그러나 한동안 부지런히 닦다가 마음이 게을러지고 믿는 마음이 흔들리면 염불만 그만 두는 것이 아니라 나중에는 10가지 나쁜 짓(十惡)이라는 나쁜 일까지 저지르게 되고, 그렇게 되면 그 사람의 연꽃은 조금씩 시들어 가는 것이다.

저기 꺾어져 시든 연꽃을 보아라. 바로 쟝시성(江西省)에 살았던 ○○○의 것인데, 그 사람은 처음에는 (불법에) 귀의하고 염불하였는데, 나중에 벼슬아치가 되더니 염불을 하지 않고, 도리어 5가지 냄새나는 남새(五葷菜)[60]를 먹고 10가지 나쁜 짓을 저지르니 나라에서 사형에 처했기 때문에 연꽃이 말라 죽은 것이다.

그 밖에 또 말라죽은 이 연꽃은 (푸젠성) 용타이현(永泰縣)에 살았던 사람의 것으로, 법사에게 귀의한 뒤 3년 동안 염불하여 꽃이 아주 아름답게 피었는데, 나중에 돈을 벌려고 뛰쳐나가 장사를 하

---

60) 5가지 냄새나는 남새(五葷菜) : 한자로는 오훈채(五葷菜) 또는 오신채(五辛菜)라고 하는데, 부추·파·마늘·달래·무릇(興渠) 같은 냄새나는 남새를 말한다. 불교에서 삼가는 남새다.

면서부터 다시는 염불을 하지 않았다. 옳지 못한 재산을 마음껏 모았으나 마지막에는 오히려 재산을 몽땅 잃고 망해 산더미 같은 빚을 갚을 길이 없자 스스로 목숨을 끊어 죽었다. (자살하여) 10가지 나쁜 짓을 한 사람은 (극락에) 태어날 수 없기 때문에 연꽃이 말라 죽은 것이다."

나는 또 관세음보살께 여쭈었다.
"창량(常亮) 법사[61]께서 살아 계셨을 때 저에게 말씀하시기를 '염불 한 마디가 강모래만큼 많은 죄도 없앤다.'고 하셨는데, 저 사람은 3년이나 염불을 했는데 왜 공덕이 없습니까?"

관세음보살께서 말씀하셨다.
"그것은 불법을 몰랐던 사람이 세상을 살아가면서 악을 짓다가, 나중에 선지식의 가르침을 듣고 곧 착하게 살기로 마음을 바꾼 사람의 경우이다. 그런 사람이 영원히 악을 짓지 않겠다고 참회하며, 악을 버리고 착하게 살면서 한마음으로 염불을 시작하였을 때, 한 마디 붇다 이름만 새겨도(念) 스스로 지은 그지없는 죄업이 없어지는 것이다. 그 뒤 염불을 오래 이어가며 바뀌지 않으면 죽은 뒤 극락세계에 가서 태어나, 비록 업을 가지고 태어났지만 영원히 물러남이 없이 끝내는 불도(佛道)를 이루게 되는 것이다."

---

61)창량(常亮) 법사 : 관징 스님이 문화대혁명 이전 띠쉬엔사(滴水岩寺 : 福建省 莆田市 仙游县 钟山镇 麦斜村) 당가(當家)로 있을 때 그 절 주지였던 인도네시아계 화교였던 스님이다. 관징 스님이 띠쉬엔사(滴水岩寺)를 복원할 때 절 대웅보전 뒤에 특별히 창량 법사 염불당(常亮法師念佛堂)을 짓고 이 기념관에 창량 법사 상까지 모신 것을 보면 관징 스님이 염불과 정토사상을 갖추는데 큰 영향을 준 것으로 보인다.

관세음보살께서는 잠시 멈췄다가 이어서 말씀하셨다.

"그러나 어떤 사람이 입으로는 염불을 하지만, 마음은 독을 품은 전갈처럼 몰래 남을 해치며 나쁜 업을 짓는 사람이 있다. 이러한 사람은 바로 10가지 나쁜 짓(十惡)에 속하는 사람이기 때문에 맑은 나라(淨土)에 가서 태어날 수는 없고 얼마쯤 좋은 뿌리(善根)를 심는데 그치게 된다. 그런데 그 사람 개인의 좋은 뿌리는 아직 남아있기 때문에 언젠가 잘못을 깨닫고 다시 참회를 한 뒤 염불하고 착한 일을 하면, 그 연꽃은 바로 생기를 되찾아 다시 빛이 환하게 번쩍이며 피게 된다."

관세음보살께서 넌지시 깨우쳐 주셨다.

"세상에서 잘 사나 못 사나, 지위가 높거나 낮거나, 착하거나 나쁘거나, 슬기롭거나 어리석거나, 사내·계집·늙은이·아이, 사회 각 분야에서 일하는 사람 누구를 따지지 않고 참되고 성실한 마음으로 믿고 부지런히 염불하며, 악을 끊고 착하게 살면서 (염불하는) 마음과 입이 하나가 되도록 꾸준히 이어가면 맑은 나라(淨土)에 핀 연꽃은 튼튼하게 자라고, 목숨이 다할 때 자연히 아미따불의 인도를 받아 극락에 태어나 그 연꽃에서 바뀌어 태어나게 되는 것이다.

만일 붇다를 믿고 염불을 한다고 해도 더웠다 추웠다 자주 변하고, 부지런하다 게으르다 하면 연꽃은 피어 있지만 아름답게 자랄 수가 없다. 그러다 만일 일을 그르쳐 10가지 나쁜 짓을 하고 죽으면 다시 6가지 길에서 끊임없이 나고 죽기(六道輪廻) 때문에 극락세계에 가서 태어날 수 없게 되는 것이다."

여기까지 말했을 때, 나는 문득 30살쯤 된 빅슈니(比丘尼)가 맞은편에서 걸어오는 것이 보았다. 눈여겨 바라보니 이전에 쟝시성(江西省) 윈쥐산(雲居山) 칭윈암(慶雲庵)[62]의 주지로 있던 파번(法本) 스님이었다.

나를 보자마자 바로 큰소리로 부르며 말했다.

"아아! 관징(寬淨) 사형(師兄)이 오셨군요. 어서 오십시요! 환영합니다! 축하합니다."

나는 그 스님에게 물었다.

"스님은 언제 이곳에 태어났기에 내가 모르고 있었지요!"

스님이 말했다.

"1971년, 저는 세속으로 돌아가려 하지(還俗)[63] 않았기 때문에 나중에 어떤 곳에서 물에 뛰어들어 스스로 목숨을 끊었습니다. 본디 10가지 나쁜 짓(十惡)은 (극락) 가서 태어날 수 없는 것인데, 분다께서 저에게는 자비로 은혜의 문을 크게 열어주셨습니다. 내가

---

62) 원문에는 윈암(雲庵)이라고 되어 있으나, 싱가포르 법회 이전에 나왔던 『신비한 극락세계 여행(神遊極樂世界)』과 『붇다 나라와 별난 인연(佛國奇緣)』에 칭윈암(慶雲庵)이라고 되어 있다. 또 직접 현지에 가서 확인한 결과 윈암(雲庵)은 없고 칭윈암(慶雲庵)만 있어 바로 잡는다. 관징 스님은 1950년대 윈쥐산(雲居山)에서 스승인 쉬윈(虛雲) 화상을 모시고 있었고, 윈쥐산에서 1957년 동운종(洞雲宗) 전법제자로 정법안장(正法眼藏)을 물려받는다. 그렇기 때문에 윈쥐산에 있는 스님들끼리는 이미 서로 알고 지내는 사이였다.

63) 문화대혁명(1966~1976) 때 모든 불교 사찰은 문을 닫고 스님들은 억지로 집으로 돌려보냈다(還俗). 이 때 파번(法本) 스님은 환속을 하지 않고 5년간 비티다 결국은 더 이상 버티지 못하고 스스로 목숨을 끊은 것이다. 2012년 12월 8일 윈쥐산(雲居山) 쩐루선사(眞如禪寺)를 찾아가 자료수집할 때, 그 절에서 가장 나이 드신 홍파(宏法, 당시 85살) 스님께서 "파번(法本)이란 비구니는 홍위병들의 협박 때문에 스스로 물에 빠져 죽었다."고 증언하였다. (자세한 내용은 『극락과 정토선』 참조).

한마음으로 염불하고 세속에 조금도 물들지 않았다고 생각하셨기 때문에 저를 이끌어 이곳에 태어나게 한 것입니다. 제가 이곳에 온 지 얼마 되지 않습니다."

나는 다시 스님에게 물었다.

"하품 연꽃에 태어난 사람들은 모두 모습이 십 몇 세쯤 되는 아이들인데, 왜 스님은 아직 30이 넘은 비구니 (모습)입니까?"

스님이 대답하였다.

"관징 스님이 오셨다는 말을 듣고, 바로 헛된 생각(妄想)을 일으켜 본디 모습이 되도록 하여 스님이 저를 쉽게 알아볼 수 있게 한 것입니다. 관쫑(寬忠)[64] 사형은 잘 계시는지 모르겠습니까? 돌아가서 만나시면 그에게 힘써 부지런히 닦으라 하시고, 저는 이미 정토에 태어났으니 마음을 놓아도 좋다고 전해 주십시오."[65]

---

[64] 쉬윈(虛雲) 화상의 임제종 제자들은 모두 관(寬)자 돌림이다. 그렇기 때문에 관쫑(寬忠)도 관징 스님과 같은 쉬윈 화상의 제자인 것이다.

[65] 쩐루선사(眞如禪寺) 홍파(宏法) 스님께서 "관쫑 스님은 나의 스승으로 2010년 사 삿집에서 입적하셨다."고 증언하였다. 자세한 내용은 『극락과 정토선』을 볼 것.

◆ 맑게 보는 탑(淨觀塔)과 언어다라니(言語多羅尼)

갑자기 종이 울리는 소리가 들렸고, 관세음보살께서 이것은 설법 시간을 알리는 것이라고 말씀해 주셨다. 이때 문득 보니 몇 천, 몇 만 명이 모두 남자아이로 바뀌었는데(이번에는 여자아이는 한 명도 보이지 않았다) 모두 13~14살쯤 되어 보였다. 몸에는 붉은 옷을 입고, 허리에는 금띠를 두르고, 머리는 두 가닥으로 쪽을 찌고, 똑 같은 옷차림으로 가지런히 늘어섰는데, 그들의 몸·머리·손·발 모두가 하얗고 안이 훤히 비치는 수정(水晶)같았다.

얼핏 보니, 그들은 연꽃자리 위아래로 깡충깡충 뛰어 모여서 모두 서로 이마가 땅에 닿게 머리를 숙여 절을 하였고, 하늘 음악이 울려나오자 하늘에서 갖가지 아름다운 새들이 소리에 맞추어 염불을 하였다. 이어서 온몸에 몇 백 가지 빛을 내는 보살 한 분이 눈앞에 나타나는데 모든 광경이 더할 수 없이 빼어났다.

관세음보살님께서 나에게 알려주셨다.
"저분이 바로 대요설(大樂說)보살[66]이다. 오늘은 저 보살이 설법을 맡아서 하는 날이라 시방의 붇다들께 절을 올리려고 하는 것이다."

이때 하늘에서 비가 오듯 갖가지 아름다운 빛깔의 꽃송이와 여러 가지 별난 물건들이 쏟아져 내리자 남자아이들은 옷자락에 받아서 담았다. 바로 이어서 하늘에서 번갯불처럼 수만 가지 빛과 색깔이 번쩍거렸는데 잠깐이지만 아름다웠다.

---

66) 대승보살로 『묘법연화경』 「견보탑품」에 등장한다.

하품하생에는 '언어다라니 집(言語多羅尼堂)'이라는 것이 있는데, 언어다라니란 보살이 한 마디 법을 말하면 모든 중생이 다 알아들을 수 있는 것을 말한다. 듣는 사람이 어떤 사람이건, 푸졘(福建) 사람이나, 광둥(廣東) 사람이나, 하이난(海南) 사람이나, 차오저우(潮州) 사람이나, 상하이(上海) 사람이나, 시촨(四川) 사람이나[67], 또는 미국 사람이나, 독일 사람이나, 프랑스 사람이나, 소련 사람이나, 일본 사람이나, 어느 나라 어느 지역 출신인가를 따지지 않고, 보살은 오로지 한 가지 말소리를 내면 들리는 것은 바로 자기 말로 들리기 때문에 통역을 쓰지 않고 모두 직접 알아들을 수 있는 것, 이것이 바로 '언어다라니'의 뛰어나고 신기함이다.

하품하생에는 아주 높은 탑이 있는데, '맑게 보는 탑(淨觀塔)'이라 부른다. 이곳 중생들이 탑 꼭대기 층에 가거나 꼭대기 층에서 내려오고 싶을 때 우리 싸하세계처럼 엘리베이터를 타고 오르내릴 필요가 전혀 없다. 그들이 올라가려고 마음만 먹으면 생각하자마자 바로 올라가고, 내려가고자 하면 한 생각에 바로 내려오기 때문이다. 그들의 몸은 앞에서 본 바와 같이 속이 훤히 비치고 걸림이 없어 어느 곳이든 담과 벽 같은 곳도 한 번 생각만 하면 통과하고 아무 것도 부딪치거나 막히지 않는다. 설령 몇 백, 몇 천, 몇 만의 사람들이 한 곳에 한꺼번에 모인다고 해도 서로 부딪치거나 붐비지 않는다. 그들은 사람 같은 몸뚱이(물질)가 없고 몸이 속까지

---

67)중국에서는 이런 여러 지방의 사투리가 너무 심해 서로 알아듣지 못할 정도이다. 베이징(北京) 주위 화북(華北) 지방 말을 표준어로 만들어 쓰는데 보통화(普通話)라고 한다. 홍콩에서는 광둥어를 쓰기 때문에 보통화를 모르는 사람들을 위해 영화나 텔레비전 화면 아래 한자 자막이 들어가는 경우가 많다.

훤히 비치고 막힘이 없기 때문이다.

'맑게 보는 탑'은 대단히 커서 그 안에서는 무엇이든 다 볼 수 있고, 모든(十方) 세계의 경계를 비추어 낼 수 있다. 이곳에 가면, 보기를 들어 우리 싸하세계 지구를 보고자 할 때 눈길을 멀리 두고 보면 모래알 하나만큼 크기로 보이고, 해를 봐도 마찬가지로 모래알만 하다. 허지만 만일 그 가운데 어떤 모습을 뚜렷하게 보려고 하면, 보기를 들어 아시아를 보겠다고 생각하면 눈길이 그에 따라 커지면서 바로 아시아가 뚜렷한 영상으로 나타난다. 중국을 보려 하거나, 만리장성을 보려 하거나, 푸젠성(福建省)을 보려 하거나, 더 나아가 그 가운데 한 집이나 그 집안의 모습을 보려 하면 눈길도 그에 따라가게 되고, 보고자 하는 사물이 커져 뚜렷한 영상이 눈앞에 나타난다.

하품중생(下品中生)에 태어난 사람은 살아 있을 때 늘 좋은 일을 하며 좋은 뿌리(善根)와 복덕(福德)을 많이 쌓았거나, 또는 염불하여 서녘 맑은 나라에 회향한 사람으로, 아미따불 바람(願力)의 도움을 받아 바로 이런 경계에 와서 태어날 수 있다.

하품상생(下品上生)에 태어난 사람은 한 층 더 나아가, 살아 있을 때 5계[68]와 8계[69]를 지키고, 적극적으로 좋은 일과 보시를 하

---

68)5계(五戒) : 불교 신도인 선남선녀들이 지키는 5가지 계행. 곧 ① 죽이지 말 것 ② 훔치지 말 것 ③ 사음하지 말 것 ④ 거짓말 하지 말 것 ⑤ 술마시지 말 것.

69)8계(八戒) : 팔관재계(八關齋戒)의 준말로, 출가하지 않은 신도가 일정한 날 하루 밤 하루 낮 동안 지키는 8가지 계율. 앞에서 본 5계에 3가지 계를 더한 것인데, 곧 ⑥ 꽃다발을 쓰고 향을 바르고 노래를 즐기거나 구경하지 말 것, ⑦ 높고 넓고 크고 잘

고, 수행을 꽤 엄하게 한 사람이 비로소 이곳에 와서 태어날 수 있는 것이다.

이런 곳을 다 보고 난 뒤 관세음보살께서 시간이 많지 않다고 말씀하셨다. 그래서 나를 데리고 한 층을 더 올라가 중품중생(中品中生) 연꽃못을 가서 둘러보기로 하였다.

꾸민 평상에 앉지 말 것, ⑧ 때 아닌 때(낮 12시 이후) 먹지 말 것.

7장. 중품연꽃(中品蓮花)
- 평범한 사람과 성인이 함께 사는 곳 -

우리들은 하품 연꽃못을 나와 이전처럼 다라니를 외니, 몸이 비행기를 탄 것처럼 하늘 높이 떠올랐고, 얼핏 보니 눈부신 다락집과 뾰족탑들이 수없이 우리 눈앞을 스쳐 지나갔다. 이때 나는 갑자기 내 몸이 조금씩 커지는 것을 느꼈다. 왜냐하면 중품중생의 연꽃못에 있는 연꽃은 크기가 중국의 한 성(省)과 맞먹는 700~800리(350~400km)쯤 되기 때문이다. 우리가 싱가포르에서 쿠알라룸푸르까지 간다고 해도 180리(90km) 밖에 되지 않으니, 700~800리라면 거의 태국 중부에 이르는 거리와 맞먹는다. 이처럼 연꽃이 엄청나게 크니 이곳에 태어난 이들의 몸꼴과 키도 그에 알맞게 커서, 연꽃의 크기와 정비례하는 것이다. 말할 것 없이 이곳 궁전과 집도 이곳에 사는 중생을 받아들일 만큼 더 높고 크다.

`관세음보살께서 나에게 말씀해 주셨다.

"중품중생(中品中生)[70]은 일반적으로 보통 사람과 성인이 함께 살기 때문에 사부대중(四部大衆)이 모두 있어 출가한 비구 비구니도 있고, 집에서 수행한 선남선녀(男女居士)[71]도 있다. 이곳에 태어

---

[70] 원문에 '중품중생(中品中生)'이라고 되어 있으나 나중에 '그들의 수행에 깊고 얕음이 있기 때문에 상·중·하 3등급으로 나누어진다(他們的修持 各有深淺, 故亦分為上·中·下三等)'고 한 것을 보면 '중품중생(中品衆生)'이라고 볼 수도 있다. 그러나 여기서는 원문에 충실하기 위해 그대로 옮겼다. 중국어에서는 '중(中)'과 '중(衆)'의 발음이 같다. 읽는 이들이 이점 살펴 생각하기 바란다.
[71] 선남선녀(善男善女) : 원문에는 남녀거사(男女居士)로 되어 있다. 중국에서는 집에

난 사람은 하품 연꽃에 태어난 중생보다 한층 더 뛰어난 사람들이다. 그들은 살아 있을 때 모두 삼계[72]를 벗어나겠다는 생각으로 싸하세계에서 부지런히 닦고 힘써 익혔으며, 스스로 닦는 일 이외에 불교 사업에도 적극 나서, 땅과 하천을 크게 고쳐 만들거나 절을 세우고, 또는 많은 경전을 펴내거나 불법을 널리 펴는 일들을 하였다. 아울러 좋은 일과 보시를 하고 계율을 엄하게 지켰으며, (중생들에게) 즐거움을 주고(慈)·괴로움을 없애주고(悲)·함께 기뻐하고(喜)·모두 똑같이 대하였기(捨)[73] 때문에 목숨이 다할 때 서녘(극락)의 세 성인(三聖)[74]이 이끌어 주어 중품중생 연꽃못에 와서 태어난 것이다. 다만 그들의 수행에 깊고 얕음이 있기 때문에 상·중·하 3등급으로 나누어진다."

우리는 곧 대전(大殿)에 이르러 여러 보살들을 찾아뵙고 엎드려 절을 올린 뒤, 관세음보살은 바로 나를 데리고 연꽃못을 보러 갔다. 아! 중품 연꽃못은 하품에서 본 다른 연꽃못과 견주어 볼 때 몇 배가 될지 모를 정도로 장엄하고 뛰어났다. 사방 둘레는 모두 7가지 보배로 쌓았고, 연못 속 연꽃의 무늬는 더할 나위 없이 우아하고 아름다웠으며, 게다가 갖가지 찬란한 빛을 내 서로 어울려 비치고 있어 참으로 아름답고 눈이 부셔 무어라고 표현할 수가 없을 정도였다.

서 수행한 붇다 제자를 남자 여자 모두 거사(居士)라고 부른다.
72)삼계(三界) : 중생이 끊임없이 나고 죽는 욕망 있는 세계(欲界), 욕망은 없지만 모습이 있는 세계(色界), 욕망도 모습도 없는 세계(無色界) 같은 3가지 세계를 말한다.
73)자(慈)·비(悲)·희(喜)·사(捨)의 4가지를 4가지 그지없는 마음(四無量, apramāṇa)이라고 한다.
74)아미따불과 양쪽에서 붇다를 모시는 관세음보살과 대세지보살을 말한다.

더욱 신기한 것은 연못 안에 있는 연꽃의 꽃잎이 특이하게 아주 여러 층으로 나뉘어 있고, 각 층에는 모두 정자·다락집·보탑(寶塔) 같은 것이 열 몇 가지 색깔의 빛을 내고 있어 아름답기 그지없는 경치가 더할 나위 없는 감동을 주었다. 연꽃 위에 살고 있는 사람들의 몸은 붉은 빛을 띤 금빛으로 안이 훤히 드려다 보이고 빛을 내고 있었다. 그들의 옷은 모두 똑같은 차림으로 나이는 스무 살 안팎쯤 되어 보이고 단 한 명의 아이나 늙은이도 보이지 않았다.

이때 나 스스로를 보니, 뜻밖에 언제 바뀌었는지 모르지만 그들과 똑같은 모습이 되어 있었다. 그러나 관세음보살께서는 본디 모습을 그대로 지니고 있었다.

나는 관세음보살님께 여쭈어 보았다.

"왜 이곳에 있는 물건들은 모두 빛을 내고, 빛깔을 내려하면 어떤 빛이든지 다 낼 수 있으며, 내 몸도 그들과 같이 바뀌는 것입니까?"

관세음보살께서 대답해 주셨다.

"이 모든 것은 아미따불의 위신력 때문에 생긴 것으로, 무엇이나 다 반사하여 비칠 수 있고 빛을 낼 수 있다. 아미따불은 그지없이 밝고 환한 빛을 내기 때문에 여기까지 미치어 마침내 이런 모습으로 바뀐 것이다. 네 몸이 바뀐 것도 마찬가지로, 바로 아미따불의 위신력이 그렇게 만든 것이다. 연꽃못 안에서는 경계마다 각각 그 옷차림이 모두 같다. 스스로 가지고 있는 신통력으로 따로 갖가지 모습으로 바뀔 때를 빼놓고는 모두 하나로 통일되어 있다."

이어서 관세음보살께서 넌지시 말씀해 주셨다.

"중품 연꽃못에도 빛깔이 어둡고 빛이 나지 않는 다락집이 있다. 그러나 이것은 결코 극락세계의 실제 모습이 아니고, 이곳에 태어난 사람들의 헛된 생각에서 생긴 것으로 꿈과 곡두(幻) 같은 덧없는 경계이다."

이런 이야기를 하고 있는데, 눈앞에 바로 빛을 내지 않는 다락집이 한 채 나타났다. 주위 일대에는 널찍한 꽃동산이 있어 갖가지 꽃이 활짝 피어 아름다움을 다투고 있고, 새들은 나무 위를 나르며 지저귀는 이 한 폭의 그림 같은 정경은 인간세상에서 재산이 넉넉하고 지위가 높은 사람의 으리으리한 집과 조금도 다름이 없었다. 이 집에는 큰 마루 위에 3가지 보배(三寶)[75]를 모시고 어버이·형제·누이·친족들이 모두 한 집에 모여 염불을 닦고 있는데, 20명 남짓한 남자와 여자, 늙은이와 어린이 모두 아주 경건하고 성실한 불교 신도들이었다.

이때, 관세음보살께서 나에게 알려 주셨다.

"이 집 사람들은 베풀기를 좋아해, 남에게 즐거움을 주고(慈)·괴로움을 없애주고(悲)·함께 기뻐하고(喜)·모두 똑같이 대하였기(捨) 때문에 이미 중품중생에 와서 태어났는데, 아직 옛날의 은혜와 사랑을 끊어버리지 못하고 늘 인간세상의 일을 생각하고 있기 때문에 한 집안 사람들의 살아가는 모습이 모두 여기서 되비쳐 살아나는 것이다."

---

75)3가지 보배(三寶, triratna) : 불교도가 존경하고 이바지(供養)해야할 붇다(佛寶), 붇다의 가르침(法寶), 붇다의 가르침에 따라 수행하고 있는 집단인 쌍가(僧寶)를 말한다.

관세음보살께서 (또) 말씀하셨다.

"9품 연꽃은 아래서 위로 한 품(品) 한 품(品)씩 올라가는데, 하품(下品) 수행을 잘하면 연꽃이 중품(中品) 연꽃못으로 옮겨 심어진다. 이런 정황은 바로 참선과 같아, 초선(初禪)을 마치고 2선(二禪)으로 들어가고, 2선을 마치고 3선(三禪)으로 들어가고, 3선을 마치고 4선(四禪)에 들어가는 것과 같은 이치이다."

갑자기 허공에서 종소리가 울리자, 그 다락집은 바로 자취 없이 사라지고 모두 스무 살쯤 되는 젊은 사람으로 바뀌었는데, 다 같이 몸은 붉은 빛을 띤 금색이고 안이 훤히 비치며, 옷차림도 모두 똑같았다. 사람 수는 점점 늘어나 헤아릴 수 없게 되고, 굉장히 큰 모임이 이루어졌다.

관세음보살께서 말씀하셨다.

"오늘은 대세지(大勢至)보살과 상정진(常精進)보살이 법화경(法華經)을 가르치는데, 가서 들어보겠느냐?"

나는 대답하였다.

"저는 묘법연화경(妙法蓮華經)을 가장 좋아합니다. 같이 가서 들어보겠습니다."

우리는 얘기를 나누면서 모임 장소의 강단 있는 곳으로 갔다. 강단 위는 둘레가 모두 그물이 쳐져있는데, 무지개 같고 구슬 같은 수 천 가지 빛이 나며 그 빛발이 사방으로 뻗어 나갔다. 양쪽 곁에는 7줄로 된 큰 나무들이 하늘 끝까지 높이 치솟아 있는데, 나무속에도 정자와 다락집이 있고 수많은 보살들이 그 위에 모여 묘법연화경을 듣는다. 강단은 7가지 보석과 금은으로 꾸며졌는데, 높이가 몇 길이나 되는지 알 수 없고 대단히 장엄했다. 관세음보살께서 나를 데리고 강단 위로 올라가, 내가 두 분의 보살님께 절을 하며 예를 드렸더니, 두 분이 나를 옆자리에 앉도록 하였다. 대세지보살께서 의장 자리에서 강의를 진행하고 계셨다. 이때 어디서 나오는지 알 수 없는 향불 연기가 맴돌며 피어올라 아주 맑고 향기로웠고, 하늘에서 은은하고 감동적인 하늘음악이 울리자 수많은 아름다운 새들이 그 음악에 맞춰 노래하고 춤을 추었다.

모두 절하여 예를 표한 뒤, 대세지보살께서 일어나 경전강의 시작을 알리고, 이어 상정진보살께서 법사 자리에 나아가 모두를 향해 예를 갖춘 뒤 말씀을 이어갔다.

"묘법연화경은 화장세계(華藏世界)[76] 모든 분다의 근원이고 분다를 이루는 본바탕이니, 무릇 성불을 하고자 하는 이는 반드시 이 경전을 배워야 합니다. 지난 번 한 차례는 첫 번째 절(節)에서 '묘법연화경이란 무엇인가'와 '묘법연화경은 한량없는 보배다'에 관한 것을 설명했고, 오늘은 두 번째 절인 '묘법연화경의 구실'입니다. …"

어림잡아 한 시간 안팎 말씀하셨다.

나는 그 경문을 들은 뒤 마음속에 의문이 하나 생겼는데, 바로

---

76)화장세계(華藏世界) : 연화장세계(蓮華藏世界)의 준말. 석가모니의 진신(眞身)인 비로자나불의 정토이다. 이 세계의 맨 아래 풍륜(風輪)이 있고 그 위에 향수해(香水海)가 있는데, 그 가운데 하나의 큰 연꽃(蓮華)이 있다. 바로 이 큰 연꽃에 속해 있다고 해서 연화장이라고 하며, 수많은 세계가 20겹으로 겹쳐있는 가운데 세계를 중심으로 111개의 세계가 그물과 같이 둘러싸인 넓고 크고 가없는 세계이다.

여기서 강의한 묘법연화경은 인간 세상에 있는 묘법연화경 내용의 구절과 다르다는 것이다. 그래서 나는 이 의문에 대해 관세음보살님께 가르침을 청했다. 관세음보살께서 풀이해 주셨다.

"인간 세상에 있는 묘법연화경 내용은 쉬운 편이지만, 여기서 가르치는 경문은 더 깊이 들어가는 편이다. 비록 깊고 얕은 차이는 있지만 속뜻은 한가지로, 이렇게 설명할 수 있다. 나한은 보살의 경계를 모르고, 보살은 붇다의 경계를 모른다. 네가 들은 보살의 경전 강의에서 보살은 한 가지 말로만 설했지만, 천 몇 백 가지 말을 쓰는 듣는 이들에게는 모두 스스로 쓰는 언어로 들리게 되는 것이니, 이것이 바로 '언어다라니삼매(言語多羅尼三昧)'라는 것이다."

상정진보살께서 경전 강의를 마치자, 눈앞에는 한 폭의 헤아릴 수 없는 신기한 경계가 나타났다. 문득 보니, 하늘에서 수많은 하늘꽃(天花)과 보물이 흩날리며 내려오는데, 둥근꼴 세모꼴처럼 모두 달라 하나도 같은 것이 없었다. 금빛 찬란한 길처럼 뿌려지자 강단 아래 있던 청중들은 쉴 사이 없이 손을 내밀어 받거나 옷에다 담기도 하였다.

이때 하늘음악이 일제히 울려 퍼지며 선인(仙人)의 가락이 아득하게 들려오는데, 그 소리가 어디서 흘러나오는지는 알 수 없지만 매우 장엄하였다. 갑자기 강단 아래 있던 몇 천 몇 만의 붉은 옷을 입은 청년들이 몸을 한 번 흔들자 모두 초록빛 옷을 입은 아가씨의 모습으로 바뀌어 연분홍빛 치마 위에 금빛 허리띠를 차고 훨훨 나는 듯 춤을 추는데, 기쁨과 즐거움이 견줄 바가 없었다.

조금 뒤, 그들은 다시 공처럼 둥근 연꽃으로 바뀌고, 저마다 각기 다른 아름다운 빛깔을 드러내며 갖가지 빛들을 사방으로 환하게 비치자 한 사람의 그림자도 볼 수 없게 되었다. 갑자기 연꽃 위에 단정하게 앉은 보살의 모습이 나타나고, 이어서 수많은 금탑 은탑으로 바뀌어 환한 빛이 사방으로 비추니, 사방 둘레가 말로 나타내기 어려울 만큼 아름답고 장엄하게 바뀌었다.

정신없이 바라보고 있는 사이에 갑자기 텅 빈 공중에서 초록빛 옷을 입은 몇 백 명의 아가씨들이 한꺼번에 매우 빠르게 내려와 대전에 부딪치더니 담과 벽을 꿰뚫고 지나가는데, 마치 공기 속을 지나가는 것 같이 아무런 걸림이 없었다.

나는 깜짝 놀라 관세음보살님께 이것이 무슨 현상이냐고 여쭈었더니, 관세음보살께서 말씀하셨다.

"극락세계는 바로 아미따불의 원력(願力)으로 이루어졌기 때문에 그 성질은 물질이 아니다. 그렇기 때문에 정자, 다락집, 궁전, 보탑, 자연 경치, 꽃과 나무 같은 것이 모두 안이 훤히 비치고, 물질이 아니기 때문에 아무런 막힘없이 마음대로 오갈 수 있다. 못 믿겠으면 너도 가서 한 번 부딪쳐 보아라."

나는 말씀하신 대로 대전을 둘러싼 담 옆으로 뛰어 가서 큰 기둥이나 난간 같은 곳을 모두 부딪쳐 보면서 나고 들고 뚫고 들어갔다 뚫고 나와 보았는데 말 그대로 아무런 걸림이 없었다. 다만 손으로 만져보면 마치 실제 물체가 있는 것 같지만 걸리거나 막히는 것은 없었다. 이런 현상은 오히려 물을 만지는 것과 같아, 만져보면 확실히 물체가 있는 느낌이 들지만 마음대로 뚫고 갈 수 있는 것과 마찬가지다.

이어서 관세음보살께서는 나를 데리고 가서 두 가지 기묘하고 특이한 광경을 보여 주었는데, 바로 여덟 가지 큰 경치의 산(八大景山)과 꽃 나라 전람관(華藏世界展覽館)이었다

◆ 8가지 큰 경치의 산(八大景山)

중품하생(中品下生)에는 보통 헛된 생각(妄想)이 적은 편이거나 헛된 생각이 없는 사람이 태어난다. 그들의 겉모습은 모두 16~20살 사이이고, 같은 옷을 입고 남녀 구분이 없다. 그들의 행동도 모두 함께 하는 것으로, 날마다 시방(十方)[77]에 계신 붇다에게 공양을 한다. 그곳 연꽃은 등급이 높은 편이고, 갖가지 빛깔이 모두 나서 하품연화와 견주어 보면 뛰어난 점이 훨씬 더 많다.

이곳에는 '8가지 큰 경치의 산(八大景山)'이 있는데, 여기서 말하는 '8가지 큰 경치(八大景)'란 우리의 8가지 의식(八識)을 대표하는 것이다. 바로 눈(眼)·귀(耳)·코(鼻)·혀(舌)·몸(身)·생각

---

77)시방불(十方) : 동서남북과 그 사이의 4 방위(間方), 그리고 위와 아래를 통틀어 10 곳의 방향, 곧 시방(十方)이라 하는데, 결국 빠짐없이 가득한 온 우주법계를 말한다.

(意)[78] · 마나스식(末那識)[79], 알라야식(阿賴耶識)[80]을 말하는데, 이 것을 모아서 8가지 의식(八識)으로 이루어진 마음 밭(心田)이라 부른다.

아미따불께서 이 8가지 큰 경치의 산을 세운 것은 이곳에 태어난 사람들이 자신의 8가지 의식(八識)인 마음 밭(心田)을 닦아 모두 '공(空)'까지 이르게 하기 위한 것이다.

* 첫째 경치의 산(第一景山)

첫 경치의 산은 '밝은 빛 경치의 산(光明景山)'이라 부르며, 우리의 '안식(眼識)'을 대표한다. 이 산 속에서는 시방 세계의 모든 것을 다 눈으로 볼 수 있다. 보기를 들어, 싸하세계 아무개 중생의 전생(前生)과 과거생의 삶이 어떠했는지 보고자 하면, 그 아무개 중생의 전생은 돼지였고, 둘째 전생은 종(奴婢)이었고, 셋째 전생은

---

78) 6식(六識, 6 vijñāna) : 유식론(唯識論)에서 마음(心)을 8가지 식(識)으로 나누어 설명하고 있다. 그 가운데 눈(眼) · 귀(耳) · 코(鼻) · 혀(舌) · 몸(身) · 생각(意)을 6식(六識) 이라고 한다. 6식은 또 눈 · 귀 · 코 · 혀 · 몸의 5가지를 전5식(前五識)이라 하고, 생각(意)만 떼어서 6식이라고도 하는데, 이 6식이 우리가 흔히 말하는 의식(意識)이다. 눈 · 귀 · 코 · 혀 · 몸의 5가지 전5식이 대상을 감지하고 정보를 들여오면, 6식인 의식(意識)은 그 정보를 즐거움(樂) · 괴로움(苦) · 괴롭지도 즐겁지도 않음(不苦不樂)이란 3가지 기준을 가지고 따로따로 갈라내는 작용을 한다. 전5식은 반드시 대상인 5경(五境)을 만나야만 마음작용이 일어난다. 다시 말해 연줄이 생겨야 작용한다. 그러나 6식인 의식은 대상이 없어도 항상 나타난다. 다음에 나오는 아뢰야식 안에 저장된 기억 흔적인 씨앗(種子)들을 짜 맞추어 마음작용을 일으키기 때문이다.

79) 마나스식(末那識, manas) : 의식(意識) 다음인 7번째 식(七識)인데, 생각하여 헤아리는 것(思量)이 으뜸 된 임무로 6식이 분별한 것을 자기에게 좋은 것인가 나쁜 것인가를 판단하여 행동의 기준을 만든다. 아상(我相)과 법상(法相)을 마치 실체인 것처럼 집착을 일으켜, 스스로 아상이 되고, 세상 모든 것을 법상으로 세워 작용하게 한다. 7식인 마나스식은 자신에게 주어진 견분(見分)이란 책무를 위해 나 · 내 가족 · 내 나라 · 내 직장 따위에 집착하여 유지하려 한다. 이것이 곧 아집이다. 아집은 네 가지 번뇌, 곧 아만(我慢), 아견(我見), 아치(我癡), 아애(我愛)로 구체화된다.

80) 알라야식(阿賴耶識, ālaya) : 알라야식(藏識, 異熟識, 一切種子識)은 인식과 생각을 통합하여 조절하는 더 넓은 영역으로, 모든 것을 저장하고 발현시킬 수 있으며 영원히 소멸하지 않는 마음자리이다.

부자였고, 넷째 전생은 황제·장군·재상이었던 것 따위를 모두 하나하나 다 볼 수 있으며, 나중에는 다른 붇다 나라의 모습도 한 번 척 보아 대뜸 알 수 있도록 환하게 볼 수 있다.

* 둘째 경치의 산(第二景山)

'소리를 듣는 경치의 산(聲聞景山)'이라 부르며, 우리의 '이식(耳識)'을 대표한다. 이 산에 이르면 귀로 시방 세계의 모든 소리를 들을 수 있고, 듣기만 하면 바로 돌아가는 형편을 헤아려 알 수 있으며, 나중에는 붇다가 강의하시는 어떤 경전이라도 모두 들을 수 있고 이해할 수 있다.

* 셋째 경치의 산(第三景山)

'냄새를 맡는 경치의 산(味芳景山)'이라 부르며, 우리의 '비식(鼻識)'을 대표한다. 이 산 속에서는 시방 세계의 어떠한 냄새도 다 맡을 수 있으며, 코에 냄새를 맡기만 하면 바로 그 내용을 헤아려 알 수 있는데, 만일 아이를 밴 부인의 냄새를 맡으면 바로 뱃속 아이가 사내인지 계집인지 알아 낼 수 있고, 쇠붙이 냄새를 맡으면 바로 금인지, 은인지, 구리인지, 쇠인지 알아낼 수 있다.

* 넷째 경치의 산(第四景山)

'말소리 경치의 산(音聲景山)'이라 부르며, 우리의 '설식(舌識)'을 대표하는데, 시방 세계의 입에서 나오는 말소리는 위로는 붇다 나라에서 아래로는 지옥의 말소리까지 모두 알아들을 수 있다.

* 다섯째 경치의 산(第五景山)

'금빛 몸 경치의 산(金身景山)'이라 부르며, 우리의 '신식(身識)'을 대표한다. 이 산 속에서는 살갗에 닿아 받는 느낌으로 모든 일과 물건을 헤아려 알아 낼 수 있는데, 시방세계와 싸하세계의 금빛 몸(金身)과 32가지 모습(三十二相)[81]을 비롯하여 어떠한 모습이라도 다 알아낼 수 있다.

* 여섯째 경치의 산(第六景山)

'생각 속 경치의 산(意識景山)'이라 부르며, 우리의 '의식(意識)'을 대표한다. 이 산 속에서는 수없는 여러 붇다를 볼 수 있고, 그 붇다들이 각 생애 동안 닦은 수행이 모두 생각 속에 나타나며, 스스로의 수많은 전생을 100세, 1000세의 모습까지도 눈앞에 비추어 볼 수 있다.

* 일곱째 경치의 산(第七景山)

'한꺼번에 드러나는 경치의 산(濟明景山)'이라 부르며, 사람들의 일곱째 식(識)인 '마나스식(末那識)'을 대표하는 것이다. '마나스식'은 매우 뛰어난 경계로, 위에서 말한 여섯 가지 경치(六景)가 한꺼번에 일어난다. 다시 말해 보고 싶고, 듣고 싶고, 맡고 싶고, 맛보고 싶고, 느껴보고 싶고, 생각하고 싶은 것들이 모두 함께 나타나는 것이다.

* 여덟째 경치의 산(第八景山)

---

81) 금빛 몸과 32모습은 붇다를 뜻하는 것이다.

'가없는 경치의 산(無邊景山)'이라 부르며, 우리의 여덟째 식(識)인 '알라야식(阿賴耶識)'을 대표한다. 이 경계는 허공에 두루 퍼져 있는 과거·현재·미래 3세(三世)와 시방 법계(十方法界)에 있는 모든 것을 다 비추어 볼 수 있다.

◆ 꽃나라(華藏世界) 전람관

중품중생(中品中生)의 연꽃에 태어난 사람들은 살아 있을 때 싸하세계에서 불법에 대한 인식과 수행이 꽤 깊고 두터운 사람들이다. 아울러 남에게 좋은 일을 하고 재물과 불법을 베푸는 일도 그야말로 온힘을 다해 어지간히 큰 성과를 거둔 사람들이다. 이로 말미암아 큰 좋은 뿌리(善根)를 이루어 중품중생에 태어난 사람들이기 때문에 수행이나 겹쳐쌓은 공덕이 모두 중품하생과 견주어 한 단계 더 높다.

중품중생 경계에는 아주 많은 집과 탑들이 있는데, 말할 것 없이 이곳 사람들의 몸집은 크고, 또한 중품하생과 견주어 더 뛰어나기 때문에 집이나 탑도 이에 걸맞게 더욱 높고 더욱 크다. 중품중생에서는 날마다 하늘에서 내리는 꽃이 있어, 이곳 중생들은 하루하루 그 하늘에서 내리는 꽃을 받아 시방의 붇다들께 공양한다. 이 꽃은 아주 뛰어나고 매우 아름다워 싸하세계의 꽃을 견주어보면 만에 하나도 미치지 못할 정도이다. 아울러 하늘에서 울려 퍼지는 음악도 아주 대단히 아름답고 뛰어나 글로는 어찌 표현할 수가 없다.

불교 경전에는 이렇게 말하고 있다.

"일반 세상의 제왕이 만 가지 음악을 가지고 있지만 전륜성왕
(轉輪聖王)[82]의 갖가지 음악 가운데 한 음(音)이 갖는 아름다움의
백 천만분의 일에도 미치지 못한다. 또 전륜성왕의 만 가지 음악은
서른셋 하늘나라(忉利天)의 갖가지 음악 가운데 한 음이 갖는 아
름다움의 백 천만분의 일에도 미치지 못하고, 서른셋 하늘나라 왕
(忉利天王)의 만 가지 음악은 여섯째 하늘(他化自在天)[83] 임금의
갖가지 음악 가운데 한 음이 갖는 아름다움의 백 천만분의 일에도
미치지 못한다. 그리고 여섯째 하늘나라 왕(他化自在天王)의 만 가
지 음악은 아미따불 나라의 7가지 보배로 된 나무에서 나는 한 음
이 갖는 아름다움에도 미치지 못한다"[84]

중품중생의 사람들은 몸에 빛이 나고, 좀 누른빛을 띤 붉은빛이
고 속까지 환히 비쳐 걸림이 없다. 그렇기 때문에 찰나에 여러 붇
다 나라에 가서 시방 붇다에게 공양하고 찰나에 본디 있던 곳으로

---

82) 전륜성왕(轉輪聖王) : 수미산(須彌山) 4주(四州)를 다스리는 임금이다. 몸에 32상을
갖추고 하늘에서 금, 은, 동, 철의 4가지 보물수레(輪寶)를 얻어 이를 굴리면서 사방
을 위엄으로 굴복하게 하여 천하를 다스리는 인도 신화 속의 임금.

83) 여섯째 하늘나라 임금(第六天王) : 욕망 있는 세계(欲界)의 여섯 하늘나라 가운데 가
장 위에 있는 '남의 기쁨을 내 것으로 삼는 하늘나라(Para-nirmita-vaśa-vartin,
他化自在天)'를 말한다. 산스크리트로 빠라-니르미따-바사-바르띤(Para-nirmita-
vaśa-vartin)은 '남이 주는 기쁨을 끊임없이 즐김(constantly enjoying pleasures
provided by others)'이라는 뜻이다. 한문 경전에서는 타화자재천(他化自在天)
·타화락천(他化樂天)·타화천(他化天)이라고 옮겼는데 '남의 기쁨을 내 것으로 삼
는 하늘나라'라는 뜻이다. 전재성의 빠알리-한글사전에는 '다른 신들이 창조한 것
을 누리는 신들의 하늘나라(Para-nimmita-vasa-vattin)'라고 옮겼다.

84) 『무량수경(無量壽經)』 상권에서 붇다가 아난에게 말씀하신 것을 더 자세하게 표현
하였다. 무량수경에는 이렇게 되어 있다. "일반 세상의 제왕들도 백 천 가지 음악을
가지고 있고, 전륜성왕에서 여섯 번째 하늘(六天)에 이르기까지 모두 연주와 음악
을 가지고 있는데, 올라갈수록 천억 만 배씩 더 뛰어나다. 그런데 무량수불 나라에
있는 여러 일곱 가지 보배나무에서 나오는 한 가지 음악이 여섯 번째 하늘의 만 가
지 음악보다 천억 배나 더 뛰어나다. 자연에서 울리는 연주와 음악도 수없이 많은
데, 모두 설법하는 소리가 아닌 것이 없고, 맑고 즐겁고 구슬프고 밝고 야릇하고 묘
하고 아늑하고 점잖아 시방세계 음악 가운데 가장 으뜸이다."

돌아올 수 있다. 살아있을 때 아주 큰 공덕이 없는 사람은 이곳 중생이 될 수 없다.

중품중생의 지위(果位)에 다다른 중생은 헛된 생각(妄想)이 적거나 아주 없기까지 한다. 그들은 먹고 싶은 것도 적어 중품하생에서 꿀떡을 먹는 것과는 다르다. 그들은 수행한 정도가 크게 높기 때문에 이미 근본적으로 이런 것이 필요 없는 경지에 이른 것이다.

중품중생에는 '꽃나라(華藏世界) 전람관'이란 곳이 있는데, 이 전람관 안에는 불보살님들의 여러 가지 수행방법들을 다 볼 수 있어, 그야말로 '모든 것을 다 갖춘 곳'이라고 할 수 있다. '꽃나라 전람관' 안에는 한 층 한 층 각 층마다 다 한 붇다가 성불하는 모든 과정이 펼쳐진다. 보기를 들어 아미따불의 전생은 어떤 사람(법장비구 : 法藏比丘)이었고, 그의 스승은 누구(세자재왕여래 : 世自在王如來)였고, 그가 일찍이 어떠한 법을 닦고 어떤 발원을 하였고, 또 그 이전 세상에서는 무엇이었는지, 더 나아가 붇다가 되기 전 100생, 1000생의 모든 사정과 형편을 남김없이 죽 훑어 볼 수 있다.

만일 다른 경계를 보고자 하면 다른 층에 가보면 된다. 보기를 들어 관세음보살이 도를 이루는 과정과 그가 태어날 때마다 살았던 형편 및 도를 구하는 경과를 볼 수 있고, 사꺄무니[85]불·약사불·보현보살·문수사리보살 같은 불보살이 태어날 때마다 수행한 과정이 모두 이 '꽃나라 전람관' 안에서 볼 수 있으며, 시방 세계의 모든 붇다와 모든 보살의 사정과 형편도 마찬가지다.

---

85) 사꺄무니(Śākya-muni, Pali: Sakya-muni, 釋迦牟尼) : 사꺄(Śakya)는 겨레(種族) 이름이고, 무니(muni)는 거룩한 사람(聖者)을 뜻한다. 그래서 사꺄무니(Śakyamuni)는 사꺄족 출신의 거룩한 사람(聖者)라는 뜻이다. 한문으로 그 소릿값을 따서 석가무니(釋迦牟尼)·석가문니(釋迦文尼)·사가야무니(奢迦夜牟尼)·석가무낭(釋迦牟囊)·석가문(釋迦文)이라고 옮겼다.

8장. 꽃 피면 붇다 뵙는(花開見佛) 상품연화(上品蓮花)

나는 앞에서 했던 것처럼 다라니를 외며 연꽃을 타고 공중으로 떠올라 출발하였다. 내 몸이 조금씩 커지는 것 같더니 처음 아미따불을 뵈었을 때와 같은 모습으로 바뀌었다.

관세음보살님께서 말씀하셨다.

"상품상생(上品上生)에 태어난 중생은 그들이 싸하세계에 있었을 때 한마음으로 부지런히 불도를 닦았고, 계(戒)를 마치 밝은 구슬 같이 깨끗이 지키고, 불교 경전을 자세하게 연구하고, 10가지 나쁜 짓(十惡)을 끊고 10가지 착한 짓(十善)을 하였다. 스스로 닦는 법문의 내용에 따라 차례대로 닦고 실천하였고, 몸소 겪고 힘써 행하며 10년을 하루 같이 힘차게 정진하여 몸뚱이에서 목숨이 다할 때까지 그치지 않았다. 거기다 살면서 쌓은 착한 일과 보시의 공덕이 다시 더해져 목숨이 다하는 찰나 바로 이곳 상품 연꽃에 와서 태어난 것이다."

상품상생에 와서 태어난 중생에게 헛된 생각(妄想)은 이미 한 티끌도 없다고 할 수 있다. 6가지 뿌리(六根)가 맑고 깨끗하며, 이미 보살의 경계에 이른 사람도 있어 마음대로 바뀌고 신통력을 즐길 수 있다.

보기를 들어, 보살들은 함께 모여 한 송이 꽃이 되고자 하면 모두 바로 꽃으로 바뀌고, 탑이 되고자 하면 모두 탑으로 바뀌고, 돌이 되고자 하면 모두 돌로 바뀌고, 나무가 되고자 하면 모두 나무로 바뀐다.

상품의 연꽃못에는 가장 작은 연꽃도 (중국의) 3개 성(省)만큼 크다. 바꾸어 말하면 말레이시아 3배만큼 큰 것이다.

관세음보살께서 말씀하셨다.

"이제 너를 데리고 바로 연꽃못에 가서 보도록 하겠다."

우리가 연꽃못에 다다르니, 상품의 연꽃못은 확실히 다른 곳과 달랐다. 연못의 둘레는 중·하품과 견주어 훨씬 우람하고 위엄이 있었다. 한 겹 한 겹 난간으로 둘러싸여 있고, 갖가지 색깔의 빛을 내고 여러 가지 맑은 향기를 내뿜고 있었는데, (모두) 연꽃 속에서 넘쳐 나오고 있는 것들이었다. 연못 한 가운데 있는 보석으로 된 큰 탑은 마치 높은 산 같은데, 탑은 여러모꼴(多角形)이고 천만 가지 빛을 내고 있었다. 못에는 아름다운 다리가 있는데, 못의 크기가 넓어서 머리와 꼬리가 보이지 않았다.

못 안에는 연꽃만 활짝 핀 것이 아니라 온갖 풍경이 펼쳐져 있다. 하늘에는 양산(日傘)과 구슬 꽃들이 번쩍번쩍 빛을 내고, 연꽃은 몇 층이나 되는지 그 수를 헤아릴 수 없는데, 각 층 안에는 모두 보탑·정자·다락집이 있어 아름답고 감동적이었다. 연꽃 위에 사는 사람들은 온몸이 황금빛으로 안이 훤히 비치고, 옷은 매우 아름다우며, 갖가지 색깔의 빛을 쏟아내고 있었다.

갑자기 관세음보살께서 나에게 이렇게 물었다.

"이 안에 인광(印光) 법사[86]라는 분이 있는데 알고 있느냐?"

나는 서둘러 대답했다.
"어디 계십니까? 그분의 높은 이름은 이미 오래 전부터 알고 있었지만, 아직 뵌 적은 없습니다."

이 이야기를 하는 사이 연꽃 속에 서른 살쯤 된 분이 보이더니 갑자기 인광 법사의 본디 모습으로 바뀌어 나타났다. 우리는 서로 만나 몹시 기뻐하며 인사를 나눈 뒤 끊임없이 많은 이야기를 나누었다.

많은 이야기를 나누었기 때문에 잊어버린 것도 있지만 두세 번 거듭 당부하신 말씀은 아직도 기억하고 있다.

"인간 세상으로 돌아간 뒤 함께 수행하는 여러분들에게 계(戒)를 스승으로 삼아 꼼꼼하게 계율을 지키고, 한마음으로 염불하며 믿음(信)·바람(願)·염불(行)을 갖추면 반드시 (극락) 가서 태어난다는 것을 의심하지 말라고 전해주십시오. … 수행자들에게 권하고 싶은 것은 스스로 똑똑하다고 믿고 붇다가 정하신 계율과 조사들이 만든 것을 제멋대로 뜯어고치면 절대로 안 된다는 것입니다. 낡은 것을 버리고 새로운 것을 세운다고 앞장서 부르짖으면서 예법에 맞는 몸가짐과 계율을 어기고 있으니 참으로 사람들의 마음을 아프게 하고 있습니다. …."

우리는 함께 연꽃대(蓮臺)로 왔고, 나를 큰 다락집으로 데리고

---

86) [원문 주] 근대 중국의 3대 고승(高僧) 가운데 한 분.
   [옮긴이 주] 인광 법사에 대해서는 각주 48에서 자세하게 설명하였음.

갔다. 지나는 길에는 갖가지 신기한 새들이 금으로 된 가지와 옥으로 된 잎에서 노래하고, 이에 어울려 하늘음악이 울리는 가운데 우아하고 아름다운 갖가지 염불소리가 은은하게 들려왔다. 곳곳마다 활짝 핀 아름다운 꽃의 맑은 향기가 코에 스치는데, 둥근 공 같은 갖가지 꽃들은 은은한 빛을 내고 있었다. 또 구슬등(眞珠燈), 마노등(瑪瑙燈), 유리등(琉璃燈) 같은 갖가지 등을 한 줄 한 줄 알맞게 사이를 띠워 벌려놓았는데, 온갖 빛이 번쩍거려 눈 돌릴 틈이 없을 정도로 아름답기 그지없었다.

다락집으로 들어서자 실제 경계가 더욱 뛰어나 나의 마음을 사로잡았다. 다락집은 금빛으로 번쩍이고, 바닥은 갖가지 색을 띤 빛이 나고, 눈앞에 보이는 모든 것은 저마다 찬란한 빛을 내고 있었다. 인광 법사께서는 우리를 데리고 다락집 위로 올라갔다. 다락집 위에는 갖가지 수정거울이 있는데, 그 가운데 너비가 가장 큰 '스스로를 비추는 거울(照身鏡)'이 하나 있었다. 관세음보살께서 설명해 주셨다.

"이 거울에는 모든 사람의 제 모습(原形)을 비추어볼 수 있는데, 본성이 맑고 깨끗한지 아닌지, 헛된 생각(妄想) 있는지 없는지, 비춰보면 바로 나타난다."

다락집 위 양쪽에는 의자들을 나란히 차려 놓았는데 모두 일곱 가지 보석으로 되어 있고 빛을 내고 있었다. 탁자 위에는 이상한 물건들을 벌여 놓았는데 내가 보기는 무엇인지 알 수가 없었다. 관세음보살님께서 내가 배가 고프다는 것을 아시고 물으셨다.

"배가 고프냐?"

나는 실제로 좀 배고픔을 느끼고 있었기에 말씀 드렸다.

"여기 무언가 먹을 것이 있습니까?"

관세음보살께서 말씀하셨다.

"이곳의 먹을거리도 하품하생의 형편과 같아 네가 무엇이 먹고 싶다고 생각하면 바로 그것이 나온다."

내가 말씀드렸다.

"그것 참 좋군요. 저는 흰쌀밥과 배춧국이 먹고 싶고 다른 것은 생각이 없습니다."

말이 떨어지자마자 쌀밥과 배춧국이 모두 내 앞 탁자 위에 놓여 졌다. 나는 여러분께 말씀드렸다.

"여러분들께서는 드시지 않습니까?"

모두들 말씀하셨다.

"우리는 모두 평소 음식을 들지 않으니, 어서 드시죠!"

이로써도 알 수 있듯이, 상품상생의 중생은 거의 모두 이미 보살 과위(果位)[87]를 이루었기 때문에, 음식을 바라는 마음과 헛된

---

[87] 수행한 공으로 깨달음을 얻은 지위.

생각이 아주 적거나 아예 없는 것이다. 이에 견주어 나는 스스로를 아주 부끄럽게 생각하며 먹고 또 먹었다. 배불리 먹고 나서 그릇과 젓가락을 탁자 위에 내려놓자마자 그릇과 젓가락이 바로 사라져 버렸다. 나는 관세음보살에게 여쭈어보았다.

"이것이 어떻게 된 것입니까?"

관세음보살께서 대답하셨다.

"그것은 네가 배고프다는 헛된 생각을 하니 바로 밥이 먹고 싶어지는 것으로, 인간세상에서 꿈을 꾸는 것처럼 꿈을 꿀 때는 무엇이든 다 있지만 깨고 나면 아무 것도 없는 것과 같은 것이다. 네가 먹고 싶다는 헛된 생각을 하니 먹을 것이 오고, 배불리 먹고 나서 먹고 싶다는 헛된 생각이 사라지자 먹을 것도 따라서 없어진 것이다."

나는 계속 고개만 끄덕이며 그렇다고 했다.

관세음보살께서 덧붙여 말씀해 주셨다.

"자성(自性)이 맑고 깨끗하면 먹고 싶다는 생각이 안 나고, 아무 것도 생각하지 않으니 마치 텅 빈 공중과 같아서 한 물건도 없는 것이다. 만일 조금이라도 헛된 생각이 일어나면 바로 마치 텅 빈 공중에 수많은 구름과 안개가 일어나는 것과 같다. 이런 도리는 조금씩 몸소 겪다보면 그 가운데 삼매를 분명하게 이루게 될 것이다."

상품 연꽃에 태어난 사람들은 헛된 생각이 가장 적어, 모두 있는 그대로의 모습(眞如)이고 본디 성품(實性)이라 물러나지 않는(不退轉) 보살의 과위를 얻었다. 눈 깜짝할 사이에 아미따불의 바람(願力)을 빌어 시방의 붇다들에게 수많은 아름다운 산꽃(生花)·과일·이바지(供養物)를 올리고, 설법 시간이 되면 천만 억 보살들이 모두 연꽃 위에 단정하게 앉거나 다락집이나 보석으로 된 탑이나 7줄로 늘어선 큰 나무 위에서 직접 아미따불이 설법하는 목소리를 듣는다.

나는 관세음보살께 여쭈었다.
"지구에서도 꽤 많은 사람들이 극락세계에 와서 태어났을 텐데, 왜 그 친족들은 볼 수가 없습니까?"

관세음보살께서 대답하셨다.
"지구에 사는 사람들은 거의 다 헛된 업(業)에 가려 모든 것을 볼 수 없다. 만일 한마음으로 염불하여 헛된 생각(妄想)이 없어져 마음이 텅 빈 공중처럼 되면, 지구 사람들도 극락세계를 볼 수 있을 것이다."

나는 그 기회를 틈타 관세음보살께 가르침을 청하고, (수행법을) 열어 보여주시길(開示) 간절히 빌며 물었다.
"그러면 어떻게 염불하는 것이 가장 좋고, 수행하여 가장 빨리 이룰 수 있겠습니까?"
그러자 관세음보살님께서 말씀하셨다.
"선(禪)과 정토(淨土)를 함께 닦아(禪淨雙修), 한마음으로 염불하고, 염불하면서 참선하는 것을 '정토선(淨土禪)'이라 한다."

저는 바로 그 수행법을 가르쳐주실 것을 청하며 여쭈었다.
"정토선을 어떻게 닦아야 할지 가르쳐 주십시오."

관세음보살께서 고개를 끄덕이시며 이렇게 가르쳐주셨다.

"사람들을 두 반으로 나누어 염불하되[88] A반이 '아미따불'을 두 번 염불하면 B반은 소리 없이 (속으로 따라서) 염불(黙念)[89]하며 듣고, 이어서 B반이 아미따불을 두 번 염불하면 A반은 소리 없이 (속으로 따라서) 염불(黙念)하며 듣는다. 이렇게 수행하면 힘들지 않고, 또 염불이 끊어지지 않는다.

귀라는 뿌리(耳根)[90]는 가장 영민하기 때문에 (계속 들으면) 귓속에서 저절로 염불소리가 나게 되는데 바로 마음이 염불하는 것이다. 마음과 (염불하는)입이 하나가 되면 불성이 스스로 드러나게 되고, 고요해지면 선정(定)이 생기고, 선정에 들어가면 지혜(慧)가 생기느니라."[91]

관세음보살께서는 이어서 말씀하셨다.

"시간이 많이 없으니 여기서 바로 너를 데리고 아미따불 큰 탑

---

88)[원문 주] 이것은 서녘 정토 중생들이 수행하는 방법임.

89)소리 없이 (속으로 따라서) 염불(黙念) : 원문에 묵념(黙念)이라고 되어 있다. 묵념이란 아무 것도 하지 않는 것이 아니라 말없이(소리 없이, 黙) 속으로 염(念)하는 것이다. 실제 정토선 염불을 해보면, 그냥 듣기만 하는 것과 속으로 소리 안 나게 염불을 따라서 하는 것과는 결과 면에서 크게 차이가 난다. 다시 말해 염불을 쉬고 듣기만 하는 것이 아니라 소리는 나지 않지만 속으로 따라서 하기 때문에 염불이 끊이지 않고 계속 이어지는 것이다. 만약 상대가 할 때 듣기만 하는 버릇이 생기면 상대방 염불을 들을 때 망상이 많이 생겨 집중도가 크게 떨어진다. 이 점을 중하게 여겨 처음부터 길을 잘 들여야 한다.

90)6식(識)을 낳는 6가지 뿌리(6根), 곧 눈(眼) 귀(耳) 코(鼻) 혀(舌) 몸(身) 생각(意) 가운데 하나.

91)[원문 주] 정토선에 대한 구제척인 수행방법은 아미따불의 거룩한 이름을 새길(念) 때 소리의 높낮이와 멈춤과 바뀜이 인간세상에서 염불하는 법(唱法 : 발음)과 다릅니다. 인연이 있는 읽는 이들께서는 싱가포르 남해보타사(南海普陀山)로 연락하여 문의하십시오. 그곳에는 관징 큰스님이 몸소 본보기로 염불한 녹음테이프가 있습니다. [옮긴 이 주] 20년이 지난 현재 싱가포르에서는 테이프를 구할 수 없게 되었습니다. 관심 있는 분들은 다음(www.daum.net) / 카페 '극락 가는 길' 검색 / 관정 스님 염불 MP3에 들어가 무료 다운로드 하십시오(http://cafe.daum.net/mita7).

인 '연꽃탑(蓮花塔)'을 보러 가겠다."

　다시 몇 채의 다락집과 탑의 뾰족한 윗부분이 몸 가까이 스쳐 지나갔다. 오래지 않아 눈앞에 더할 나위 없이 장관인 큰 탑이 하나 나타났는데, 마치 중국의 곤륜산(崑崙山)처럼 높고 커서 몇 층이나 되는지 알 수 없었다(적어도 몇 만 층은 되어 보였다).
　'연꽃탑'은 몇 모(角)로 되어 있는지 헤아릴 수 없었지만 탑은 모두 안이 환히 들여다보이는 모양이고, 수만 가지 금빛을 내뿜고 있었다. 안에서는 '나모아미따불' 염불하는 소리가 은은하게 흘러나오고 있었는데. 먼저 하는 두 마디가 아주 뚜렷하였다. 처음 첫 마디는 아주 애타게 도움을 청하는 것 같고, 둘째 마디는 곱고 낭랑하며 힘이 있어 아주 친근한 맛이 있었다.

　이 '연꽃탑'은 상품중생(上品中生)에 태어난 몇 천 몇 만의 사람들만 가서 노닐 수 있다. 이 탑은 매우 커서 무어라고 표현하기 어렵고, 인간의 마음에 그려볼 수도 없는 것으로, 어림잡아 몇 천 몇 만개의 지구를 합한 것만큼 커서 그 높이도 짐작조차 할 수 없다.
　탑 안에는 갖가지 궁전들이 있는데, 여러 가지 빛깔이고 모두 안이 환하게 비치며 빛을 내고 있었다. 상품중생에 태어난 중생들이 이곳에 오면 '담'을 뚫고 마음대로 드나들어도 걸리거나 막힘이 없고, 위로 가거나 아래로 가거나 마음에서 한 생각하는 찰나 바로 가고 싶은 곳에 이를 수 있으며, 탑 안에는 없는 것 없이 모두 갖추어져 있다고 할 수 있다. 여기서는 화장세계(華藏世界)의 모든 중생과 모든 정경을 볼 수 있고, 몇 백 억 모든 붇다의 정토(淨土)도

볼 수 있는데, 그 속에 나타난 뛰어난 정경을 글로서는 만의 하나
도 표현할 수 없을 정도이다. 상품중생의 중생들이 이런 붇다 나라
에 가고자 하면 이것도 또한 찰나에 이루어지는 일이다.

우리가 '연꽃탑'에 들어가니 몸은 마치 엘리베이터를 탄 것처럼
한 층 한 층 각 층을 지나 위로 올라갔다. 모두 안이 환히 드려다
보여 층마다 아주 많은 사람들이 염불하고 있는 것을 볼 수 있었는
데, 모두 서른 살 안팎의 남자였다. 각 층마다 서로 다른 옷차림을
하고 있는데, 어림잡아 스무 가지가 넘는 빛깔로 나뉘어 있었다.
다만 여인은 한 명도 볼 수 없었고, 모든 남자들은 연꽃자리에 단
정하게 앉아 염불을 하고 있었다.

관세음보살께서 말씀하셨다.
"이곳은 여섯때(六時) 수행으로 나누어 정진 하는데, 두 때는 염불
하고, 두 때는 참선하며, 두 때는 쉰다. 현재는 염불하는 시간이다."
우리들이 한 가운데 있는 한 층에 들어가 보니, 그들은 두 쪽으
로 나누어 왼쪽과 오른쪽 그룹이 서로 마주보며 나란히 앉아 있었
고, 종과 목탁 치는 소리만 들릴 뿐 실물은 보이지 않았다. 그들이
앉은 깔개는 매우 아름다웠으며, 한 가운데 큰보살(大菩薩) 한 분
이 이끌고 계셨다. 염불을 잘하는 사람은 머리 위에 빛을 내고 있
는데, 그 빛 속에 수많은 (화신)붇다가 있는 것이 마치 아미따불의
빛 속에 몇 억의 헤아릴 수 없는 화신 붇다가 나투는 것과 같았다.
큰보살의 빛 속에도 화신불이 나투고 있었다. 갖가지 새들이 탑의
뾰족한 윗부분이나 강당 위에서 이리저리 날아다니며 따라서 함

께 염불을 하는데 조금도 어지럽지 않았다.

탑 안에는 갖가지 구슬등과 유리등이 모두 빛을 내는데, 둥근 공처럼 생긴 등은 스스로 움직여 여러 가지 형태로 바뀌며 온갖 빛을 내고 있었다. 한 마디로 이곳 경계는 말을 해도 해도 다 할 수 없고, 그 모습을 그려내기도 어렵다. 시방의 붇다에게 공양하는 일도 이곳이 중심을 이루고 있다. 이곳에서 모든 화장세계, 모든 중생, 모든 붇다와 성인을 볼 수 있고, 몇 백 몇 억의 붇다 나라를 하나하나 눈앞에 비추어 볼 수 있다.

9장. 아미따불의 가르침(開示)

9품(品) 연꽃을 다 돌아본 뒤, 우리는 다시 아미따불 앞으로 돌아왔다. 나는 아미따불 앞에 꿇어앉아 세 번 절을 올리고 간절하고 정성스런 마음으로 나를 위해 가르침을 내려주시길 청하였다. 이윽고 아미따불께서 금빛 입(金口)[92]으로 한 마디 한 마디 꼼꼼하게 가르침을 내려주셨다.

"중생의 불성은 한결같이 고르고 똑 같지만 의식(意識)이 거꾸로 뒤바뀌어 곡두(幻)를 참으로 여기기 때문에, 그 인연과 과보로 6가지 길(六道)[93]에 나고 죽는 윤회(輪廻)가 끊이지 않아 괴롭기 그지없다. (내가 했던) 48가지 바람(四十八願)에는 중생을 제도하겠다는 다짐(誓願)이 있으니[94], 남자나 여자나 늙은이나 젊은이나 믿

---

92) 금빛 입(金口) : 원문에 금구(金口)라고 되어 있는데, 붇다의 입을 높여 부르는 말이다. 붇다가 몸소 말씀하신 가르침은 털끝만큼도 잘못이 없고 또 모든 중생에게 넉넉히 이익을 주기 때문에 금빛 입으로 하신 말씀(金口說·金口所說)·금빛 입으로 말씀하신 가르침(金口說法)·금빛 입으로 바로 하신 말씀(金口直說)이라고 한다. 또는 붇다 몸이 황금빛이고, 금강처럼 견고하므로 그렇게 부른다. 그냥 '금구(金口)'라고 옮기고, 그것을 말로 해보면, '금구'가 무슨 뜻인지 도무지 알 수 없기 때문에 본디 뜻을 고스란히 가지고 있으면서도 알기 쉬운 금빛 입(金口)이라고 옮겼다. 한글 사전에서도 '붇다의 금 빛깔 입', '황금빛 나는 붇다의 입'으로 설명하고 있는데, 간추린다면 '금빛 입'이 알맞다고 할 것이다. 우리가 '금빛'이라고 하면 금이 가지고 있는 누런 색깔만 뜻하는 것이 아니라 바로 '빛나고 훌륭하다'는 뜻을 가진 '금빛 찬란한'이란 말이 떠오르는 것처럼, 금빛이란 훌륭하고 변함없고 값지고 눈부신 것이란 느낌을 가질 수 있을 것이다.

93) 6도(六道) : 지옥·아귀·짐승·아수라·사람·하늘같은 6가지 중생세계.

94) 48가지 바람(四十八願)과 중생제도 : 아미따불의 전신인 법장비구가 붇다가 되기 전 210억 붇다 나라의 경계 가운데 가장 좋은 것만 뽑아서 극락을 설계하고 이 극락을 통해 중생을 제도하겠다는 48가지 바람과 다짐(誓願)을 하는데, 그 가운데 인간을 제도하겠다는 3가지 바람과 다짐이 있다. 그 뒤 법장비구는 수많은 겁 동안 수행하여 붇다가 되고 그 바람과 다짐을 이룩한 것이 극락이다.

음(信) · 바람(願) · 염불(行)[95]을 통해 한마음 흐트러지지 않게 하는 것(一心不亂)[96]이 곧 정토선(淨土禪)이며, 이것이 바로 10번 염불(十念)[97]이라는 것으로, 극락 와서 태어나는 것(往生)을 결정한다. ……."

나는 다시 무릎을 꿇고 절을 올리며 아미따불께서 가르침을 계속해 주시길 빌었다.

아미따불께서는 다시 가르침을 내려주셨다.

"첫째, 너와 싸하세계는 연줄(緣)이 있으니, 수많은 전생의 부모 · 형제 · 누이 · 벗들을 제도하고, 계(戒)를 스승으로 삼고, 사람들에게 정토선(淨土禪)을 배워 익히고 선(禪)과 정토(淨土)를 함께 닦도록 가르쳐라.

둘째, 유교 · 도교 · (사까무니 불교의 10가지 종단을 아우른) 불교 · 기독교 · 이슬람교 같은 여러 종교계가 서로 돕고 서로 북돋아

---

95) 믿음(信) · 바람(願) · 수행(行) : 아미따불의 무량공덕과 극락세계에 대한 확고한 믿음, 극락세계에 태어나고자 하는 간절한 바람, 지극한 염불 수행, 이 3가지를 극락에 가서 태어나기 위한 3가지 밑천(資糧)이라 한다.

96) 아미따경에 보면 "사리불아, 만일 선남선녀가 아미따불에 대한 설법을 듣고, 그 이름을 새기되(執名号) 하루나 이틀이나 사흘이나 나흘이나 닷새나 엿새나 이레 동안 한마음 흐트러지지 않게(一心不亂) 이어갈(持名号) 수 있으면, 그 사람의 목숨이 다할 때 아미따불이 여러 성인들과 함께 그 앞에 나타나시기 때문에, 그 사람이 목숨이 끊일 때 마음이 무너지지 않고 바로 아미따불 극락세계에 가서 태어나게(往生) 된다."는 내용이 있다. 여기서 보면 '한마음 흐트러지지 않게(一心不亂)' 염불하는 것이 극락 가는 지름길이라는 것을 알 수 있다.

97) 10번 염불(十念) : 앞에서 본 48가지 바람(四十八願) 가운데 열여덟째에 다음과 같은 바람이 있다. "제가 붇다가 될 때, 시방 중생들이 마음 깊이(至心) 믿고 기뻐하며(信樂) 저의 나라에 태어나고자(欲生) 제 이름을 열 번까지 새겼는데도(十念) 태어날 수 없다면 깨달음을 얻지 않겠습니다(設我得佛 十方衆生 至心信樂 欲生我國 乃至十念 若不生者 不取正覺)." 그 뒤 아미따불이 되어 극락을 다스리고 있기 때문에 이 다짐은 현실이 되어 있고, 따라서 사람들이 이 열여덟째 다짐대로 하면 극락에 갈 수 있다는 것이다.

주어야지 서로 비웃고 헐뜯어서는 안 된다. 보기를 들어 말하면, '나는 바르고 너는 삿되다', '나는 옳은 길이고 너는 마귀다', '나는 높고 너는 낮다', '나는 훌륭하고 너는 상스럽다'며 한쪽의 모자라는 면만 잡아내 비웃고 헐뜯는 것을 그치지 않으면 죄다 함께 없어지게 되니 참으로 그렇게 해서는 안 된다.

불문(佛門)은 넓고 커서 8만 4천 법문(法門)이 있다. 가르침이 모두 참되기 때문에 수행자들은 삿된 것을 바르게 할 수 있고, 마귀를 바른 길로 바꿀 수 있고, 작은 것을 큰 것으로 돌릴 수 있다. 반드시 서로 돕고 서로 사랑하여, 삿된 것을 바로잡고 올바른 것을 받드는 것이 바로 붇다의 지혜(慧命)를 올바로 이어받는 바른 맥(正宗)이다."

잠깐 멈추었다가 아미따붇께서 한 마디 하셨다.
"됐다. 너는 이제 바로 돌아가도록 하여라."

나는 감사의 절을 거듭 올리고 또 올렸다.
돌아오는 길을 달리고 또 달리는데, 발밑에는 지난번과 마찬가지로 두 송이 연꽃이 날고 있었다. '남천문(南天門)'은 보이지 않고 곧바로 '중천나한(中天羅漢)의 다락집(樓閣)'으로 돌아와 내가 다라니 외는 것을 멈추자 발아래 있던 연꽃이 사라졌다.

이번에도 사내아이가 맑은 물 한 잔을 주면서 마시게 했고, 손님 맞이를 맡는 스님이 나에게 방안에 들어가 쉬도록 하였다. 나는 스스로 너무 빠르다는 느낌이 들 정도로 바로 깊은 잠에 빠져들었다.

10장. 인간세상으로 돌아오다.
- 쥐셴산(九仙山) 미륵동굴(彌勒洞)

 내가 잠에서 깨어났을 때는 어떤 절도, 어떤 사당도, 어떤 보살이나 하늘사람(天人)도 더 이상 보이지 않았고, 기품 있고 웅장하며 금빛이 반짝이던 큰집(大殿)도 보이지 않았다. 다만 극락세계에서 어림잡아 하루 밤낮(20시간 안팎) 빼어난 경치를 실제로 돌아본 것은 똑똑하게 기억이 나서 마치 눈앞에 환히 보이는 것 같았다.

 이 때 사방 둘레는 새까맣게 어두워 손을 펴도 다섯 손가락이 보이지 않을 정도였는데, 나는 동굴 속 바위 위에 홀로 앉아서 명상에 잠겨 있다는 것을 느낄 수 있었다. 얼마 뒤 아득히 먼 곳에서 새벽빛이 새들어 오면서 내 정신도 조금씩 여느 때와 같이 되돌아왔다.

 나는 동굴 속에서 2~3일 동안 절을 올리면서 소리쳐 불러보고, 뛰어보고, 울어 보았지만 아무런 대답이 없었다. 나는 한 걸음씩 산 아래로 내려와 20리 남짓 가서 치수이지에(赤水街 : 마을 이름)에 다다랐다. 자주 오가는 사람들이 보여 길가는 사람에게 한 마디 물어보고 깜짝 놀라지 않을 수 없었다. 알고 보니 날짜가 이미 1974년 4월 8일이라고 해서, 손가락으로 꼽아 헤아려보니 인간세상을 떠난지 벌써 꼬박 6년 5개월이 넘게 지나버린 것이다.

깨달으면(覺) 보살이요 흐려지면(迷) 중생이라.
불법에 씨앗 심어 연줄(緣) 만나면 생사를 벗어나느니.
나 이제 마땅히 돌아가신 스승 쉬윈(虛雲) 노화상의 뜻을 이어
법을 널리 펴 연줄 있는 중생을 극락으로 이끌리.

바라오니, 이번 공덕이 모두에게
널리 퍼지고 고루 미쳐
우리와 중생이 모두 함께
불도를 이루어지이다.

둘째 마당

관징(寬淨) 큰스님이 전한
서녘 극락세계 수행법

정토선 원리
淨土禪精義

- 자성염불(自性念佛)이 곧 명심견성(明心見性)이고,
수행하는데 신성각(身性覺)은 값을 매길 수 없는 보배다. -

1. 정토선(淨土禪)[98]이란 무엇인가?

정토종(淨土宗)[99]에 대해 말씀드리자면, 여러분 모두 알고 계시는 바와 같이 아미따불을 마음에 새겨 서녘 극락세계 가서 태어나는 것을 바라는 염불법문(念佛法門)입니다.

선종(禪宗)에 대해 말씀드리자면, 여러분 모두 알고 계시는 바와 같이 경전 말고 따로 전하신 법으로, 글이나 말로 전하지 않고 바로 마음을 가리켜 자성을 깨달아 붇다가 되는 참선법문(參禪法門)입니다.

이 2가지 붇다 법문(佛門)의 종파는 오늘에 이르기까지 오랫동안 전해오고 있으며, 믿고 받드는 사람들이 아주 많다고 할 수 있습니다. 이 사실은 여러분 모두 이미 다 잘 알고 있는 사실입니다.

여기서 여러분들에게 전해 드리고자 하는 '정토선(淨土禪)'은 바로 정토종과 선종의 알짬[100]을 모아 하나로 만든 것입니다. 아울러

---

98) 정토선(淨土禪) : 정토선(淨土禪)이란 낱말은 원(元)나라 천여 유칙(天如惟則)이 짓고 명나라 운서 주굉(雲棲袾宏)이 엮은 『정토혹문(淨土或問)』에서 처음 나온다. 그 뒤 같은 내용이 『정토십요(淨土十要)』를 비롯하여 여러 정토 문헌에 인용된다. 운서 주굉(雲棲袾宏)이 바로잡아 고친(校正) 『정토자량전집(淨土資糧全集)』(6)의 「정토겸선장(淨土兼禪章)」에서 '정토선종을 논함(論淨土禪宗)'이란 제목으로 정토선을 논하고 있다. 『정토혹문(淨土或問)』에서 이렇게 설명하고 있다. 「생각이 붇다에게서 떠나지 않으면 붇다는 생각에서 떠나지 않아 서로 통해 바로 눈앞에서 붇다를 뵙는다. 이미 극락의 붇다를 보면 바로 시방의 모든 붇다를 보게 되고, 이미 시방의 모든 붇다를 보면 바로 자성의 법신불(天眞佛)을 보게 되고, 이미 자성의 법신불을 보면 바로 큰 방편(大用)이 눈앞에 나는 것이니, 그러한 뒤 자비의 큰 바람(悲願)을 실천하여 모든 중생을 널리 교화한다. 이것을 정토선(淨土禪)이라 하고 선정토(禪淨土)라고도 한다. 이것이 바로 영명(永明)이 말한 '참선 있고 정토 있으면 뿔 달린 호랑이 같아 살아서는 사람의 스승이 되고 다음 생에는 붇다가 된다'는 것이다.」

99) 정토종(淨土宗) : 중국과 일본에서는 13종(宗) 가운데 하나인데 연종(蓮宗)이라고도 한다.

100) 알짬 : 여럿 가운데서 가장 요긴한 내용(한글학회, 『우리말 큰 사전』)

수행이란 측면에서 보면, 정토선의 수행방법은 더 이상 줄일 수 없을 만큼 간단하게 만들어져 오로지 '나모아미따불(南無阿彌陀佛)'이란 거룩한 이름 한 마디만 쓰기 때문에 과거 선종과 정토종의 번거로운 수행체계와는 완전히 다르고, 또 말법시대 중생들의 근기(根機)[101]에 알맞아, 그 효과가 헤아릴 수 없을 만큼 뛰어납니다.

2. 불보살님께서 몸소 전수해 주신 정토선

중요한 것은, 이제 여러분들께 전해드리려는 '정토선' 법문은 결코 저 개인 혼자서 닦은 경험을 제멋대로 엮은 것이 아니라, 불보살님께서 몸소 마음과 말씀으로 전해 주신 것이라는 점입니다.

읽는 이들의 이해를 돕기 위해, 제가 관세음보살께 법문을 청한 당시의 과정을 『서녘 극락세계 여행기(西方極樂世界遊記)』[102]에서 한 단락 따내 옮겨 보는 것이 좋을 듯합니다.

나는 그 기회를 틈타 관세음보살께 가르침을 청하고, 가르침을 주시길(開示) 간절히 빌며 물었습니다.

"그러면 어떻게 염불하는 것이 가장 좋고, 수행하여 가장 빨리 이룰 수 있습니까?"

그러자 관세음보살님께서 말씀하셨습니다.

---

101)근기(根機) : 중생이 가르침을 듣고 이를 얻어 이루어 낼만한 힘.
102)관징 스님이 이 『정토선 원리』와 함께 펴낸 책으로, 관징 스님이 몸소 극락에 다녀온 이야기를 쓴 것이다.

"선(禪)과 정토(淨土)를 함께 닦으며(禪淨雙修), 한마음으로 염불하고, 염불하면서 참선하는 것을 '정토선(淨土禪)'이라 한다."

저는 바로 그 법을 전수해 주실 것을 청하며 여쭈었다.
"정토선을 어떻게 닦아야 할지 가르쳐 주십시오."

관세음보살께서 고개를 끄덕이시면서 이렇게 전수해 주셨다.
"사람들을 2반으로 나누어 염불하되[103], A반이 아미따불을 2번 염불하면, B반은 소리 없이 (속으로 따라서) 염불(黙念)하며[104] 듣고, 이어서 B반이 아미따불을 2번 염불하면, A반은 소리 없이 (속으로 따라서) 염불(黙念)하며 듣는다. 이렇게 수행하면 힘들지 않고, 또 염불이 끊어지지 않는다.

이근(耳根)[105]은 가장 영민하기 때문에 (계속 들으면) 귓속에서 저절로 염불소리가 나게 되는데, 바로 마음이 염불하는 것이다. 마음과 (염불하는)입이 하나가 되면 불성이 스스로 드러나게 되고, 고요해지면 선정(定)이 생기고, 선정에 들어가면 지혜(慧)가 생기느니라."

---

103)[원문 주] 이것은 서녘정토 중생들이 수행하는 방법이다.

104)여기서 소리 없이 염불한다는 것은 듣기만 하는 것이 아니라, 상대방의 염불을 따라 자신도 속으로 염불한다는 것이다. 원문에 '묵념(黙念)'을 염불하지 않고 그냥 듣는 것으로 해석하는 책이 있었으나, 여기서 '묵념이란 마음속으로 염불(念)하는 것'을 말한다. 이것은 대단히 중요한 것으로, 속으로 염불하지 않고 듣기만하면 딴 생각이 많이 끼어들어 염불을 놓치기 쉽기 때문에 처음부터 '속으로 따라서 염불해야 하는 버릇을 들여야 한다.' 옮긴이는 처음 염불할 때 '묵념은 쉬고' 내 차례 돌아오길 기다려 염불하는 버릇이 들어, 고치는데 꽤 많은 시간이 필요했다. 그 때 상대편 염불소리를 들으면서 마음으로는 놓치지 않고 염불하기 위해 상대방 염불할 때 손가락으로 장단을 맞추었던 기억이 난다.

105)눈(眼) 귀(耳) 코(鼻) 입(舌) 몸(身) 생각(意) 같은 6가지 감각기관(六根) 가운데 하나.

(이상은 『서녘 극락세계 여행기』 53쪽[106])에서 뽑아 옮김, 참조
하십시오)

어쩌다가 '이것이 정말 사실일까?' '이 법문을 믿어야 하나 말
아야 하나?'라고 마음속에 의문을 떨쳐버리지 못하는 사람이 있을
것입니다.

저는 여기서 여러분들에게 두 번, 세 번 되풀이해서 말씀 드리
지만, 불교란 인과(因果)를 몹시 귀중하게 여기며, 붇다의 가르침
을 닦는 분들은 다 알고 계시겠지만 큰 거짓말(大妄語)[107]을 한 사
람은 반드시 무간지옥[108]에 떨어져 벗어나기 어렵습니다. 따라서
이 일은 '천 번 참되고 만 번 확실'하며, 이 법문은 절대 '믿을 수
있고 수행 가능한 것'으로, 삼계의 하늘·땅 신령들과 하늘 신·용
같은 8부(天龍八部)[109]가 증명하고 있기 때문에 절대 거짓이 아니
며 거짓말을 해야 할 필요도 없는 것입니다.

제가 서녘 정토에서 아미따불을 뵈었을 때, 붇다께서 금빛 입(金

---

106) 원문에 나온 쪽수임. 이 책에서는 『서녘 극락세계 여행기』 118쪽을 볼 것.

107) 큰 거짓말(大妄語) : 도를 이루지 못했으면서 스스로 깨쳤다고 하거나 붇다의 가
르침에 관한 내용 등을 꾸며대는 큰 거짓말.

108) 무간지옥(無間地獄, avici) : 8열(八熱)지옥 가운데 하나이다. 고통이 끊임없는 지
옥으로, 5역죄(五逆罪) 가운데 하나를 범하거나, 인과를 무시 하고 삼보의 재산인
절이나 탑을 무너뜨리거나, 성인을 비방하고 공연히 시주한 물건을 축내는 사람
은 이 지옥에 떨어진다.

109) 천룡팔부(天龍八部) : 불법을 지켜주는 여러 가지 신들을 말하는데, 팔부중(八部
衆)·용신팔부(龍神八部)·팔부(八部)라고도 한다. 하늘 신(deva, 天)·용(nāga,
龍)·약샤(yakṣa, 夜叉)·간다르바(gandharva, 乾闥婆, 香神 또는 樂神)·아수라
(asura, 阿修羅)·가루다(garuḍa, 迦樓羅, 金翅鳥)·낌나라(kiṃnara, 緊那羅, 非人·
歌人)·마호라가(mahoraga, 摩睺羅伽, 大蟒神)같은 8가지인데, 그 가운데 천신
과 용이 으뜸이므로 앞에 내세웠다.

口)으로 '정토선' 법문을 전수해 주신 뒤, 저에게 이렇게 말씀해 주셨습니다.

"이 법문은 과거 불교에서 전해 오던 5화8문(五花八門)[110] 8만 4천 법문의 총 결정체라고 말할 수 있으며, 심령(心靈)을 다스릴 수 있는 종합처방약이라고 할 수 있다. 말법시대[111]에 도를 이루고 성불하려면 오로지 이 한 가지 법문으로만 깊이 들어갈 수 있으며, 또 수단과 방법도 간단하다. 이 법문이 아니면 제 아무리 하늘을 뒤덮는 솜씨가 있다고 하더라도 3가지 세계(三界)[112]를 벗어나기 어려우니라." (이 법은 우둠바라꽃[113]처럼 만나기 어려우니 읽는 이들께서는 부디 스스로 소중하게 여기시길 바랍니다.)

---

110)5화8문(五花八門) : 5화란 모든 불교 경전을 설법 순서에 따라 화엄(華嚴) · 녹원(鹿苑) · 방등(方等) · 반야(般若) · 법화열반(法華涅槃) 같은 5시기로 나누어 '5시(五時)'라고 일컫는 것을 말하고, 8문은 화법(化法) 4교(三藏教 通教 別教 圓教)와 화의(化儀) 4교(頓教 漸教 祕密教 不定 教)를 말하는 것으로 모든 경전과 법문을 아우른다는 뜻이다.

111)말법시대 : 사꺄무니 붇다 입멸 이후 시대가 흘러감에 따라, 그 가르침이 법대로 실행되지 않는다는 역사관에 따라 정법(正法)시대, 상법(像法)시대, 말법(末法)시대로 나눈다(大乘同性經 하권). 3시대의 시한에 대해서는 여러 가지 설이 있지만, 대체로 정법 500년, 상법 1000년, 말법 10,000년으로 보고 있다. 이 설에 따르면, 정법과 상법시대가 지나고 말법시대에 들어온 지도 1000년이 넘었다.

112)3계(三界) : 중생이 나고 죽으며 왔다 갔다 하는 3가지 세계, 곧 욕망 있는 세계(欲界), 욕망은 벗어났으나 모습이 있는 세계(色界), 욕망과 모습을 벗어난 세계(無色界).

113)우둠바라꽃(uḍumbara · udumbara, Pali : udumbara, 優曇跋羅華) : 무화과(無花果)나무로 학명이 피쿠스 글롬메라타(Ficus Glommerata)이다. 꽃이 피지 않는 나무이기 때문에 붇다가 보기 어려운 일을 설명할 때 비유를 많이 들었던 꽃이다. 많은 경전 해설서들이 이 꽃에 대해 갖가지 설명을 하고 있다. 『현응음의(玄應音義)』에는 '이 나무의 이파리는 배나무 비슷하며 열매는 주먹만 하고 맛은 달다. 꽃이 피지 않고 열매를 맺으며, 꽃은 있지만 자라기 어렵기 때문에 경전 가운데 드문 것을 비유할 때 쓴다.' 라고 하고, 『법화문구(法華文句)』에는 '이것은 영서(靈瑞)를 말하는데, 3천년에 한 번 피며, 이 꽃이 피면 바퀴 굴리는 임금(轉輪聖王)이 나온다고 한다.' 라고 했다. 한문 경전에는 우담파라(優曇波羅), 오담발라(烏曇跋羅), 우담발라(鄔曇鉢羅), 우담발(優曇鉢)처럼 여러 가지로 옮겼지만, 모두 우둠바라(uḍumbara)를 소리 나는 대로 옮긴 것이기 때문에 '우둠바라'라고 읽어야 한다.

그 때 아미따불께서 넌지시 드러내 말씀하셨다.

"앞으로 불법이 모두 사라져 없어진 뒤에도 나는 100년 동안 세상에 더 머물면서 중생들을 제도할 것이니라."

3. 자성염불(自性念佛)이 곧 마음을 밝혀 성품을 깨닫는 것(明心見性)이다.

모두 다 알고 계시듯이, 정토종은 믿음(信)·바람(願)·수행(行)으로부터 시작됩니다. 믿음(信)과 바람(願)에 대해서는 여러분 모두 아주 분명하게 알고 계시기 때문에 여기서는 번거롭게 말씀드리지 않고, 수행(行) 한 가지에 대해서만 말씀드리도록 하겠습니다.

행(行)이란 바로 수행이며, 또한 수행하는 방법입니다. 그 방법은 아주 간단하여, 오로지 '나모아미따불' 이라는 거룩한 이름 한 마디만 새기면(念佛) 됩니다.

앞에서 말씀드린 것처럼 '정토선' 수행방법은 사람들을 2반으로 나누어 염불하거나, 또는 2사람이 염불하는 것입니다. A반이 (나모아미따불) 2번 염불하면, B반은 주의를 기울여 듣고, B반이 2번 염불하면 A반이 주의를 기울여 듣습니다. 다만 혼자서 염불할 때도 대처할 방법이 있는데, 스스로 먼저 '나모아미따불'[114]을 2번

---

114) '나모아미따불' : 한국 불자들은 늘 '나무아미타불'이라고 외는 염불을 관징 스님이 직접 녹음한 염불을 들어보면 '나모아미따불'이라고 한다. 물론 마지막 '불(佛)'자는 중국 발음대로 '호'라고 하지만, '나모아미따'에서 2개의 소리, 곧 '모'

염불하면서 주의를 기울여 듣고, 소리가 그치면 이어서 마음속으로 소리 나지 않게 2번 염불하는 식으로 끊임없이 반복하면 됩니다.

이근(耳根)은 가장 총기가 뛰어나기 때문에, 염불할 때 느리고 소리는 맑고 깨끗하게 하면, 염불이 익숙해질 때쯤 귀에서 염불소리가 들리거나 자기 몸속에서 저절로 염불을 하게 됩니다.

이때 여러분은 도대체 자기 몸속 어느 부분에서 염불소리가 들려오는지 주의를 기울여서 들어 보아야 합니다. 그렇게 되면 여러분은 더 이상 소리 내서 염불할 필요가 없고, 그 다음부터는 다니거나(行) 머물거나(住) 앉거나(坐) 눕거나(臥) 따지지 말고 언제나 그 한마디 염불을 주의 깊게 들어야 합니다. 이때 들리는 염불을 '자성염불(自性念佛)'[115]이라 합니다.

와 '따'가 한국의 불자들이 하는 염불과 다르다. 결론부터 말하면 관징 스님의 발음이 맞다. 한자의 '南無'는 산스크리트의 'namo'를 소리 나는 대로 읽는 것인데, 한국에서는 '南'은 '남'으로 읽지 않고 산스크리트 소리대로 '나'로 읽고, '無'는 '모'로 읽지 않고 한국 소릿값을 따라 '무'로 잘못 읽은 것이다. 중국어 사전에도 '南無=nāmó'라고 되어 있어 현재도 중국인들은 모두 '나모'라고 제대로 발음한다. 타(ta)는 한글로는 '따'로 읽어야 한다. 왜냐하면 산스크리트 글자에는 𑀢(ta)와 𑀣(tha)라는 전혀 다른 글자가 있다. 그렇기 때문에 바른 소리로 옮길 때 '𑀢(ta)=따', '𑀣(tha)=타'로 옮기지 않으면 ami-ta가 아닌 ami-tha가 되어버리기 때문이다. 사실은 '佛'도 '붇다(Buddha)→佛陀'로 소리 나는 대로 옮긴 것인데, 줄여 쓰기 좋아하는 중국인들이 '佛'로 줄여 쓰면서 그대로 정착된 것이다. 앞으로 불교의 국제화를 위해서는 본디 소리인 붇다(Buddha)로 읽는 것이 바람직하지만 염불에서는 6자로 굳어졌기 때문에 여기서는 그대로 따른다.

115) 자성염불(自性念佛)에 대해서는 앞으로 더 자세하게 나오기 때문에 여기서는 간단히 자성(自性)에 대해서만 설명한다. 자성(自性, svabhāva)은 모든 법 그 자체로, 변하지도 않고 바뀌지도 않는 존재성(存在性)을 말한다. 곧 우주 만물의 본바탕(本質)을 말한다. 원래 인간의 자성, 곧 본래 참마음은 그 바탕이 맑고 깨끗하지만(自性淸淨心) 현실은 번뇌에 물들어 있어 자신의 자성을 볼 수가 없다. 그러나 불도를 열심히 닦아서 번뇌가 모두 없어지면 자성이 저절로 나타나게 되는데, 이것이 마음을 밝혀 자성을 보는 것(明心見性)이다. 자기 본성, 곧 자성을 깨달으면 붇다가 되는 것(見性成佛)이기 때문에 자성은 곧 붇다(自性佛)라고 하며, 모든 사람은 스스로 참마음·자성·붇다를 몸 안에 가지고 있는 것이다. 관징 스님의 정토선 정의에 따르면 자성염불이란 바로 그 자성이 염불하는 것으로, 몸속에서 염불하는 놈만 찾아내면 바로 견성(見性)이 되는 것이기 때문에 자성염불이 완성되면 이미 상당한 경지에 들어가게 되는 것이다.

이것은 참으로 매우 깊고 미묘한 일입니다. 이렇게 몸 안에서 스스로 하는 염불이 끊어지지 않고 오래 되어 조금씩 익숙해지면, 저절로 만 가지 생각이 하나로 모아지면서 심령(心靈) 속의 잡념과 헛된 생각(妄想)을 빨아들이고, 차지하고, 고쳐 만들고, 씻어내고, 낮게 하고, 깨끗하게 하여 하나로 만드는 것입니다. 그러면 눈 깜짝할 사이에 여러분의 영혼(법신 : 法身)이 뚜렷이 나타나고, 부모로부터 태어나기 이전의 본디모습(本來面目)을 되찾게 됩니다.

이 한마디 붇다 이름이 여러분의 심령(心靈)에 생긴 온갖 질병을 낫게 할 수 있고, 여러분이 여러 겁 동안 쌓아 온 갖가지 잡념 · 업장 · 시비 · 허망 같은 것을 없애버리고 참되고 영원한 법신, 곧 본디모습으로 바꾸어 줍니다.

정토종에서 "붇다를 마음에 새기고(念) 붇다를 간직하고 잊지 않으면(憶) 반드시 붇다가 된다(念佛憶佛 必定成佛)"고 한 말이 바로 이런 원리입니다. 설사 붇다가 되지 못한다고 하더라도 더할 수 없이 큰 이익을 얻을 수 있습니다. 왜냐하면, 만 가지 생각을 모두 거두어 한 가지 생각(一念)으로 모으면, 목숨이 다할 때 한마음 흐트러지지 않게(一心不亂) 염불할 수 있어, 아미따불의 인도를 받아 업(業)을 지닌 채 서녘(극락세계) 연못에 가서 태어날 수 있기 때문입니다[116]. 서녘 극락세계의 수행은 즐거움만 있고 괴로움은 없으며, 또 영원히 (삼계로) 떨어지지 않고, 수행하여 도달한 지위에서 절대로 물러나지 않게 됩니다. 모든 수행과정이 처음부터 끝까지

---

116) 『아미따경』에 누구나 한마음으로 흐트러지지 않게 하루에서 이레까지 염불을 이어갈 수 있으면 목숨이 다할 때 아미따불이 인도하여 극락에 태어난다고 되어 있다.

다 '극히 평안하고 즐거운(極樂)' 상태에서 지내게 되고, 곧바로 깨달아 나지도 죽지도 않는 무생법인(無生法忍)를 얻으며, 꽃이 피면 (아미따)붇다를 뵙고 (극락에) 머무르게 됩니다.

 '정토'에 관한 말씀은 여기서 마치고, 다음은 '선(禪)'에 대하여 다시 말씀드리겠습니다.
 이름을 보고 뜻을 짐작할 수 있듯이 '정토선(淨土禪)'이란 바로 선(禪)과 정토(淨土)를 함께 닦는 것(禪淨雙修)으로, 두 가지를 합해서 하나로 만든 것입니다. 그렇다면 어떻게 선과 정토가 하나가 되는 경계에 다다를 수 있을까요?

 이 도리도 아주 간단합니다. 이것은 한마디 붇다 이름(아미따불)을 가지고 앞에서 말씀 드린 바와 같이 몸 안에서 스스로 (나모아미따불) 염불소리가 들려올 때까지 수행하는 것입니다. 이 '염불'은 바로 여러분의 자성(自性)이 '염불'하는 것으로, 여러분이 마음을 밝혀 성품을 보는(明心見性) 경지에 이른 것이기도 합니다.

 보다 더 깊은 경계는 아침저녁으로 선(禪) 수행을 할 때, 이 '한생각(一念)'을 조금씩 더 닦아서 '무념(無念)'(선은 바로 이 무념이 마지막 목표이다)을 이루면, 온몸이 모두 비어 지극히 고요해지고(空寂), 한 생각도 일어나지 않습니다. 이처럼 한 생각도 일어나지 않으면 단박에 법신(法身)이 나타나서 부모로부터 태어나기 이전의 본디모습(本來面目)을 되찾게 되는 것입니다. 이 경계에 다다르면 저절로 한마디 아미따불을 새길(念) 필요도 없게 됩니다.

수행자 여러분이 어떻게 노력하는가에 따라 수행기간은 길거나 짧아질 수 있지만, 다만 끈기 있게 꾸준히 이어가면, 자연히 스스로의 몸에서 해탈하여 몸이 막히거나 거침이 없게 됩니다. 그 때가 되면 여러분의 법신(法身)은 온 허공에 한껏 차서 가득하고, 법계에 두루 미치게 되며, 여러분의 보신(報身)은 곧 서녘 연못의 상품상생으로 태어나 바로 연꽃이 피고 아미따불을 뵙게 됩니다.

한 마디로 말해서 '정토선' 법문의 가장 중요한 핵심은 '자성염불(自性念佛)이 곧 마음을 밝혀 자성을 깨닫는 것(明心見性)'이라는 데 있습니다.

4. 읽는 이들의 의문에 대한 해답

『서녘 극락세계 여행기』란 책이 세상에 널리 퍼진 뒤, 불교계의 반응은 좋고 나쁜 평가가 각각 절반씩인데, 이것은 아주 정상적인 현상입니다. 의문이 있어야 해답이 나오는 것이기 때문에 의문을 갖는다는 것은 나쁜 것이 아닙니다. 어떠한 학문이나 진리도 모두 이런 식으로 만들어져 나오는 것이며, 진리란 옳고 그름을 가릴수록 의심할 것 없이 아주 뚜렷해지는 것입니다.

읽는 이들의 갖가지 의문을 모아보면 크게 두 가지로 간추릴 수 있는데, 한 가지는 "이 일이 정말 진짜인가 아닌가?"하는 것이고, 다른 하나는 "이 법(정토선)을 과연 수행해도 되는 것인가 아닌가?"하는 것입니다.

첫 번째 의문에 관한 대답입니다.

종교는 과학이 아니기 때문에 실재 존재하는 물건처럼 눈앞에 끄집어 내놓고 실험을 거쳐 이것이 '진짜'인지 '가짜'인지 증명할 수 없습니다(모든 종교가 역사에 남긴 자취들도 다 마찬가지입니다).

종교에서 귀중하게 여기는 것은 '믿음'이라는 낱말로, 이른바 '믿음은 도(道)의 근원이고 공덕의 어머니(信爲道元功德母)'[117]라는 것입니다. 제가 전하려는 경계가 진짜인지 가짜인지는 도를 깨달으신 분들은 자연히 마음에서 확실하게 아실 것입니다(도를 닦는 이들은 선정 가운데서도 서녘 정토의 갖가지 경계를 볼 수 있기 때문입니다). 제가 저 자신을 위해 이렇게 엄청난 우스갯소리(弄談), 곧 큰 거짓말(大妄語)를 하여 무간지옥에 떨어질 이유가 없다는 것은 누구나 다 알 수 있는 쉬운 도리입니다.

저는 아미따불과 관세음보살의 뜻을 받들어, 극락세계에서 보고 들었던 각종 경계를 감히 공개하게 된 것입니다. 그러므로 첫 번째 문제에 대한 대답은 "믿고 안 믿고는 여러분 마음을 따르십시오."가 됩니다.

두 번째 의문은 법을 구하는 정신에서 비롯된 것으로 아주 건설적인 것이 많습니다. '믿음(信)'만 있고 '수행(行)'이 없으면 걸음을 내딛지 않는 것 같아서 영원히 목적지(彼岸)에 다다를 수 없습니다. '정토선' 법문은 불보살님께서 몸소 전수해 준 것이고, 서녘 정

---

117)『대방광불화엄경(大方廣佛華嚴經)』권 6,「현수보살품(賢首菩薩品)」8-1; 권 14, 「현수품(賢首品)」, 12-1. 信爲道元功德母 , 增長一切諸善法, 除滅一切 諸疑惑, 示現 開發無上道.

토(극락세계)에서 수행하는 방법으로, 만나기는 어렵고 이루기는 쉬운 것입니다.

여기서 지난 몇 년 동안 읽는 이들이 내놓은 '정토선'에 관한 갖가지 의문들에 대하여 하나하나 대답하도록 하겠습니다.

〈물음 1〉 정토선 수행법은 어느 정도 시간이 필요하고, 어떠한 이익을 얻을 수 있습니까?

다음의 간단한 표를 참고로 봐주시기 바랍니다.

이 표는 여러분들이 참고할 수 있도록 과정과 순서를 밝혀 드린 것으로, 이러한 순서대로 점차 수행하면, 시작도 없는 전생부터 심령에 물든 업병(業病)들을 점차 없애버리고, 심령을 무념의 경계(본디모습)에 이르도록 회복시키면 바로 참된 도리의 마음(眞常之心)에 다다르게 됩니다.

불교는 선(禪)·정토(淨土)·밀교(密敎) 따질 것 없이 모든 종파들이 남새밥 먹기(茹素)[118]·경전 읽기(誦經)·붇다께 예배하기·붇다 새기기(念佛)·다라니 외기(呪力)·생각 보기(觀想)·손

---

118) 남새밥 먹기(茹素) : 원문에 나오는 여소(茹素)의 여(茹)는 먹는다는 뜻이고 소(素)는 남새밥만 먹는 소식(素食)을 뜻하는 것이다. 중국어에서 소식(素食)이란 깨끗하고 흰(潔白) 밥이라는 뜻인데, 고기가 들어가지 않는 밥을 뜻한다. 한국과 일본에서는 채식(菜食)이라고 쓰는데, 채소(菜蔬)로 만든 반찬만 먹는 밥을 말한다. 채(菜)는 채소(菜蔬)를 줄인 말인데, 순수한 우리말로 '남새' 또는 '푸성귀'고, 식(食)은 '밥' 또는 '끼니'를 뜻한다. 여기서 '밥'은 '곡식을 익힌 밥'이라는 좁은 뜻도 있지만 넓게 '끼니로 먹는 모든 음식'이란 뜻도 있기 때문에 '남새밥'이라고 옮겼다. 채식(菜食)과 소식(素食)이란 낱말은 일찍이 경전에 나오고, 여소(茹素)는 송나라 이후 불가에서 쓰인 말이다.

가락 맺기(結印), 숨 헤아리기(數息), 정수리에 향 피우기(焚頂), 손
가락 태우기(燒指), 피로 경 쓰기(刺血寫經) 같은 갖가지 수행방법
을 쓰고 있는데, 모두가 마음속의 너저분한 생각(雜念)을 없애고,
중생들이 가진 모든 뒤집힌 헛된 생각(妄想)과 업장을 말끔히 없애
고 깨끗하게 하려는 가르침이 아닌 것이 없습니다.

수행 시간	수행 조건	심령이 얻는 이익	비고
처음 한 달	날마다 2시간씩 수련, 매번 20~30분[1]	저절로 가볍고 편안해진다.	상근기(利根)[2] 사람은 3일 안에 몸 안에서 염불소리를 들리기 시작하며, 늦어도 1~3개월이면 된다.
3개월 뒤	날마다 3시간씩 수련, 매번 30분[3]	걱정이나 탈이 없고(安樂) 즐거워진다(愉快).	몸 안에서 염불 소리가 들리는데, 귀나 가슴속, 또는 배꼽 아래 단전에서 염불하는 사람이 있는 것처럼 들린다.
반년 뒤	날마다 3시간씩 수련, 매번 30~40분	한마음 흐트러지지 않게 되면(一心不亂) 뜻이 풀리고 마음이 열려 거침이 없어진다.	염불소리가 아주 분명하게 들리고, 고요히 앉아 마음속에서 나는 염불을 집중해서 들으면 만 가지 생각이 하나로 모아진다(萬念歸一).
8개월 뒤	날마다 3차례[4], 매번 1시간씩	마음이 거침이 없고 맑아져, 아무런 생각도 일어나지 않는다.	한마디 염불 소리가 차츰 사라진다.
1년 뒤 5년~7년까지	날마다 3~4차례, 매번 최소 1시간에서 2시간까지	마음속이 모두 비어 지극히 고요하고, 법신을 자유자재로 볼 수 있다.	한마디 염불소리마저 완전히 없어지고, 마음이 높은 하늘처럼 고요해져, 허공과 법계를 두루 다니며, (극락) 연못에 꽃이 피면 붇다를 뵌다.

[옮긴이 : 표에 나온 각주]

1) 처음에는 염불을 오래 할 수 없기 때문에 20~30분씩 하고 쉬었다가 다시 하는
   식으로 2시간씩 하는 것이 좋다는 뜻이다. 그렇기 때문에 20분씩 하면 하루 6
   번이 되고, 30분씩 하면 4번이 된다.

2) 상근기(上根機 또는 利根機)는 근기가 뛰어난 사람, 전생에 수행을 많이 하여
   근기가 뛰어난 사람을 말한다. 불교학대사전에 보면 근기(根機)란 근성(根性)이
   란 뜻으로 가르침을 받는 자의 성질(性質)이나 자질(資質)을 말하는 것이라고

했다. 이 자질은 2가지로 나눌 때는 이근(利根)·둔근(鈍根)으로 나누고, 3가지로 나눌 때는 상근(上根)·중근(中根)·하근(下根) 또는 이근(利根)·중근(中根)·둔근(鈍根)으로 나눈다. 지은이는 이근(利根)이라고 썼지만 알기 쉽게 많이 쓰는 상근기(上根機)로 옮겼다. 이 표는 가장 높은 근기를 가진 사람을 중심으로 만든 표이기 때문에 자신의 근기를 잘 알아서 표를 활용하기 바란다. 한편 스스로의 근기를 가늠해 볼 계기도 될 것이다.

3) 30분씩 3시간이면 하루 6번 염불하는 것이다.

4) 원문에 '매번 1시간 매번 1시간(每次一小時 每次一點)'이라고 되어 있다. 그렇게 되면 반년 뒤 하루 3시간씩 하라는 경우보다 더 짧은 시간이 되어 버린다. 이것은 잘못 인쇄된 것이라고 본다. 대만 서방삼성전(西方三聖殿)에서 나온 책에 '매일 3차, 매차 1시간'이라고 되어 있는 것이 타당하기 때문에 그 책을 따랐다.

바꾸어 말하면, 모든 법문이 다 사람들에게 어떻게 '마음을 다스릴 것인가(治心)'를 가르쳐 주는 것으로, 심령(心靈)이 맑고 고요해진 뒤에는 다시 모든 사물(法)은 실체가 없다는 법공(法空)마저 없애야 합니다. 이러한 도리를 깨달으면 참마음이 저절로 열려 깨달음에 다다를 수 있게 됩니다.

수행자는 자신이 앞으로 닦아서 얻으려는 목표가 (극락에서) 꽃을 피워 붇다를 뵙는 것이든, 마음을 밝히고 성품을 보아 붇다가 되는 것(明心見性成佛)이든, 아니면 서있는 자리에서 단박에 붇다가 되려는 것이든, 모두 '붇다나 조사가 되려는' 목적을 이루려면, 먼저 반드시 갖추어야 될 기초가 바로 '마음속을 무념(無念)으로 하는 것'인데, 오로지 '무념' 상태에서만 비로소 갖가지 붇다가 되는 길에 들어갈 수 있기 때문입니다. 만일 마음이 한 생각(一念)에 들지 못하거나(한 생각이 만 가지 생각을 다스린다), 한 생각을 텅 비고 고요한 상태(空寂)로 만들지 못하면(한 생각을 무념으로 바꾸는 것), 마음을 다스리는 원리에 어긋나는 것이기 때문에 붇다가 되거나(成佛) 도를 이룰(成道) 수 없고, 한평생을 수행해도 마지막에 돌아오는 것은 한바탕 덧없는 꿈이기 때문에 헛되이 한살이(一生)를 저버리게 됩니다.

정토선 염불법은 먼저 몸 안의 자성(自性)을 불러 일으켜 염불하게 한 뒤, 다니거나, 머물거나, 앉거나, 눕거나 몸 안에서 들리는 한마디 붇다 이름 '나모아미따불'을 주의 깊게 들어 온갖 생각을 한 생각(一念)으로 모으고, 한 생각이 오래 가면 선정에 들어가는 것입니다. 이어서 한마디 붇다 이름마저 잊어버리면(무념) 참마음인 본디모습(本來面目)이 나타나 (극락에서) 저절로 연꽃이 피어나면서 (아미따)붇다를 뵙게 됩니다.

정토선의 좌선법은 평소 다니거나, 머물거나, 앉거나, 눕거나 항상 몸 안에서 소리 안 나게 염불하는 한 마디 붇다 이름(나모아미따불)을 듣게 되면, 매일 일정한 시간을 정해 놓고 2~4번쯤 좌선을 하되, 1시간에서 2시간씩 하면 됩니다.[119]

좌선할 때 가장 기본이 되는 자세는 머리를 바르게 세우고, 어깨는 수평으로 하고, 눈은 실오라기처럼 뜨고, 입은 다물되 혀끝을 입천장에 대고(입이 마르지 않게), 허리는 곧게 세우고, 두 손은 미

---

119) 꾕선 스님 주 : 큰스님께서 좌선은 2단계 수행이며 반드시 몸 안에서 저절로 염불 소리가 들려오는 경계인 자성염불, 곧 1단계를 거친 후에 2단계를 닦아야 진보가 빠르다고 하셨으며, 이 가르침에 의지하여 필자와 더불어 주변에 많은 사람들이 아주 빠른 경우는 1주일 안에, 그리고 보통의 경우는 3개월에서 1년 정도에 걸쳐 자성염불이 이루어지는 것을 보았음. (꾕선 스님 편역, 『정토선수행법과 자성염불』, 정토선회, 2001, 40쪽)

타인(彌陀印)[120]을 취하며, 두 발은 결가부좌나 반가부좌, 또는 자연스러운 자세로 앉아도 됩니다.

〈물음 2〉 정토를 닦으면서 왜 좌선을 함께 해야 합니까?

〈대답〉 정토란 곧 염불이고, 염불의 목적은 모든 것(萬法)을 다스려 하나(一法)로 돌아가게 하는 것이고, 또 만 가지 생각(萬念)을 한 생각(一念)으로 돌아가게 하는 것이며, 나아가 심령을 무념(無念)의 경계(禪淨合一 : 선과 정토가 하나 되는)까지 이르게 하여, 아미따불의 인도를 받아 서녘 정토에 태어나 더 깊이 수행하게 하는데 있습니다.

만일 수행자 스스로(自力 : 자기 힘으로) 해탈을 얻으려면, 한 생각에서 다시 무념, 곧 법공(法空)에 이르도록 닦아야 하는데, 이것은 선정(禪定)이 아니면 불가능합니다. 그 속에 담긴 참뜻을 깨달아야 정토와 선이 하나가 되고 두 법문이 다르지 않다는 것을 알게 될 것입니다.

〈물음 3〉 스님의 말씀에 따르면, 정토 염불법은 마음을 다스려 모

---

120)굉선 스님 주 : 미타인(彌陀印) - 일반적인 선정인(禪定印)은 오른손 위에 왼손을 얹어 엄지손가락을 서로 맞대는데, 관징 큰스님께서 이것은 처음 입정하여 산란심이 있을 때 하는 수인(手印)이며, 마음이 고요해지고 한 생각에 들어가기 시작하면 반대로 왼손바닥 위에 오른손을 얹고 엄지손가락을 서로 맞대는 수인을 취하는 것이 '미타인'이라고 하셨다. 또 삼계 28천에 들어가는 4선정(四禪定)에서는 왼손의 엄지를 오른손으로 감싸 안고 나머지 왼손바닥으로 다시 오른손을 감싸 안는 수인을 취한다고 하셨다. (굉선 스님 편역,『정토선수행법과 자성염불』, 정토선회, 2001, 41쪽)

든 생각을 한 생각(一念)으로 돌아가게 하는 것인데, 선(禪)이란 세속을 벗어나는 법문입니다. 선의 도리를 좀 말씀해 주시기 바랍니다.

〈대답〉 저는 일반교양도 없고 공안(公案)[121]이나 시구(詩句)를 말할 줄 아는 권위 있는 사람도 아닙니다. 저는 오로지 선이란 마음 상태가 무념(無念)이 되어야 하고, 여러분이 성불하려면 마음을 밝혀 자성을 깨달아야 하는데(明心見性) 좌선이 아니면 안 된다는 것만은 알고 있습니다.

선 수행이란 '들어오게 하는 법(流入法)'으로, 우리들 정신에 생기는 갖가지 질병을 치료해 줍니다. 우리 인간들의 정신은 시작도 없는 예부터 6가지 뿌리(六根 : 감각기관)라는 문길을 통해 바깥으로만 내달아 보이는 것(色), 소리 나는 것(聲), 냄새 나는 것(香), 맛나는 것(味), 닿는 것(觸), 생각하는 것(法) 같은 6가지 티끌(六塵)에 깊이 물들어 있는데, 내가 알기로는 '죽고 사는 것을 벗어나기(生死解脫)' 위해서는 정신이 바깥으로 흘러나가는 것(流出)을 바꾸어 안으로 흘러들어오게(流入) 해야 합니다. 이 단계에 들어가면 정신적으로 한때 적응을 못해 '환각(幻覺)'과 '착각(錯覺)'이 생길 수 있습니다.

---

121) 공안(公案) : 선종(禪宗)에서 이전 조사(祖師)들이 도를 깨치기 위해 보여 온 언어나 행위를 기록한 것이다. 이런 조사들의 어록은 수행하는 이들에게는 가장 존엄한 것이라 마치 관가의 공문과 같다고 해서 공안이라고 했다. 주로 선사들의 묻고 답하는 수준 높은 대화들을 모은 것인데, 송나라 때 들어와 이런 공안 가운데 답한 것을 골라 수행인에게 참구하는 주제로 내주는 것을 화두(話頭)라고 한다. 보기를 들어 조주(趙州) 스님이 "개에게도 불성이 있는가? 없는가?"라는 질문에 "없다(無)"고 대답했다. 이것은 공안이다. 여기서 "없다(無)"는 것을 주제로 삼아 참구하는 것이 바로 화두가 되는 것이다. 이 화두를 가지고 참구를 시작하면, '왜 없다고 했을까?' '정말 없는 것인가?' '불성이 있다면 왜 개일까' 같은 수많은 의문이 일어나기 시작하는데, 이것을 선가에서는 의정(疑情)이라고 한다.

144

〈물음 4〉 환각(幻覺)과 착각(錯覺)이란 무엇을 말합니까?

〈대답〉 수행자가 일단 마음이 고요한 경지에 이르면 여러 겁 동안 잠재의식 속에 감추어져 있던 업식(業識)의 씨앗들이 튀어나와 심령에서 활동하게 됩니다. 어느 때는 신(神)이나 붇다가 허공에 가득한 것을 보고, 신선의 음악이 귀에 들리기도 하고, 방안에 가득 찬 특이한 향기를 맡기도 하고, 신선·들짐승·도깨비 같은 것들이 눈앞에 나타나기도 하는데, 이런 것을 '환각'이라 합니다. 이른바 '착각'이란 바위를 호랑이로 본다거나, 나무 조각을 말(馬)로 본다거나, 한 그루 나무를 귀신으로 본다거나, 새끼줄을 뱀으로 보는 경우를 말합니다.

선을 수행하는 사람들이 와서 말하는 것을 보면 많든 적든 간에 모두 '환각'과 '착각'을 경험하고 있습니다. 만약 이러한 경계들을 보게 되면 모두 내버려 두고 거들떠보지 않으면 됩니다.

'환각'과 '착각'은 진짜로 믿기 쉬워, 실제로 그런 일들이 벌어지는 경우도 있습니다. 수행자의 마음과 뜻에 따라 거기에 맞는 갖가지 상황이나 모습들이 조금도 틀리지 않게 그대로 나타나기 때문에 조금만 조심하지 않으면 마라(魔羅)[122]의 그물에 빠져들기 쉽습니다.

---

122) 마라(魔羅, māra) : 산스크리트 māra의 소릿값을 따서 한문으로 마라(魔羅)라고 옮겼는데, 한문에서는 간단하게 줄여서 쓰는 습관이 있어 흔히 마(魔)라고 쓰면서 마라(魔羅)가 마(魔)로 굳어졌다. 많은 사람들이 산스크리트 māra를 그 뜻에 따라 마(魔)로 옮긴 것으로 잘못 알고 있는데, 순수하게 소리에 따라 옮기면서 mā는 한문에서 비슷한 뜻을 가진 마(魔)자로 옮기고 ra는 라(羅)자로 옮겼다. 마라(māra, 魔羅)란 불도를 닦는데 장애가 되는 귀신이나 사물을 말한다. 우리가 흔히 쓰는 마구니는 마라를 군대로 표현한 마군(魔軍)을 부르다 변한 것이다. 한자에서는 마(魔)라고 줄여서 써도 괜찮지만 한글에서는 한 글자로 된 단어가 많지 않아 마군(魔軍)을 자주 쓰다 보니 '魔軍'이라는 말에서 마구니라는 어색한 단어가 생겨났는데, 산스크리트의

금강경에서 말씀하시길,

"만약 모습으로 나를 보려고 하거나(若以色見我),
소리로 나를 찾으려 하면(以音聲求我),
이 사람은 삿된 도를 행하는 것으로(是人行邪道),
결코 여래를 볼 수가 없느니라(不能見如來)."

라고 하셨으며,
또 시구(偈)에

"연줄 따라 변하는 모든 사물은(一切有爲法)
꿈·곡두[123]·물거품·그림자 같고(如夢幻泡影),
이슬 같고, 또 번갯불 같은 것이니(如露亦如電),
마땅히 그렇게 보아야 하느니라(應作如是觀)."

라고 말씀하셨습니다. 이러한 말씀을 단단히 명심하여 기억해
두면 마라(魔羅)의 경계에 빠져들지 않을 것입니다.

뜻이 아닌 음을 딴 것이기 때문에 이 책에서는 마라(魔羅)라는 원음을 그대로 썼다.
[123] 곡두(幻) : 환영(幻)이란 한자 낱말에 딱 들어맞는 우리말이다. 사전에서 '곡두'를
찾아보면 '실제로 눈앞에 없는 사람이나 물건의 모습이 마치 있는 것 같이 보였다
가 가뭇없이 사라져버리는 현상. [漢] 幻影'이라고 나와 있고, 환영(幻影)을 찾아보
면 '곡두'라고 나와 있다. 환(幻) 또는 환영(幻影)을 '허깨비'라고 옮기는 경우도 가
끔 있다. 그러한 허깨비는 A를 B라고 보는 착각이나 새를 쫓는 사람 모양의 물건
(허수아비)을 말하기 때문에 환영(幻影)과는 다른 뜻이다. 곡두는 실제는 존재하
지 않는 것을 있는 것으로 잘못 보는 것을 말한다.

〈물음 5〉선 수행 도중 갑자기 몸이 저절로 몹시 흔들리고, 앞으로 기울여졌다 뒤로 넘어졌다 하고, 좌우로 돌기도 하고, 손발로 춤을 추는 사람이 있는데, 마라(魔羅)가 붙은 것 아닙니까?

〈대답〉마라(魔羅)가 붙은 것은 아닙니다. 이런 것을 '자기 영혼의 본디 능력이 활동 한다'고 하는데, 간단히 줄여서 '영혼의 활동(靈動)'이라 합니다. 이때는 절대로 놀라서 어쩔 줄 모르고 허둥대지 말고 그냥 내버려두어야 합니다. 이러한 현상은 몸 안의 모든 질병을 고치고 건강을 되찾게 하는 효능을 가지고 있기 때문입니다.

중생들은 시작도 없는 과거부터 참마음인 정신이 밖으로 흘러나가 바쁘게 뛰어다니면서, 6가지 뿌리(六根)를 통해 6가지 티끌(六塵)들이 깊이 들어와 6가지 길(六道)[124]이란 생사윤회에 떨어진 것입니다.

하지만 고요히 앉아 선을 닦으면 자신의 몸 안으로 정신은 되돌아오게 됩니다. 정신을 180° 급회전 시켜 돌아오게 하다 보면, 어느 때는 몸 안의 심령이 한때 적응을 못해, 갖가지 환각이나 착각이 생기기도 하고, 밤에 악몽을 꾸기도 하며, 때로는 머리가 아프고·염통(心臟)이 뛰고·힘살(筋肉)을 찌르는 아픔을 느끼는 것 같은 여러 가지 몸에 불편한 느낌이 올 수 도 있습니다. 이러한 증세가 생기면 침을 맞거나 약을 먹을 필요 없이 다 놓아 버리고 쉬면 저절로 좋아지니, 정상을 되찾은 다음 다시 천천히 배우면 됩니다.

---

124)6가지 길(六道) : 중생들이 심은 좋고 나쁜 씨(因)에 따라 윤회하는 6가지 세계, 곧 지옥·아귀·짐승 같은 3가지 나쁜 길(三惡道)과 아수라·인간·하늘나라(天上) 같은 좋은 길(善道)을 통틀어 일컫는다.

〈물음 6〉 과거 대승(大乘) 선림(禪林)에서는 모두 화두를 참구하여 왔는데, 스님은 그 선법을 무시해 버리고 따로 문중을 세우는 것 아닙니까?

〈대답〉 그렇지 않습니다. 이것은 근기에 따라 법을 설하는 것입니다. 맨 처음 선종의 조사들은 마음에서 마음으로(以心傳心) 법을 전했는데, 나중에 점점 발전하여 화두 참구를 가르치거나 날카로운 표현(機鋒)으로 일깨우게 되었습니다. 전통적으로 많이 써오던 것으로는 "조사가 서쪽에서 온 뜻이 무엇인가(什麼是祖師西來意)?" "염불하는 놈은 누구인가(念佛者是誰)?" "개는 불성이 없다(狗者無佛性)" "어버이로부터 태어나기 전 본디모습은(父母未生前本來面目)?" "죽은 송장을 끌고 다니는 놈이 누구인가(拖死尸的是誰)?" "만법이 하나로 돌아가면 하나는 어디로 가는가(萬法歸一歸何處)?" 같은 것이 있습니다. 한마디로 말해서, 당시는 그릇(根機)에 따라 법을 설했기 때문에 각 종파마다 깨달음을 이룬 분들이 있었습니다. 그러나 오늘날 말법시대는 참다운 법에서 멀어진지 오래되어 어려운 고비(難關)가 겹겹이 쌓였고, 중생들의 그릇(根機)이 더 이상 화두를 통해 깨달음을 이루기가 어렵게 되었습니다. 그래서 선종도 점점 쇠퇴해진 것입니다. 마치 능엄경에서 다음과 같이 말한 바와 같습니다.

"어떤 사람이 손가락으로 달을 가리키면, 보는 사람은 마땅히 손가락으로 가리키는 달을 쳐다봐야지, 만약 손가락을 보고 달이라고 여긴다면, 이 사람은 달만 잃어버린 것이 아니라 그 손가락마저 잃어버린 것이니라.”[125]

그러므로 화두를 통해 깨닫는 것이 더딥니다. 오늘날과 같은 말법시대의 중생들에게는 오로지 먼저 심령을 다스려 참마음을 정상적으로 회복시키는 것이 첫걸음입니다. 그리하여 해탈법문(解脫法門)[126]이 일단 열리기만 하면 조사가 되고 성불하는 것도 기약할 수 있습니다.

제가 정토와 선종의 법문을 뜯어고치는 것이 아니라 두 가지를 합쳐서 하나로 만들어 심령을 참되고 바르게 치료하는(무념) 효과를 가져 오고, 빠른 시일 안에 불성을 깨닫게 하려는 것이므로 ‘정토선’이라 일컫는 것입니다. 정토선은 마음이 정토가 되도록 하고, 한 생각도 일어나지 않게 하여, 무생법인(無生法忍)[127]에 이르는 것인데, 바로 선(禪)이 추구하는 궁극적인 목적입니다.

선을 닦는 방법이 모든 세상 사람들에게 고루 미치기는 어렵습니다. 삼장(三藏)[128]을 깊이 섭렵하여 바다 같은 지혜를 갖춘 분들은 “미쳐 날뛰는 마음을 단박에 쉬게 해 버려라, 쉬면 곧 깨달음이다(狂心頓歇 歇卽菩提)”[129]라는 것을 모두 알고 있을 것입니다. 그

---

125) 『수능엄경(大佛頂如來密因修證了義諸菩薩萬行首楞嚴經)』권 2. 如人以手指月示人 彼人因指當應看月 若復觀指以爲月體 此人豈唯亡失月輪亦亡其指.

126) 해탈법문(解脫法門) : 해탈(解脫)이란 싸마디(三昧)를 달리 일컫는 말이다. 걸림이 없고 거침이 없이 모든 얽매임을 벗어나는 것을 해탈이라고 한다. 화엄경과 유마경에 많이 나오는 법문이다.

127) 무생법인(無生法忍) : 5인(五忍) 가운데 하나. 나지도 죽지도 않는 진정한 진리의 세계를 깨달아 그 자리에 머무르며 물러나지 않는 지위.

128) 경장(經藏)·율장(律藏)·논장(論藏)같은 불교 책을 통틀어 일컫는 말.

129) 『원각경류해(圓覺經類解)』권 3, 『수능엄경현의(大佛頂如來密因修證了義諸菩薩萬行首楞嚴經玄義)』권 상, 『능가경발다라보경제일의소(楞伽阿跋多羅寶經卷第一義

러므로 심령이 무념(無念)하면 그 자리에서 바로 해탈을 이루게 됩니다. 그러나 안타깝게도 일부 수행자들은 오랜 세월 괴롭고 힘들게 닦고 닦았지만 아무런 효과가 없어 깨닫지 못하고, 업장이 너무 두텁고 무겁다고 스스로를 탓하면서 제힘으로 헤어 나오지 못할 뿐 아니라, 끝내는 얻은 것이 아무 것도 없게 됩니다.

왜 이렇게 될까요?

그것은 수행자들이 자기 몸 안에서 찾을 줄 모르고, 그 몸을 한낱 냄새나는 가죽자루로 여기면서, 이 몸이 바로 값을 매길 수 없는 보배라는 것을 모르기 때문입니다. 이 값을 매길 수 없는 보배를 '신각(身覺)'이라고 부릅니다.

疏)』 같은 많은 책에 쓰인 문구.

5. 신각(身覺)은 값을 매길 수 없는 보배다.

[주 : 신각(身覺)은 본 문답 가운데서 가장 핵심적인 알맹이가 들어있어 예삿일로 봐서는 안 되는 부분이니, 읽는 여러분께서는 꼼꼼하고 찬찬히 파고들어 연구하여 그 도리를 깨닫기 바랍니다.]

〈물음 1〉 무엇을 '신각(身覺)'이라고 부릅니까?

〈대답〉 '신각(身覺)'을 설명하자면 아주 길어지는데, 여러분이 어떻게 깨달아 알아내느냐에 따라 ① 신물각(身物覺) ② 신신각(身神覺) ③ 신성각(身性覺) 3가지로 나눌 수 있습니다.

첫 번째 깨달음은 물각(物覺)인데 일반 세상에 속하는 것들로 여기서 얻고자 하는 것은 사람 사는 세상에서 이름을 내는 것(功名)·이익·재산과 지위(富貴)·영화를 누리는 것들입니다.

두 번째 깨달음은 신각(神覺)인데, 하늘나라(天界)에 속하는 것들로, 바로 도교(道敎)에서 추구하는 선도(仙道)입니다. 경계가 비록 높다고는 하지만 아직 집착이 있는 것들입니다.

세 번째 깨달음은 성각(性覺)인데, 불교에서 수행자들이 응용하는 '신각(身覺)'입니다. 이것은 참선으로 도를 깨닫는 값을 매길 수 없는 보배로, 몸과 마음속에서 세차게 굽이쳐 흐르는 헛된 생각(妄念)의 물결을 다스리는 데는 신성각(身性覺)이 아니고선 제압할 수 없으며 큰 성과가 나타나지 않습니다. 헛된 생각(妄想)이 용솟음쳐 올라올 때 이 '신각(身覺)'을 내리 던져 놓으면, 단박에 연기가 없어지고 안개가 흩어지듯 끝없는 하늘이 맑게 개입니다.

선을 닦는 사람들이 가장 범하기 쉬운 잘못이 바로 이 '신성각 (身性覺)'을 쓸 줄 모르고, 우리의 몸은 4대(四大)[130]가 임시로 합쳐진 '냄새나는 가죽자루'이며, 나고 죽는데 아무런 역할도 할 수 없다고 보는 것입니다. 그들은 이 신각(身覺)이 헛된 생각(妄想)을 없애는데 가장 신비한 효험이 있는 줄을 모르고 있는 것입니다.

〈물음 2〉 이 3가지 '각(覺)'의 내용을 간단히 설명해 주십시오.

〈대답〉 여러분 모두가 다 같이 인정하는 것처럼 사람은 만물 가운데 가장 으뜸이며, 그 사람의 몸도 만물 가운데 가장 으뜸가는 지각(覺)을 가지고 있습니다.

1) 무릇 지구상에 존재하는 물질의 소리를 듣거나 모습을 보고 깨닫는 것을 '신물각(身物覺)'이라고 합니다. 과학자들은 물질을 연구할 때 바로 이 '신물각'을 응용하여 전자·원자·핵에너지 같은 것을 발견하여 수 천 수 만 공장의 거대한 바퀴들이 끊임없이 돌아가면서 밤낮으로 생산을 해내며, 손을 펴도 다섯 손가락도 보이지 않는 어두운 밤을 대낮처럼 환하게 밝혀 주기도 합니다. 그러나 해로운 점은 히로시마와 나가사끼에 원자탄을 떨어뜨려 하루 아침에 수십만의 산목숨을 잠깐 사이에 모두 잿더미로 만들어 버린 것을 들 수 있습니다.

---

130) 4대(四大, 4 mahā-bhūta) : 물질계를 이루는 4가지 원소. 흙(地 pṛthivī-dhātu), 물(水 ap-dhātu), 불(火 tejas-dhātu), 바람(風 vāyu-dhātu)을 말한다.

2) '신신각(身神覺)'은 도가(道家)의 금욕을 통해 정(精)을 단련하여 기(氣)로 변하게 하고(練精化氣), 기를 단련하여 충족되면 음식이 생각나지 않는 신이 되고(練氣化神), 신(神)을 단련하여 허공에 들어가 자유자재 되면 완전히 무위로 돌아간다(練神還虛)는 것을 말하는데, 심령에 집착하는 바가 있기 때문에 오로지 하늘나라인 28개 하늘(天)[131] 안에서만 활동할 수 있을 뿐 3가지 세계를 벗어날 수 없습니다. 그렇기 때문에 다시 아집(我執)[132]과 법집(法執)[133]을 없애는 '공(空)'을 닦아야지 비로소 3계를 벗어날 수 있습니다.

신각(神覺)이란 바로 신의 세계이기 때문에 맨눈(肉眼)으로는 볼 수가 없는 것으로, 바람이나 전기 같은 것도 신질(神質)에 속한다고 할 수 있습니다. 바람은 큰 나무나 집도 밀어 넘어뜨릴 수 있지만 우리는 바람의 형체를 볼 수 없으며, 전기도 역시 마찬가지입니다. 어떤 사람들은 그렇게 큰 쑤메루산(須彌山)[134]·네 큰 임금 하늘나라(四王天)[135]·

---

131) 28천(天) : 하늘나라(天界)를 3가지 세계인 욕망 있는 세계(欲界)·욕망은 벗어났으나 모습이 있는 세계(色界)·욕망과 모습을 모두 벗어난 세계(無色界)로 나누고, 다시 욕망 있는 세계는 6개의 하늘이 있고, 모습 있는 세계에는 18개의 하늘이 있고, 모습이 없는 세계에는 4개의 하늘이 있어, 모두 합치면 28개의 하늘이 되어 28천이라고 한다.

132) 아집(我執) : 자기 몸과 마음 가운데 사물을 맡아 처리하는 영원히 사라지지 않는(常住不滅)의 실체가 있다고 믿는 집착.

133) 법집(法執) : 객관적 사물의 현상을 실재 존재한다고 잘못 알고 집착하는 것.

134) 쑤메루(sumeru, 須彌山) : 고대 인도의 세계관에서 하나의 세계 중앙에 있는 산을 말한다. 이 쑤메루산(須彌山)을 중심으로 하여 7개의 산과 8개의 바다가 있고 또 그것을 큰 바다(대함해, 大醎海)와 큰 산(철위산, 鐵圍山)이 둘러쌓고 있다고 보았다.

135) 네 큰 임금 하늘나라(Caturmahārāja-deva, 四王天) : 6가지 욕망 있는 하늘나라(欲界) 가운데 첫 하늘나라를 말하는 것으로 네 큰 하늘임금(四天王)이라고도 한다. 동쪽의 지국천왕(Dhṛtarāṣṭra, 持國天王)은 현상성(賢上城)에 머무르며 나라 땅을 보살펴 돌보고, 남쪽의 증장천왕(Virūḍhaka, 增長天王)은 선견성(善見城)에

서른셋 하늘나라(忉利天)[136] 같은 것을 왜 우리 지구에서는 볼 수
가 없는가 묻습니다만, 그것들은 모두 신질(神質)에 속하기 때문입
니다.

3) '신성각(身性覺)'은 사람이 본디부터 갖고 있는 본바탕(性質)
을 깨닫게 하는 신각(身覺)으로, 3계를 벗어나 온 허공과 법계에
두루 미치고, 불국토를 마음대로 노닐 수 있습니다. 그러므로 신각
(身覺)은 우선 몸부터 닦기 시작해야 됩니다. 몸을 떠나 달리 복을
구하는 것은 인간세상의 나고 죽는 법(生滅法)[137]이므로 복을 구해
봤자 쓸모가 없기 때문에 몸 안으로부터 닦아 들어가 자신의 마음
속에 있는 불성을 찾아내야 합니다.

머무르며 중생들이 선근을 더 많이 쌓도록 돌보고, 서쪽의 광목천왕(Virūpākṣa,
廣目天王)은 주라선경성(周羅善見城)에 머무르면서 늘 하늘눈으로 인간세상을 내
려다보며 보살피고, 북쪽의 다문천왕(Dhanada 또는 Vaiśravaṇa, 多聞天王)은
가외(可畏)·천경(天敬)·중귀(衆歸) 같은 세 성에 머무르면서 사방의 소리를 들어
복덕을 주는 일을 맡는다. 네 하늘임금과 그 하늘나라사람들은 500살을 사는데,
그곳 하루가 인간의 50년과 맞먹어 환산하면 900만년이 된다.

136) 서른셋 하늘나라(Trāyastriṃśa, Ⓟ Tāvatṃśa, 忉利天) : 6가지 욕망 있는
하늘나라 가운데 둘째 하늘이며, 흔히 옥황상제라 부르는 사크라(Śakra-devānām
indra, 帝釋天)라는 임금이 네 큰 하늘임금(4天王)과 32개의 하늘을 다스리며 불
법과 불법에 귀의하는 사람들을 보살핀다고 한다. 쑤메르산(수미산) 꼭대기에 있
으며, 가운데 선견성(善見城)이 있고 4방향에 8개씩 성이 있어 모두 32성인데 선
견성까지 합하여 33개의 하늘나라가 되므로 서른셋 하늘나라(三十三天)라고 부
른다. 서른셋(33)을 산크스크리트로 프라야스-프림사(Trāyas-triṃśa)라고 하는
데 한문으로 발음대로 옮기면서 다라야도리(多羅夜忉利)라고 했다. 그런데 이 단
어가 너무 길기 때문에 줄여서 쓰기를 좋아하는 옛사람들이 마지막 2글자인 도리
(忉利)만 떼어서 도리천(忉利天)이라고 했다. 그렇기 때문에 우리가 흔히 쓰는 도
리천(忉利天)은 아무런 뜻도 없고, 산스크리트 원문에서 한 음절만 딴 것이라 본
디 산스크리트를 알기도 어렵다. 그래서 뜻에 따라 서른셋 하늘나라라고 옮겨야
하지만 여기서는 관용어를 그대로 쓴다. 이 하늘나라 사람들은 1,000살을 사는
데, 그곳 하루가 인간세계의 100년과 맞먹는다고 하는데, 환산하면 3천6백만 년
이다. 누워서 서로 몸을 가까이만 해도 기를 통해서 음양관계가 이루어지며, 처음
아이가 때어나면 인간세계의 6살 아이만 하다고 한다. 붇다가 일찍이 이곳에 태
어난 어머니 마야부인을 위해 3달간 가르침을 주신 곳으로 유명하다.

137) 나고 죽는 법(生滅法) : 윤회가 끊어지지 않고 계속 바뀌는 법.

거룩한 이름인 '나모아미따불'은 염불을 통해 (얻은) 한 생각(一念)으로 만 가지 생각(萬念)을 다스려, 먼저 자기 심령에 간직된 모든 질병을 없애고 참되고 영원한 심령을 얻은 뒤, 오래 닦으면 저절로 법신이 나타납니다. 그래서 곧바로 '나모아미따불' 염불마저 사라지면(無念), 심령이 무념에 이르게 되고 바로 해탈하게 됩니다. 이렇게 되면 여러분의 법신은 동서남북 어디서나 자유자재로 노닐 수 있게 됩니다. 그러나 심령에 한 생각이라도 남아 있으면 한 생각(一念)이 존재하기 때문에 아직은 거침없이 자유로울 수 없습니다. 그리고 염불하여 한마음으로 흩어지지 않는(一心不亂) 경지에 들어간다고 하더라도 여전히 염불한다는 한 생각(一念)이 남아 있기 때문에, 마지막 목숨이 다할 때 아미따불의 인도를 받아서 서녘 극락세계 9품 연꽃에 가 태어나 다시 닦아야지 비로소 연꽃이 피어나면서 붇다를 뵐 수 있습니다.

6. 목표를 바로 세워야 도를 이룰 수 있다.

수행할 때 먼저 명확한 목표를 바로 세워, 그 목표를 향해 앞으로 나아가야지만 비로소 성공할 수 있습니다. 그렇지 않으면 넓고 깊은 불법(佛法)의 바다에서 여러분은 어디로 가고 무엇을 따르겠습니까?

수행이란 마음을 닦는(修心) 것이기 때문에 수행자가 가장 두려워해야 할 것은 공부가 마음 밖으로 벗어나 무턱대고 닦고 멋대로 수행하다가 한 평생을 헛되이 보내는 것입니다. 대승불법에서 내놓은 수많은 법문들이 참되지 않는 것은 없지만 어떻게 수행해야 하는 지가 명확하지 않습니다. 그러나 덮어놓고 자기 업장이 깊고 무거워 이승에서는 불도를 이룰 수 없다며 한탄만 하고 있는 견해는 바르지도 확실하지도 않는 것입니다.

먼저 지난날의 몇 가지 수행법을 소개하겠습니다.

1) 생각을 쓸어 없애는 법(掃念法 : 알아차리는 법)

심령을 닦을 때 "때때로 부지런히 털고 닦아내(時時勤拂拭) 티끌이 달라붙지 못하게 해야 한다(勿使惹塵埃)"[138]고 했는데, 어떻게 털고 닦아내라는 것인가? 이는 곧 때때로 회광반조(廻光返照)[139]

---

138) 『육조대사 법보단경(六祖大師法寶壇經)』 권 1, 신수(神秀) 상좌(上座)의 "몸은 보디나무(身是菩提樹) , 마음은 거울 받침 같으니(心如明鏡臺) , 때때로 부지런히 닦아(時時勤拂拭) , 먼지가 끼지 않게 할 지어다(勿使惹塵埃)." 라는 시구(偈)에서 나온 것이다.

139) 회광반조(廻光返照) : 선종에서 쓰는 말로, 문득 머리를 돌려 바로 '자기 마음의 성품을 비추어보는 것'을 가리킨다. 임제록(鎭州臨濟慧照禪師語錄)에 '네가 말이

하여, 생각이 일어나는 것을 두려워 할 것이 아니라 알아차리는 것이 늦은 것을 두려워해야 한다는 것입니다. 생각이 일어나자마자 그것을 바로 알아차리면 그 순간 사라지기 때문입니다.

2) 내버려 두는 법(任由法)

헛된 생각이 일어나면(妄想) 맞이하지도 배웅도 하지 않는 것입니다. 마치 여관 주인처럼 한쪽에 앉아, 장 씨가 오든, 이 씨가 오든, 오면 오고 가면 가도록 내버려 두고 상관하지 않는 것으로, "청산은 늘 움직이지 않는데 흰 구름만 홀로 오가누나(靑山永不動 白雲自往來)" 하는 것이 바로 이런 것입니다.

우리 인간들의 마음은 견분(見分)과 상분(相分)[140] 2가지로 나눌 수 있으며, 위에서 설명한 2가지 방법은 주로 견분을 이용한 것인데, 반드시 상분의 활동에도 주의를 기울여야 합니다.

떨어지자마자 바로 회광반조(回光返照)하고 달리 구하지 않으면 몸과 마음이 조사나 붇다와 다르지 않다는 것을 알 것이다(儞言下便自回光返照, 更不別求, 知身心與祖佛不別)'라고 했다. 일반적으로 '태양이 지기 직전에 잠시 빛나다', '죽을 무렵에 잠깐 정신이 맑아지다'라는 뜻으로도 쓰인다.

140) 견분(見分)과 상분(相分) : 우리 인식을 구성하는 식(識)의 작용을 말하는 것으로, 상분(相分)은 눈·코·귀·혀·몸·생각이 사물을 인식할 때 인식하는 상대(相對), 곧 저쪽 편을 말하고, 견분(見分)은 그 대상(相分)을 인식하는 이쪽 편의 작용을 말한다. 상분이나 견분이나 모두 8식(알라야식, 阿賴耶識)에서 나온 것으로, 상분은 사람의 몸과 마음(6식과 전5식)을 만드는 씨(種子)와 태어날 곳을 만드는 씨를 통틀어 말하는 것이고, 그 대상을 생각하여 헤아리는 작용을 하는 견분은 7식(마나스식, 末那識)이 도맡아서 한다.

3) 미리 차지해 버리는 법(占領法)

이 방법은 (어떤 것으로) 심령을 미리 차지해 빈틈을 없애버려 헛된 생각(妄想)이 그 문으로 들어 올 수 없도록 마음을 한곳에 집중시키는 것인데, 다음과 같은 몇 가지로 나눌 수 있습니다.

① 관상법(觀想法) : 눈을 감고 자기가 좋아하는 사물의 모습(想)을 관(觀, 마음으로 바라보다)하므로 해서, 그 사물이 심령을 온통 독차지하여 헛된 생각(妄想)이 생기지 못 하도록 하는 것입니다.

② 화두참구법(參話頭法) : 화두를 하나 골라서 참구(參究)하는 법인데, 참구할수록 더욱 재미가 붙어서 심령에 끊임없이 화두가 이어지게 되면 헛된 생각도 일어날 틈이 없어지는 것입니다.

③ 염불법(念佛法) : 오로지 한 마디 '나모아미따불'만 염불하여 만 가지 법이 한 생각으로 모아지도록 다스리는 것입니다.

④ 신성각법(身性覺法) : 만 가지 생각을 한 가지 생각으로 돌아가게 다스려, 몸 안에서 일어나는 '환각과 착각'을 없애고, 마음을 자유자재하게 만드는 것이 바로 '신성각(身性覺)'입니다. 이것은 신각(身覺)으로 모든 헛된 생각(妄想)을 녹여 즉시 소멸되기 때문에 생각이 뒤따라 일어나지 못하고 참마음이 단박에 나타나는데, 이것을 "나고 죽음을 뛰어넘으면 고요한 열반이 나타난다(生滅已滅 寂滅現前)."고 하는 것입니다.

수행자 여러분들께서 ③번과 ④번 두 가지를 스스로 잘 이용하여 빨리 도를 이루시기 바랍니다.

7. 마음속에 헛된 생각 있으면 어떤 법문도 건지지 못한다.

'염불법'과 '신성각법'을 이용하려면 무엇보다도 먼저 신각(身覺)에 중점을 두어야 합니다. 여러분의 몸을 고요하게 하고 아미따불의 거룩한 이름을 새길 때, 여러분 몸 안을 자세히 살펴보면 이 한마디 붇다 이름이 바로 여러분 몸 안에서 저절로 울려 나오는 것을 발견할 수 있을 것입니다. 처음 시작될 때 여러분은 이상하게 생각할 수도 있습니다. 몸은 피와 살로 되어 있는데 어떻게 '이런 것'이 있을까? 하고 크게 의심이 가고 이해할 수가 없을 것입니다. 이러한 '신비한 현상'과 '존재'에 대해서 생각하면 생각할수록 더욱 이상하게 느껴지게 되는데, 이처럼 이상하다는 느낌을 선학(禪學)에서는 의정(疑情 : 의심)이라고 부릅니다.

수행을 계속 하면서 고요히 앉아 한마디 붇다 이름을 조용히 들으며 '의정(疑情)'에 잠기다 보면, 얼마 안 가서 점점 더 신비로운 경지에 들어가다가 맑고 시원한(淸凉) 경지에 들어가게 되면, 몸 안이 텅 빈 듯 한 상태가 되면서 '모든 것을 뛰어 넘은 진리(眞如)'가 나타나게 됩니다.

이 단계에서 때로는 염불을 하지 말고 눈을 감은 채, 우리 몸 안에 도대체 어떤 존재가 들어 있는지 살펴보십시오. 이치로 보면 몸 안은 움직이지 않고 가만히 있어야 하는데, 이때 내면에 혼잣말로 중얼거리는 놈이 있고, 말을 하거나 웃는 놈도 있습니다. 몸이란 물질로 되어 있는데, '이런 놈'들이 들어 있다는 것은 너무 이상할 정도가 아니라 신비감과 흥미감이 넘치는 일이 아니겠습니까!

여러분이 이처럼 몸 안에서 저 혼잣말로 중얼거리는 놈이 소리도 없고 자취마저 없어질 때까지 계속 닦아, 곧바로 마음속에 아무 생각이 없을 때(無念)까지 가면, 바로 여러분의 법신(法身)이 나타나게 됩니다. 만약 여러분이 다니거나, 머물거나, 앉거나, 눕거나 계속 이 '심령이 무념이 된(心靈無念)' 상태를 이어나가면, 여러분은 틀림없이 빠른 해탈을 이룰 수 있습니다.

불교에서는 어떤 법문이든지 마지막 목적은 바로 수행자들이 '심령이 무념이 된 상태(心靈無念)'를 이루는데 있습니다. 여러분이 그렇게만 되면, 시방의 불국토를 여러분 마음먹은 대로 노닐 수 있고 자유자재로 돌아다닐 수 있을 것입니다. 거꾸로 만일 마음속에 헛된 생각(妄念)이 남아 있으면 어떤 법문도 여러분을 건질 수 없습니다. 오로지 심령이 무념(無念)하게 해야 하고, 그러기 위해서는 염불과 좌선을 함께 닦는 정토선(淨土禪) 한 가지 길밖에 없습니다.

수행자의 심령은 '참된 나'요 몸은 '거짓된 나'입니다. 심령에 병이 없게 하려면 무념을 이루어야 합니다. 혹시 심령이 무념해지면 바보나 멍청이가 되지 않을까 의심을 품는 사람도 있을 것입니다. 하지만 심령에 헛된 생각(망념)이 있으면 '참된 도(眞常)'를 잃어버리고 온갖 근심 · 슬픔 · 괴로움이 생겨난다는 것을 알아야 합니다. 심령이 무념하여 '참된 도'를 되찾은 수행자는 바로 '복과 지혜를 함께 갖추어(福慧雙全)' 공덕이 헤아릴 수 없을 정도입니다.

불경 가운데 "붇다의 말씀 따라 태어나고(從佛口生) 가르침 따라 태어난다(從教化生)"[141]는 말이 있듯이, 법신대사(法身大士)[142]는 하늘에서 갑자기 내려오는 것이 아니라, 정확한 불법을 듣고 마음속으로 깊이 들어가, 마음속에서 뒤집혀 미친 듯이 날뛰는 번뇌와 헛된 생각(妄想)을 멈추게 하고 마침내 법신을 깨달아 얻은 것입니다.

세상에 '날 때부터 미륵이거나 저절로 석가(釋迦)가 된 사람'[143]은 없습니다. 그 분들도 이전에 보통사람들과 똑 같이 보디마음을 내어 수행하고 차례대로 조금씩 나아가, 끝내 헛된 생각(妄念)과 헛된 모습(妄想)을 완전히 멈추게 하고 법신을 깨달아 불도를 이루게 된 것입니다.

많은 수행자들이 처음 도(道)에 들어섰을 때는 환희에 가득 차 무섭게 닦아 나가다가 몇 년 지나면 도를 굳게 믿는 마음이 차츰 시들어 가는데, 그 원인이 무엇일까요? 그 원인은 그들의 공부가 모두 마음 밖으로 떨어져 나가 버리거나(마음 밖에서 법을 구함) 수행 중 마음이 흩어져 수행을 통해 실질적인 이익을 얻을 수 없었

---

141) 『잡아함경(雜阿含經)』권 18, 「제자소설송(弟子所說誦)」제4품, 501·502, "만약 바로 말하면, 붇다 제자는 붇다 말씀 따라 태어나고(從佛口生), 가르침 따라 태어난다(從法化生). 붇다의 가르침을 얻은 것이 곧 내 몸이기 때문에 나는 붇다 제자이고 붇다 말씀 따라 태어나고(從佛口生), 가르침 따라 태어났으며(從法化生), 붇다의 가르침을 얻어 작은 방편으로 선(禪)·해탈(解脫)·삼매(三昧)·선정(正受)을 얻는다."

142) 법신대사(法身大士) : 법신보살이라고도 하며, 한쪽 무명을 다 끊어서 그 한쪽의 법성을 나타내는 보살로 초지(初地) 이상의 보살을 말한다.

143) 당(唐)나라 때 배휴(裴休)가 편집한 『황벽단제선사완릉록(黃檗斷際禪師宛陵錄)』권 1에 나온 말로, 그 뒤 선가(禪家)에서 자주 쓰이는 말.

기 때문입니다.

수행자들이 가장 두려워해야 할 것은 수행의 중점이 어디에 있는지 제대로 파악하지 못하고 원리원칙에서 벗어나 마치 장님이 눈 먼 말을 타고 어지럽게 이리저리 부딪치는 꼴이 되는 것입니다. 이런 것은 수행에 성공할 수 없을 뿐만 아니라 위험성이 굉장히 큰 것입니다. 그러므로 반드시 원칙을 잘 파악해서 먼저 여러분의 심령을 무념(無念)이 되도록 닦아야 합니다.

달마조사가 펴신 선종(禪宗)은 곧 바로 사람의 마음을 가리켜(直指人心), 그 마음을 밝혀 자성을 깨닫게 하고(明心見性), 자성을 깨달아 붇다가 되게(見性成佛) 가르치는 것인데, 이것은 불법의 최고 원칙으로서, 가장 바르고 올바른 방법이라고 할 수 있습니다. 선종이 우리에게 가르쳐 주는 것은 우선 스스로의 마음을 찾아내고, 그 다음 그 마음자리에서 공부를 하라는 것입니다. 그래서 육조도 "스스로의 마음을 모르면(不識自心) 불법을 배워도 얻을 것이 없다(學佛無益)"[144]고 하셨습니다. 왜냐하면 불법의 팔만사천법문은 한마디로 말해서, 모두가 사람들에게 어떻게 '마음을 다스리는가?'를 가르쳐서, 자신의 심령에 든 질병을 잘 치료하는 데 있기 때문입니다. 그러므로 수행에 있어서 가장 기본적인 조건은 먼저 자기의 심령이 어디에 있는가를 알아내는데 있습니다. 나아가 마음이 무념이 되도록 닦으면 비로소 성인의 문에 들어가는 것입니다. 따

---

144)『육조대사 법보단경』「행유품(行由品)」, "본마음을 모르고(不識本心) , 법을 배워봐야 얻을 것이 없다(學法無益), 만일 스스로 본마음을 알고 스스로의 본성을 보면, 곧 장부(丈夫)고 하늘과 사람의 스승(天人師)이고 붇다라 한다."

라서 달마조사가 펴신 선종은 정법안장(正法眼藏)[145]이고, 선종은 3장[146]12부[147](三藏 十二部)의 안목(眼目)입니다.

8. 내 마음(自心)은 어디에 있는가?

아마 여러분들께서는 틀림없이 "어디 가서 '내 마음'을 찾습니까?" 라고 물을 것입니다. 이른바 '내 마음이 붇다(自心是佛)'[148] 라고 할 때의 '내 마음'이란 바로 영원하고 참된 도의 마음으로, 되찾으려 한다면 사실은 아주 간단합니다. 오로지 우리의 몸 안에 있으면서 항상 어지럽게 날뛰는 귀찮은 놈들(너저분한 생각·헛된 생각)을 알맞은 수단을 써서 없애는 것입니다. 그러면 여러분 '스

---

145) 정법안장(正法眼藏) : 사까무니 붇다가 그의 비밀하고 깊은 깨달음을 마음에서 마음으로 전하는(以心傳心) 묘법. 지혜의 눈(正法眼)으로 깨달은 비밀의 법(藏)이란 뜻으로, 사까무니 붇다가 영산회상에서 마하가섭에게 맡긴 뒤 달마까지 이어지다가, 달마가 중국으로 건너와 계속 스승으로 부터 제자에게 전해졌다.

146) 3장(三藏) : 경장(經), 율장(律), 논장(論)의 세 가지로 크게 나눈 붇다의 가르침

147) 12부(十二部) : 경(經), 중송(重頌), 수기(授記), 고기송(孤起頌), 무문자설(無問自說), 인연(因緣), 비유(譬喩), 여시어(如是語)·본사(本事), 본생(本生), 방등(方等)·방광(方廣), 미증유(未曾有), 논의(論議) 같은 12가지로 구분하는 모든 경전.

148) 당(唐) 수바까라씽하(Śubhakara-siṃha, 善無畏,637~735) 옮김, 『존승불정진언수유가궤의(尊勝佛頂真言修瑜伽軌儀)』(하권), 「존승진언증유실지품(尊勝真言證瑜伽悉地品)」(9) : 한마음 밖에 또 다른 것이 없으니 '내 마음이 바로 붇다'다. 스스로의 마음이 바로 보디(菩提)라는 것을 있는 그대로 알기 때문에 오로지 위없는 깨달음만을 구할 줄 알고, 깨달을 때는 스스로 안다(一心之外更無餘物 自心是佛. 如實知自心即是菩提 故但知求無上菩提 得成之日自知.); 당(唐) 이통현(李通玄) 지음, 『신화엄경론(新華嚴經論)』(24) : 또 이미 새김(隨念)을 통해서 여러 붇다를 본 사람은 스스로의 마음이 진리를 받아들인 것은 붇다이기 때문에 새기는 것은 모두 붇다의 경계이지 다른 것이 아니다. 내 마음을 밝히는 것이 붇다이고 모든 새기는 것이 붇다이며 나머지는 무늬처럼 스스로 갖추어진다. 이것이 5번째 다 갖추어진 방편(具足方便)에 머무는 것이다(又已下隨念而見諸佛者 以自心應真是佛故 所念皆是佛境界更無餘也. 明自心是佛諸念總佛 餘如文自具 此是第五具足方便住.). 위의 두 문헌에서 '내 마음이 붇다(自心是佛)'란 말이 처음 쓰이기 시작하여, 그 뒤 선가에서 일반화 되었다.

스로의 마음', 곧 미묘하게 밝고 본디 깨달아 있던 참마음이 바로
나타나게 될 것입니다.

세존께서도 도를 이루실 때 이렇게 감탄했습니다.

"이상하다! 이상하다! 온 땅의 중생들이 모두 여래의 지혜와 복
덕을 갖추고 있는데 오로지 헛된 생각(妄想)에 얽매어 깨달음을 얻
지 못하는 구나! 만약 헛된 생각(妄想)만 없애버린다면 복이 저절
로 굴러오고, 스승 없이도 지혜를 깨달아 온갖 큰 능력을 마음대로
드러낼 수 있을 텐데!"[149]

세존의 이 몇 마디 말씀은 수행을 할 때 가장 먼저 해야 할 일이
'헛된 생각(妄想)을 없애버리는 것'이라는 것을 우리들에게 아주
명확하게 일러준 것입니다. 이처럼 목표와 가는 방향을 분명하게
가지고 정확한 나침반이 있어야만 비로소 잘못된 방향으로 가지
않고 닦는 데만 온 힘을 다해 정진할 수 있어 불법의 진정하고 큰
이익을 얻을 수 있습니다.

---

149) 당, 식샤난다(Śikṣānanda, 652~710, 實叉難陀) 옮김, 『대방광불화엄경(大方廣
佛華嚴經)』 권 51, 「여래출현품(如來出現品)」 37-2. "이때 여래께서 막힘이 없고
맑고 깨끗한 지혜의 눈으로 법계 모든 중생을 두루 보시고 말씀하셨다. '이상하
다! 이상하다! 이 모든 중생들이 여래의 지혜를 갖추고 있는데, 왜 어리석고 미욱
하고(愚癡) 미혹(迷惑)에 흘려 알지 못하고 보지 못하는 것인가? 내가 마땅히 성인
의 길(聖道)을 가르쳐 영원히 헛된 생각(妄想)과 집착(執著)을 떠나도록 하면, 스스
로 몸 안에서 여래를 보아(自於身中得見如來) 크고 넓은 지혜가 붇다와 다르지 않
을 것이다.' 라고 하셨는데, 곧 중생들에게 성인의 길을 닦고 익히도록 해 헛된 생
각(妄想)을 떠나게 한다는 것으로, 헛된 생각을 떠나면 여래의 그지없는 지혜를
깨달아 얻게 되므로 모든 중생을 이롭게 하고 편안하고 즐겁게 한다는 것이다."
한편 당나라의 식샤난다보다 더 일찍 동진(東晉) 때 화엄경을 옮긴 붇다바드라
(Buddhabhadra, 359~429, 佛馱跋陀羅, 覺賢)의 해석은 약간 다른 맛을 준다 :
"이상하다! 이상하다! 왜 여래를 다 갖추고(如來具足) 지혜가 몸속에 있는데(智慧
在於身中) 모르고 보지 못하지(不知見)?"

9. 헛된 생각(妄想)이
참마음(眞心)을 가리지 못하게 하라.

헛된 생각(妄想)이라는 것이 중생들의 심령을 얽어매고 있어 사리에 어두운 마음(惑)을 일으키고 업을 만들어 태어날 때마다 고통의 바다 속에서 윤회하게 만듭니다. 헛된 생각(妄想)이란 참마음(眞心)의 길을 잃어버리게 하는 것입니다. 사람의 심령에 조금이라도 헛된 생각(妄想)이 있으면 바로 괴로움과 번뇌에 얽매이게 되지만, 반대로 심령이 무념(無念)하면 바로 해탈하게 하는 오묘한 약입니다. 하지만 사실 이 두 가지는 하나이면서 둘이고 둘이면서 하나인 존재이고, 마치 물과 파도처럼 근본이 같은 존재이기 때문에 나눌 수가 없는 것입니다. 이른바 "색이 공이고(色卽是空), 공이 색이다(空卽是色)"라는 도리가 바로 이것입니다. 그렇기 때문에 헛된 생각을 없애려면 반드시 이 '마음'부터 닦아나가야 합니다.

흘러나가는 것(出流)과 흘러들어오는 것(入流)은 마음이 나누어지는 자리가 됩니다.

마음 밖에서 수행하는 것(마음 밖에서 법을 구하는 것)을 '흘러나가는 것(出流)'이라고 합니다. 붓다 도가 아닌 다른 도(外道)에서는 마음 밖에서 법을 구하기 때문에, 콧구멍(鼻孔), 단전(丹田), 임맥·독맥이라는 2가지 맥(任督二脈)[150], 6가지 신묘한 문(六妙門)이라는 수식(數息)·수식(隨息)·지(止)·관(觀)·환(還)·정(淨)[151]

---

150) 임독이맥(任督二脈) : 한의학과 기공에서 이야기하는 기경팔맥(奇經八脈) 가운데 배와 등의 중앙을 흐르는 임맥(任脈)과 독맥(督脈) 2가지 맥을 말한다. 2가지 맥을 통해 상·중·하단전(丹田)의 기(氣)가 서로 통하여 흐르게 된다.

151) 6가지 신묘한 문(六妙門) : 천태종에서 열반에 이르는 문이라고 해서 세운 6가지 문. ① 숨을 1~10까지 헤아려 마음을 굳게 지키므로 해서 선정에 들어가는 수식

같은 모든 공부가 비록 허파(肺腑)까지 깊이 들어가도록 닦았다 하더라도, 그 닦은 보람(功能)이 마음까지 이르지 않아 결국 흘러나가는 것(出流)이라는 기존 틀에서 벗어나지 못하고, 여전히 그 테두리 안에서 맴돌 수밖에 없습니다.

마음 안에서 닦는 것(마음 안에서 법을 구하는 것)은 '흘러들어 오는 것(入流)'이라고 부르는데, 헛된 생각(妄想)을 알아 볼 수 있어 쉽게 맞이하여 다스릴 수 있습니다.

아주 많은 종파에서 헛된 생각(妄想)을 없애는데 관상(觀想)법을 쓰고 있습니다. 밀종(密宗)·유식종(唯識宗)·천태종(天台宗)·정토종(淨土宗)의 수행자들이 많이 쓰고 있는데, 수행인들에게 그들이 좋아하는 모습(想)을 관(觀 : 마음으로 보다)하라고 가르치는 것으로, 경전에서 말하는 "마음을 한 곳으로 모으면 못해 낼 일이 없다(制心一處 無事不辦)"[152]고 한 것과 같습니다. 그러나 말법시대

문(數息門) ② 숨을 헤아리지 않고 그대로 따라 저절로 선정에 이르게 하는 수식문(隨息門) ③ 흐트러진 마음을 붙잡아 선정이 저절로 일어나게 하는 지문(止門) ④ 5가지 기본요소가 본디 없다는 것을 끝까지 살펴보아(觀) 여러 가지 뒤집힌 견해를 깨는 관문(觀門) ⑤ 마음을 거두어 되비치면 스스로 본 마음이 실상이 아니라는 것을 알아 아집(我執)이 저절로 없어지고 무루(無漏)의 방편지혜가 저절로 밝아지는 환문(還門) ⑥ 마음이 집착하는 바가 없이 완전히 맑아지면 의혹이 끊기고 진여를 깨달아 얻는 정문(淨門)을 말한다. 앞의 3가지 문은 정(定)에 속하고 뒤의 3가지 문은 혜(慧)에 속해, 이 수행을 통해 참되고 바른 깨달음을 얻을 수 있다는 것이다.

152) 천태지자(天台智者), 『묘법연화경현의(妙法蓮華經玄義)』 권 1-상, "대경(大經 : 화엄경, 열반경, 무량수경, 대일경 같은 근본 경전)에 이르기를, 무릇 마음이 있는 것은 모두 마땅히 쌈보디(sambodhi, 三菩提, 正等覺)를 얻을 수 있으니 이것이 알짬(宗, 體)이다. 유교경(遺教)에 이르길, 마음을 한 곳으로 모으면 못해 낼 일이 없다(制心一處 無事不辦)고 했는데, (이때) 마음은 부리어 쓰는(用) 것이다." 수(隋)나라 때 천태지자 지욱(智旭, 1956~1655)의 『묘법연화경현의(妙法蓮華經玄義)』에서 처음 논한 이 '마음을 한 곳으로 모으면 못해 낼 일이 없다(制心一處 無事不辦)'

의 중생들은 대부분 근기가 낮아 관(觀)할 때 만들어 낸 바로 그 상(相)이 가로막고 있기 때문에 참마음을 볼 수가 없습니다.

대승불교에서 마음을 닦는데 생각을 쓸어 없애는 법(掃念法)이 있습니다. 헛된 생각(妄念)이 계속해서 일어나면 마음이 지혜를 잃어버리게 되고, 또 근심·슬픔·괴로움을 만들어 내기 때문에 옛적 큰 스님들이 "때때로 부지런히 털어내 티끌이 달라붙지 않도록 하라(時時勤拂拭 勿使惹塵埃)"고 주장하셨는데, 그러나 여기도 문제가 있습니다. 6가지 감각기관(六根)이란 문(門)을 통해서 대량으로 쏟아져 들어오는 '티끌'이 온갖 뒤집힌 헛된 생각(妄想)을 만들어 내서 털어내는 것보다 더 많이 들어오기 때문에 아무리 털어도 없어지지 않으니 어찌 하겠습니까?

나중에 좀 더 머리 좋은 사람이 '내버려 두는 법(任由法)'을 새로 만들어 냈습니다. 헛된 생각(妄想)이 나타나면 맞이하지도 않고 가도 배웅하지도 않으며, 자기는 처음부터 끝까지 한 쪽에 서서 마음 속 헛된 생각(妄念)들이 이따금 나타났다 훌쩍 지나가버리도록 내버려두는 것으로, "푸른 산은 늘 움직이지 않는데 흰 구름만 홀로 오가누나(靑山永不動 白雲自往來)." 라고 하는 것이 바로 이것입니

는 구절은 그 뒤 선가(禪家)에서 마음을 논할 때 흔히 쓰는 말이 되었다. 천태대사가 인용한 유교(遺教)란 유교경(遺教經), 곧 『불수반열반약설교계경(佛垂般涅槃略說教誡經)』을 말하는 것으로, 그 경 1권에 나오는 "이 5가지 뿌리(五根)란 마음이 그 주인이기 때문에 여러분은 마음을 잘 다루어야 한다. … 이 마음을 그대로 따르면 착한 일을 죽이기 때문에 (그 마음을) 한 곳으로 모으면(모아 다스리면) 못해 낼 일이 없다(縱此心者喪人善事 , 制之一處無事不辦)"는 구절을 8자 구절로 줄인 것이다.

다. 그러나 이 법은 오로지 공(空)이라는 것만 있지 참모습(眞如)[153] 의 본바탕(實性)을 닦아내지 못하고, 또한 한 쪽으로 치우친 '아무 것도 없는 것(空白)'이고 '참된 공(眞空)'[154]의 바탕체(理體)[155]가 아 닙니다.

　화두(話頭)를 참구(參究)하는 것은 선종(禪宗)에서 많이 쓰는 방 법으로 원칙적으로 아주 정확합니다. 만 가지 생각(萬念)을 한 생각 (一念)으로 바꾸어 놓는 것으로, 근기가 높은 사람은 그 한 점을 통 해 참마음 자리를 찾아 깨우칠 수 있습니다. 그러나 말법시대의 중 생들에게는, 보기를 들어, "(달마)조사가 서쪽에서 온 뜻이 무엇인 가?(什麼是祖師西來意)" 라는 한마디 화두를 참구한다고 해서 이것 이 바로 참마음이 아닙니다. 이 화두를 통해서 참마음을 끄집어내 려는 것입니다. 그리고 "염불하는 놈이 누구냐?(念佛者是誰)"[156]는 화두도 화두가 아니라, 여기서 화두를 참구해 내려는 것입니다. 그 러나 말법시대의 중생들은 연장(工具)을 일꾼(工人)으로 봐버리기 때문에, 어떤 놈이 나오는지 참구해 내기가 아주 어렵습니다.[157]

---

153) 참모습(眞如, tathātā) : 원문에 진여(眞如)라고 되어 있다. 진여란 산스크리트 따타따(tathātā)를 옮긴 것으로, '사물의 (있는 그대로의) 참모습(true state of things)', '참된 본바탕(true nature)'을 뜻한다.

154) 참된 공(眞空) : 참모습(眞如)의 본바탕이 중생의 미망(迷妄)이라는 소견으로 보는, 일체 상(相)을 여읜 자리이므로 참된 공이라 한다.

155) 이체(理體) : 우주에 있는 온갖 것의 본성(本性), 곧 본디 갖추고 있는 절대 변하지 않는 본바탕을 말한다.

156) 쉬윈(虛雲) 화상은 "송나라 이후 염불하는 사람이 많아지자, 여러 조사님들이 '염 불하는 놈이 누구냐?(念佛者是誰)'를 참구하도록 가르쳤습니다." 고 해, 송나라 (960~1279) 이후에 일반화된 화두라고 했다. (岑學呂 編『虛雲和尙法彙年譜集』,臺 北,財團法人中台山佛敎基金會, 1999. 239쪽).

157) 관징 스님 스승인 쉬윈(虛雲) 화상도 이 점을 강조하고 있다. "지금 각지에서 공부 하고 있는 것은 모두 이 한 법(염불하는 놈이 누구냐?)을 참구하는 것입니다. 그러 나 많은 사람이 아직도 이 공부법을 분명하게 이해하지 못하고 있습니다. 이 '염

"염불하는 놈이 누구냐?" 이것은 원래 아주 좋은 화두입니다. 그러나 '아미따불' 몇 마디 새기고 멈춘 다음 참구한다고 해서 '의정(疑情)'을 일으킬 수 없습니다. 그렇기 때문에 염불하면서 동시에 참구해야만 몸 안에서 '염불하는 놈'을 뚜렷하고 분명하게 봐낼 수 있습니다. 그런 다음 이 '염불하는 놈'이 누구인가? 곧 몸 안에 있는 '이 존재'를 다시 참구할 수 있어야지 비로소 하나의 성과를 거둘 수 있습니다.

불교에 관한 학문에서는 몸을 하나의 냄새나는 가죽 주머니·가죽자루, 고깃덩어리, 산송장 따위로 보면서 마치 아무 쓸모가 없는 것처럼 여기고 있으니, 마음을 닦는다는 것도 어차피 이 몸 안에서 찾아야 한다는 것을 어찌 알겠습니까? 한 번 생각해 봅시다.

① 물질로 이루어진 몸이 어떻게 염불을 할 수 있을까요?
  – 반드시 '염불할 수 있는 존재'가 따로 있는 것입니다.

불하는 놈이 누구냐?(念佛者是誰)'는 화두를 입으로 되뇌듯이 하면서 끊임없이 이것을 생각으로 지어갑니다. 결국 하나의 화두를 마음에 새기는 것(念話頭)이 되어버리는데, 이것은 화두를 참구하는 것이 아닙니다." "어떤 것이 화두인지, 어떻게 해야 화두를 든다고 할 수 있는지 모르고 한 평생 말이나 글귀(言句) 또는 이름이나 모습(名相)에 집착하여 말꼬리(話尾) 가지고 마음을 쓰면서 '붇다를 참구하는 사람이 누구인가?', '화두를 비춰 보아라'고 계속 하다 보니 말머리(話頭)와는 정반대로 어긋나버립니다." "어떤 이는 염불하면서 '염불은 누가 하지?(念佛是誰)'라는 4자를 입에 달고 다니지만, 그것은 아미따불을 염불하는 것보다 공덕이 더 작습니다. 또 어떤 이는 터무니없는 생각을 하면서 이리저리 찾고 궁리하는 것을 의정이라고 하기도 하지만 생각하면 할수록 헛된 생각이 더 많아진다는 것을 어찌 알겠습니까? 이는 위로 올라가려고 하면서 도로 밑으로 떨어지는 격이니, 올바로 알아두지 않으면 안 되는 것입니다." (이상 모두 淨慧法師 編, 『虛雲和尙開示錄』, 圓明出版社, 1994(初版), 1997(2版). 허운 화상 법어, 대성 스님 옮김, 『참선요지』, 여시아문, 2000을 참고하여 정리한 것임).

② 몸(물질)은 본디 움직이지 않고 가만히 있어야 합니다.

- 반드시 어떤 '움직이게 만드는 존재'가 있는 것입니다.

③ 몸이 어떻게 혼잣말로 중얼거리고, 말하고, 웃고 할 수 있을까요?

- 반드시 어떤 '말을 할 수 있는 존재'가 있는 것입니다.

이 세 가지 사실은 물질인 몸속에 진실로 '참마음(영혼)'이 존재한다는 것을 증명해 주는 것입니다. 그렇다면 이 '참마음'은 또 어디에 있을까요? 어떻게 그것을 찾아낼 수 있을까요?

여러분은 이 몸 안의 '염불 할 수 있는 존재'에 마음을 집중하시고, 한편으로 염불하고 한편으로 참구하면 속에서 바로 '의정(疑情)'이 생길 것입니다. 그리고 오래 가면 바로 이 '누구(법신)' 라는 존재가 드러날 것입니다.

의정은 헛된 생각(妄想)에 쓰이는 화학약품으로 썩어 가는 것을 신기한 것으로 변화시키고 번뇌를 지혜로 바꿀 수도 있습니다. 우리가 이 피와 살로 된 덩어리 안에서 갖가지 헛된 생각(妄想)이 일어나 혼잣말로 중얼거리는 것을 느끼면, 바로 이 '신각(身覺)'을 던져 넣어 반드시 의정을 만들어 내야 합니다. 왜냐하면 물질로 된 몸에는 헛된 생각(妄想)을 바로 보물(도를 깨닫게 만드는 보물)로 바꿔 만드는 '이런 존재'가 있을 수 없기 때문입니다.

심령이 끝없이 맑아져 지난 생각이 이어서 일어나지 않을 때, 이른바 '나고 죽음을 뛰어넘으면 고요한 열반이 나타난다.'는 경계가 되는 것입니다.

10. 마음속 무념을 이루면 '상락아정(常樂我淨)' 4가지 덕을 깨달을 수 있다.

중생의 심령은 본질이 맑고 밝고 원만하며 미묘한 존재입니다. 그런데 수행하지 않거나 제대로 하지 않아 헛된 생각(妄想)이 어지럽게 흩날려 통제력을 잃어버리고 정신이 밤낮 안팎 인연의 방해를 받기 때문에 업력의 지배를 받아서 항상 육도윤회를 벗어나지 못하고 끊임없이 나고 죽는 것입니다. 사꺄무니 붇다께서 특별히 우리에게 (벗어나는) 길을 일러주셨습니다.

"만일 헛된 생각(妄想)만 없애 버린다면 복이 저절로 굴러오고, 스승이 없어도 지혜를 깨달아 온갖 큰 능력을 뜻대로 부릴 수 있다."

그러므로 마음속이 무념해지면 바로 상(常)·락(樂)·아(我)·정(淨)이란 니르바나의 4가지 덕(涅槃四德)[158]을 깨달아 얻을 수 있습니다.

1) 상(常, 영원한 생명) : 헛된 생각(妄想)이 바로 업장과 생사를 일으키는 무명(無明)입니다. 그러나 수행을 통하여 힘을 얻게 되면, 마음속의 바른 생각(正念)이나 헛된 생각(妄念)이 모두 자취도 없이 사라지고, 참다운 도의 경계에 들어가 바로 생사와 관계를 끊

---

158) 범부(凡夫)의 상락아정(常樂我淨)을 벗어난 것을 말한다. 범부란 세지 않는 지혜(無漏智)가 생기는 4가지 자리, 곧 흐름에 든 분(預流果) 한 번 돌아오는 분(一來果) 돌아오지 않는 분(不還果) 아르한(阿羅漢)을 얻기 이전의 경계에 있는 모든 사람을 말한다. 이런 범부들은 ①자신과 세상의 참모습이 덧없다는 것(無常)이라는 것을 모르고 영원하다(常)고 생각하고 ②그렇기 때문에 괴로움(苦)이라고 생각하지 않고 즐겁다(樂)고 생각하고 ③'나'라는 실체가 없다(無我)는 것을 모르고 실체가 있다(我)고 생각하며 ④스스로가 깨끗하지 못하다(不淨)는 것을 모르고 맑고 깨끗하다(淨)고 생각하는 4가지 그릇된 견해(四顚倒)를 가지고 있다. 그러나 대승 열반과 여래 법신은 이에 대한 4가지 덕을 갖추게 되는데 이것이 열반사덕(涅槃四德)이다.

게 됩니다.[159]

2) 낙(樂, 참다운 즐거움) : 심령의 본질은 맑고(淸凉) 평안하고
즐거운 것(安樂)입니다. 그런데 심령에 헛된 생각(妄想)이 나타나
밤낮 그치지 않고 심령을 휘저어 어지럽게 하기 때문에 번뇌와 불
안이 생겨나게 됩니다. 그렇기 때문에 수행을 통해 심령 속의 헛된
생각(妄想)을 사라지게 하면, 맑고 평안하고 즐거운 마음 상태를
되찾게 되고 심령을 정상적인 본질로 되돌아가게 합니다.

3) 아(我, 참다운 나) : 심령에 헛된 생각(妄想)이 얽매어 있으면
지혜가 가려, 본디 가지고 있던 커다란 쓸모와 힘(大用大能)이 따
라서 없어지게 됩니다. 만약 우리들이 심령 안에 있는 모든 헛된
생각(妄想)을 없애버리고 정상을 회복하고, 분명하게 알아차려 오
래도록 깨어있으면, 몸과 마음이 해탈하여 바로 막힘이나 거침이
전혀 없는 큰 자유를 얻게 됩니다.

4) 정(淨, 맑고 깨끗함) : 심령에 헛된 생각(妄想)이 있으면, 바른
지혜와 바른 깨달음이 가려져 모든 것을 알고 모든 것을 할 수 있는
힘(全知全能)[160]이 조금 알고 조금만 할 수 있는 힘(小知小能)[161]으로
바뀌고, 거기에 더하여 심령에 수만 가지 하찮은 알음알이들까지
활동하게 되면 근심과 슬픔과 괴로움 같은 것들이 잇따라 만들어지

---

159) 니르바나의 경계인 깨달음은 영원히 변하지 않는 깨달음이기 때문에 영원(常)이
　　라고 한다.
160) 전지전능(全知全能) : 붇다와 같은 완벽한 앎과 무한한 능력
161) 소지소능(小知小能) : 중생의 안목으로 보는 알음알이와 한계가 있는 중생의 능력

게 됩니다. 만약 우리가 심령에 일어나는 온갖 생각(萬念)을 한 생각(一念)으로 돌아가게 만들고, 그 한 생각(一念)을 무념(無念)으로 만들게 되면, 보고 듣고 깨닫고 아는 것(見聞覺知)도 모두 따라서 바뀌게 되어, 법이란 법은 모두 다 참된 경지를 이루게 됩니다.[162]

11. 불법(佛法)에서 신통력은 참된 이익이 아니다.

수행을 하게 되면 어떤 이익을 얻게 될까요?

붇다의 가르침은 정통이 아닌 다른 도(道)와는 다릅니다. 수행을 한 결과 무슨 하늘과 땅의 신령을 보았다거나, 어떤 붇다를 만났다거나, 혼백이 하늘과 땅을 왔다 갔다 한다거나, 영감으로 좋고 나쁜 일 재난과 복을 점치는데 말만하면 귀신 같이 들어맞는다는 따위, 이런 것들은 단지 귀신의 조화를 이용한 얄팍한 재주에 불과하며, 붇다의 가르침에서 볼 때는 이런 것들은 모두 수행을 통해서 얻은 진정한 이익으로 칠 수가 없습니다. 붇다의 가르침이 주는 진정한 이익이란 중생들에게 어떻게 해야 심령 속의 번뇌를 줄여 심령을 편안하고 자유자재로 할 수 있고, 그 심령을 점차 더 깨끗하게 하고 무념에 이르도록 하여, 참된 도의 경지에 들어갈 수 있는지 가르쳐서 이끌어 주는 것입니다.

어떤 사람이 우리가 수행을 통해 심령이 무념(無念)에 이르면 하

---

162) 번뇌에 더럽게 물들지 않기 때문에 깨끗하다(淨)고 한다.

루 내내 텅 비어 아무것도 없는 상태가 된다는데, 그럼 공적인 업무를 처리할 때 다시 마음속에 삿된 생각이 일어나면 어떻게 해야 됩니까? 라고 물을 수 있습니다. 이런 상황에 대해서는 옛날 큰 스님 말씀을 한마디 인용해 보는 것이 좋겠습니다.

"성긴 대나무밭에 바람 불지만
바람만 가고 대나무엔 바람소리 남지 않고,
차가운 못에 기러기 지나가지만
기러기만 가고 연못엔 그림자 남지 않듯,
수행자는
할일 생기면 마음이 일어나고
일 끝나면 마음도 텅 비느니라."

한 사람에게는 2개의 몸이 있는데, 볼 수 있는 몸을 육신(肉身)이라고 부르고 볼 수 없는 몸을 법신(심령)이라 한다. 이 두 가지 몸이 모여 하나가 되기 때문에 사람들은 육신만 보고 법신(法身)은 보지 못하며, 봐도 보이지 않기 때문에 사람들은 법신의 존재를 의심하거나 부인하는 것입니다. 도를 통한 사람들은 모두 심령을 무념하게 하여 오래 가면 법신이 새가 갇힌 새장을 벗어난 것처럼 육신을 떠나 바깥을 다니거나 우주에서 자유자재로 노닐 수도 있습니다.
바야흐로 수많은 과학자들이 바로 하늘눈을 얻고(天眼通)[163] 하늘

---

163) 하늘눈(天眼通) : 여섯 가지 신통(六神通) 가운데 하나. 이 신통에 대해 붇다께서

귀를 얻는 것(天耳通)[164]을 연구하고 있는데, 법신이 육신을 떠나 홀로 존재할 수 있는지도 현재 과학자들이 연구해야 될 과제입니다.

왜 법신과 육신을 갈라놓을 수 없을까요? 이것은 일반 사람들이 깨닫지 못하는 것으로, 불교학에서는 '업력(業力)' 관계라 부릅니다. 바꾸어 말하면 만일 자신의 업력을 없앨 수만 있다면 바로 '법신의 자유'를 볼 수 있습니다.

업력이란 아득하여 결코 알 수 없는 존재가 아닙니다. 우리가 눈을 감으면 몸 안에서 갖가지 영상들이 나타나는 것을 볼 수 있지 않습니까? 산이나 물도 있고, 사람이나 물건도 있고, 세상의 온갖 사물의 현상들이 바뀌어가면서 쉬지 않고 그림으로 비추어 줍니다. 이처럼 몸 안에서 변하여 나타나는 광경들이 바로 업력이라는 것인데, 만약 그 업력들을 없앨 수만 있다면 마음은 바로 밝은 거

는 이렇게 말씀하셨다. "인간을 뛰어넘어 맑고 깨끗한 하늘눈으로 중생들을 관찰하여, 죽거나 다시 태어나거나, 귀하거나 천하거나, 아름답거나 추하거나, 행복하거나 불행하거나, 업보에 따라 나타나는 중생들에 관하여 '어떤 중생은 몸으로 나쁜 짓을 하고, 말로 나쁜 짓을 하고, 생각으로 나쁜 짓을 하고, 훌륭한 분을 헐뜯고, 잘못된 견해를 가지고 잘못된 견해에 따라 행동했다. 그래서 그들은 몸이 부서지고 죽은 뒤 괴로운 곳, 나쁜 곳, 슬프고 끔찍한 지옥에 태어난 것이다. 그러나 다른 중생들은 몸으로 좋은 일을 하고, 말로 좋은 일을 하고, 생각으로 좋은 일을 하고, 훌륭한 분들을 헐뜯지 않고, 올바른 견해를 지니고 올바른 견해에 따라 행동했다. 그래서 그들은 몸이 부서져 죽은 뒤 좋은 곳, 하늘나라에 태어난 것이다.' 라고 또렷하게 안다. 이와 같이 빅슈는 마음이 싸마디에 들어 맑고 깨끗해지고 뜻이 높고 거룩해지고, 더럽게 물들지 않아 티끌 없이 한가롭고 느긋하고 알맞게 변하는 힘이 뛰어나 흔들리지 않는 경지에 다다릅니다. 그리하여 중생들의 나고 죽음에 대한 앎으로 마음이 쏠려, 인간을 뛰어넘는 맑고 깨끗한 하늘눈으로 중생들을 살펴보아 죽거나 다시 태어나거나, 천하거나 귀하거나, 아름답거나 추하거나, 행복하거나 불행하거나, 업보에 따라 나타나는 중생들에 관하여 또렷하게 압니다." (전재성 역주, 『디가 니까야』 첫 품(2) 「수행자 삶의 결실에 대한 경」, 한국빠알리성전협회, 2011, 181쪽)

164) 하늘귀(天耳通) : 여섯 가지 신통(六神通) 가운데 하나. 이 신통에 대해 붇다께서는 이렇게 말씀하셨다. "인간을 뛰어넘는 맑고 깨끗한 하늘귀로 멀고 가까운 하늘사람들과 인간들의 2가지 소리를 듣습니다." (전재성 역주, 『디가 니까야』 첫 품(2) 「수행자 삶의 결실에 대한 경」, 한국빠알리성전협회, 2011, 178쪽)

울처럼 될 것입니다.

간단히 말해서 업력이란 바로 마음의 병인 것입니다. 그렇다면 마음의 병이란 또 무엇일까요? 한마디로 너저분한 생각(雜念)이 어지럽게 일어나는 것입니다. 우리가 눈을 감고 1분간만 몸 안을 집중해서 들여다보면 (마음의 병=업력이) 어디 있는지 발견하게 될 것입니다. 이 마음의 병은 늘 혼잣말로 중얼거리고, 쉬지 않고 재잘거리며, 헛된 생각(妄想)이 어지럽게 날아다니는 것이 마치 영원히 끝나지 않을 것 같을 것입니다.

이러한 마음의 병(업력)을 효과적으로 치료하고, 다시는 혼잣말로 중얼거리지 못하게 하여 생각과 너저분한 생각이 없도록 하는 것이 바로 선(禪)입니다. 선의 원리는 금강경에서 이야기하는 바와 같습니다.

"모습에 머물러 마음을 내거나, 소리·냄새·맛·느낌·생각에 머물러 마음을 내서는 안 되며, 마땅히 머무르는 바 없이 마음을 내야 하느니라."[165]

머무름이 없이 내는 마음(참마음)이 바로 심령이 무념한 것입니다.

현대 과학자들도 심령을 심전(心電)이라고 부르는데, 상당히 이치에 맞는다고 할 수 있습니다. 우리가 알아야 할 것은 전기를 음전기와 양전기로 구분하듯이 마음도 견분(見分)과 상분(相分)이라는 구분이 있다는 것입니다. 견분을 양전기라고 부르고 상분을 음

165) 『금강반야바라밀경(金剛般若波羅蜜經)』 권 1.

전기라고 부르며, 두 전기가 교류하면 바로 밝은 빛과 열을 낼 수 있습니다.

12. 집착이 너무 지나치면 마(魔)에 빠지기 쉽다.

옛날 큰 스님들이 "도가 한 자 높아지면 마라(魔羅)가 한 길(10 자)이나 높아진다."[166]고 하거나, "차라리 1,000일 동안 깨닫지 못할지라도 하루도 마라(魔羅)에 빠져서는 안 된다."고 하셨습니다. 여러 종교마다 마라(魔羅)에 대한 설명이 생각보다 크게 달라, 천주교와 기독교에서는 영세(옮긴이 주 : 천주교는 영세, 기독교는 세례라고 한다)를 받은 신자가 마음이 변하면, 곧 마귀가 그 사람의 심령 속에 들어갔다고 합니다. 불교와 도교에서는 미친 것처럼 날뛰는 수행자를 통틀어 마라(魔羅)에 빠졌다고 말합니다. 이것이 바로 '집착하면 뒤집힌다'는 것입니다.

무엇을 '집착'이라 하고, 어떻게 하는 것이 집착하지 않는 것일까요? 선정(禪定) 가운데 나타나는 좋은 경계든 나쁜 경계든 모두 무시하고 거들떠보지도 않는 것, 이른바 "붇다가 오면 붇다를 죽이고 마라(魔羅)가 오면 마라를 죽인다"는 것이 바로 '집착하지 않는다'는 것입니다.

---

166) 원(元) 유측(惟則) 해회(會解)·청(淸) 전등(傳燈) 소(疏), 『능엄경원통소(楞嚴經圓通疏)』(9); 청(淸) 부원(溥畹) 지음, 『능엄경보경소(楞嚴經寶鏡疏)』(9); 청, 내주(來舟) 모음, 『대승본생심지관경천주(大乘本生心地觀經淺註)』(6); 명, 지유(至柔) 等 역음, 『복원석옥공선사어록(福源石屋珙禪師語錄)』(상권).

이른바 경계라는 것은 곧 '환각'과 '착각'이라는 2가지 느낌으로 비치게 됩니다. 보기를 들어 우리가 TV 화면에 커다란 호랑이가 한 마리 나타났을 때, 여러분은 그 호랑이를 아예 무시하거나 두려워하지 않습니다. 왜냐하면 그 호랑이는 절대로 튀어나와 물어뜯을 수 없기 때문입니다. 또 만일 여러분이 눈이 어두워 밧줄 한 토막을 독사로 잘못 알고 실수로 밟았다고 하더라도 그 밧줄이 물어뜯을 수 없는 것처럼, 선(禪)의 경계에서 나타나는 환각과 착각도 이와 마찬가지입니다. 단지 여러분이 그 경계를 무시해버리면 아무 일도 일어나지 않고 '집착' 할 수도 없는 것입니다. 만일 여러분이 그런 경계들을 진짜라고 믿고 집착하게 되면, 좋은 경계를 보았을 때는 바로 무슨 높은 경계라도 깨달은 것처럼 기뻐서 우쭐거리고, 반대로 나쁜 경계를 보았을 때는 마라(魔羅)가 찾아와서 여러분을 괴롭히려고 한다고 마음에 두려움을 느끼게 될 것입니다. 그렇게 되면 곧 집착하고 정상을 벗어나 마라(魔羅)에 빠져들고, 온갖 방해란 방해는 다 받게 되며, 하루 내내 신인가? 귀신인가? 의심하다가 오래 되면 정신병에 걸리지 않을 수 없습니다.

어떤 사람은 "잠을 자지 않는 것으로 생사와 결단을 해볼 수 있습니까?" 라고 하는 사람이 있는데, 불가능한 일입니다. 사람이란 마땅히 잠을 자야 되며, 잠이란 것은 정신이 쉬는데 없거나 모자라서는 안 되는 것입니다. 의학에서도 잠은 공짜 비타민이라고 하는데, 만약 여러분의 몸이 피로하거나 몸과 마음이 모두 지쳐 있을 때 한 숨 푹 자고 나면, 그 어떤 보약보다 더 상쾌하고 평안해 집니다. 의학계에서 일찍이 과거에 몇 차례 실험을 했는데, 아주 힘이 세고 몸이 튼튼한 개 몇 마리를 7일 밤낮을 잠을 못 자게 한 결과, 모두 미쳐 버렸다고 합니다.

수행인은 신체 건강에도 조심해야 합니다. 튼튼한 신체와 건강한 정신이 있어야만 비로소 굳건히 수행하여 도업(道業)을 이룰 수 있습니다. 만약 몸을 돌보지 않고 함부로 괴롭혀(고행은 중도에 맞지 않는다) 온갖 병에 걸려 가지고, 머리가 어지럽고 눈이 캄캄하며, 팔다리에 기력이 없어져 버리면, 무슨 수행을 이야기 할 수 있겠습니까?

'정토선' 법문 내용은 이미 많이 말씀드렸으므로 마지막 마무리를 짓고자 합니다. 말법시대에는 오로지 염불이라는 방편법문밖에 없습니다. (염불을 통해) 만 가지 법(萬法)을 모두 다스려 한 생각(一念)으로 만들어 일심불란(一心不亂 : 한마음으로 흐트러짐 없는 염불)을 이루면, 아미따불 과거 생의 다짐과 바람(비구 때 다짐한 48가지 바람)에 의지하여 서녘 (극락세계) 연못에 가 태어나, 다시 수행하여 성불하는 것입니다.

만약 근기가 높은(利根) 중생이라면 한 생각(一念)을 더 다스려 무념(無念)으로 넘어가면, 한 생각이 사라지는 찰나에 바로 법신(태어남과 죽음을 초월하는 몸)이 드러나게 됩니다. 그때가 되면 서녘 정토(극락세계)의 연꽃이 피어나면서 붇다를 뵙게 되는 것은 말할 나위도 없고, 시방 모든 붇다 나라에도 뜻대로 가서 태어날 수 있고 자유자재로 노닐 수도 있습니다.

셋째 마당

관징 스님의 정토선 유토피아
인간 정토(淨土)를 이룩하는 원리

1. 모든 것은 마음이 만들어 낸다.

붓다께서 말씀하시기를 "모든 것은 오직 마음이 만들어 낸다(一切唯心造)"[167]고 하셨습니다. 그리고 붓다가 도를 이루시던 당시 말씀하셨습니다.

"이상하다! 이상하다! 온 땅의 중생들이 모두 여래의 지혜와 복덕을 갖추고 있는데 오로지 헛된 생각(妄想)에 얽매어 깨달음을 얻지 못하는 구나! 만약 헛된 생각(妄想)만 없애버린다면 복이 저절로 굴러오고, 스승 없이도 지혜를 깨달아 온갖 큰 능력을 마음대로 드러낼 수 있을 텐데!"[168]

이렇게 본다면 실제로 모든 것은 오직 마음이 만들어 냅니다.
이 마음은 우리 몸 안에 있습니다. 제가 말하는 정토선은 바로 사람들이 어떻게 자신의 마음(참마음)을 되찾을 수 있는가를 가르쳐 주는 것입니다. 이 마음은 법신이 머무는 곳으로, 여러 겁 동안 6가지 티끌(六塵 : 형상, 소리, 냄새, 맛, 느낌, 생각)이 빼앗아 차지하고 있었기 때문에, 우리 몸 안에서 깨닫지 못하고 있는 것입니다. 만약 신각(身覺) 즉, 신성각(身性覺)을 얻는다면 바로 꺼낼 수 있습니다. (『정토선 원리』 내용을 참고하십시오).

---

167) 『대방광불화엄경(大方廣佛華嚴經)』 「야마궁중게찬품(夜摩宮中偈讚品)」20. 각림보살(覺林菩薩)이 붓다의 위신력을 받아 시방세계를 두루 둘러보고 시구(偈)로 말했다. "만일 사람들이 3세의 모든 붓다를 알고자하면, 마땅히 법계의 본성은 모두 오로지 마음이 만든 것이라고 보아야 한다(若人欲了知 , 三世一切佛 , 應觀法界性 , 一切唯心造)."
168) 『정토선 원리』의 각주 149)를 보십시오.

이른바 〈신각〉은 3가지로 나눌 수 있습니다. 바로 ① 신물각(身物覺) ② 신신각(身神覺) ③ 신성각(身性覺)입니다. 과학자들이 이용하고 있는 깨달음(認知)은 바로 첫 번째 신물각(身物覺)으로, 물질의 발전법칙을 연구하는 것입니다. 이것은 앞으로 지구를 인간 정토로 바꿔 놓을 수 있는 기초학문이라고 할 수 있습니다.

그러면 먼저 신물각에 대해서 말씀드리겠습니다.

2. 과학은 인간정토를 발전시키는 기초학문이다.

과학자 아인슈타인은 그가 지은 위대한 책 『상대성이론(相對性理論)』[169]에서 이렇게 쓰고 있습니다.

"만약 3분의 1그램의 물질을 써서 모두 에너지로 바꾼다면 1,000톤의 물을 김(蒸氣)으로 만들 수 있고, 1그램의 물질을 에너지로 만들면 100만 톤 무게의 물체를 바다 표면에서 알프스 꼭대기까지 끌어올릴 수 있다."

아인슈타인의 주장을 바탕으로 우리가 '에너지'를 가지고 지구를 새롭게 만들고 세상의 모든 것을 고치는데 잘 쓴다면 그 창조력

---

169)『상대성이론(相對性理論)』: 원문에는 『상대론(相對論)』이라고 되어 있는데, 『상대론(相對論)』 또는 『상대성원리(相對性原理)』라고도 한다. 1905년 아인슈타인이 처음 내놓은 물리학 이론체계로 뉴튼 역학의 절 대공간과 절대시간을 부정하고 "물리법칙은 모든 좌표계에 대해서 같은 형식으로 표시된다"는 상대성원리를 기본 요건으로 한다. 특수상대성이론과 일반상대성이론이 있다.

은 한도 끝도 없다고 할 수 있습니다. 흥미 있는 사실은 지난날 소설가들이 글로 그려냈던 신화적인 일과 물건들이 대부분 현대 과학자들이 발명하고 만들어내 실제 있는 일로 만들었다는 것입니다.

몇 가지 보기를 들겠습니다.

구름과 안개를 타고 다닌다(騰雲駕霧)는 것은 고대 신선이나 새들이 할 수 있는 일이지 보통 사람들은 할 수 없었던 일이었습니다. 현대 과학자들이 비행기를 발명하면서 갓 태어난 아기도 단숨에 하늘로 날아올라 이 나라에서 저 나라로 날아 들어가는데 하나도 힘이 들지 않습니다. 바람과 비를 불러온다(呼風喚雨)는 것도 오늘날 과학자들이 이미 인공 비 내리는 방법을 알아냈습니다. 그들은 칼 차고 머리를 늘어뜨린 채 북두칠성을 타고 주문을 외지 않아도 푸른 하늘에서 단비가 내리게 할 수 있습니다. 산을 옮겨 바다를 메운다(移山倒海)는 것은 신화소설에서 정봉신통(頂峰神通)이란 도술을 그린 것입니다. 오늘날은 보통 사람들이 기계를 써서 큰 산을 옮겨 버립니다. 홍콩이나 싱가포르 정부가 산을 옮기고 바다를 메워 육지로 만들어 길을 내고 높은 건물을 세운 것을 보기로 들 수 있습니다.

1,000리 밖까지 소리를 전한다(千里傳音)는 것도 요즘 전화나 무전기를 가지고 일반 사람들의 귀로도 천리 밖의 말소리를 순풍이(順風耳 : 옛날 소설에 나오는 먼 소리를 들을 수 있는 사람)처럼 들을 수 있습니다. 천리안(千里眼)의 경우, 현재 망원경이 볼 수 있는 거리가 1,000리가 아니라 지구 밖의 천체도 아주 또렷하게 볼 수 있습니다. 멀리 떨어진 것을 환히 내다보는 것(遠隔透視)도 지

금의 TV나 팩시밀리로 1,000리 밖 경치나 형상을 실제 눈으로 보는 것처럼 바로 보여줍니다.

이처럼 보기를 하나하나 들자면 끝이 없을 정도로 많습니다. 마무리한다면, 인류의 뜻과 생각이 과학자들에게 미쳐, 그것이 차츰 현실이 되고 있습니다. 이른바 "한 마음 생겨나면 온갖 것들이 생겨난다(心生種種法生)"[170]는 것이 바로 이것입니다.

아인슈타인의 이론에 따르면 지구상에 있는 똥·흙·기왓장·돌멩이를 포함해서 하나하나가 모두 가치 있고 값진 보물입니다. 그렇다면 과학자들은 왜 아직 「만물이 모두 보물」인 이상을 이룩해 내지 못하고 있을까요? 가장 중요한 원인은 과학자들의 인지 능력이 「신물각(身物覺)」 수준에 머물러 있고, 가장 뛰어난 지혜의 능력인 「신성각(身性覺)」에 이르지 못했기 때문입니다.

3. 신성각은 우주의 전지전능한 통제실이다.

어떻게 「신성각」을 얻을 수 있을까요? 『유마경(維摩詰經)』은 여러분에게 간단명료하게 알맞은 방법을 한 가지 알려주고 있습니

---

170)『능엄경(大佛頂如來密因修證了義諸菩薩萬行首楞嚴經)』권 1, "아난이 말했다. 저는 늘 붇다께서 4부 대중에게 '마음이 일어나기 때문에 가지가지 법이 생기고(由心生故種種法生), 법이 일어나기 때문에 가지가지 마음이 생긴다(由法生故種種心生)'고 가르치시는 것을 들었습니다." ;『점찰선악업보경(占察善惡業報經)』권 하 (『육근취경(六根聚經)』에 들어 있는 경), "또한 반드시 알아야 할 것은, 속마음의 생각들이 머물지(집착) 않아야 보는 것 연줄이 얽혀 있는 것 같은 모든 경계도 또한 마음 따라 생각들이 머무르지 않는 것이다. 이른바 '마음이 일어나니 가지가지 법이 생기고(心生故種種法生), 마음이 없어지면 가지가지 법이 없어진다(心滅故種種法滅)는 것이다."

다. 그것은 단지 여러분 자신의 심령만 맑고 깨끗하게 할 수 있으면, 바로 우리가 필요로 하는 지능(知能)을 만들어 낼 수 있고, 여러분이 바라는 바를 이룰 수 있다고 했습니다. 그것을 좀 더 크게 적용해보면, 중생들의 심령만 적극적으로 조금씩 맑혀나갈 수 있다면, 온갖 흠으로 가득 찬 지구를 바꾸어 인간정토로 만들 수 있다는 것입니다.

『유마경』에 「그 마음만 깨끗해지면 나라 땅이 깨끗해진다(唯其心淨 則國土淨)"[171]」고 했습니다. 이 말씀은 겉으로만 보면, 아주 막연하고 이해하기 어려운 것처럼 보이지만, 사실 이 말씀은 오랜 세월을 두고 뒤집거나 깨트리지 못한 진리입니다. 지금처럼 물질적으로 뒤떨어진 지구를 훌륭한 인간정토로 바꾸려면 바로 「그 마음만 깨끗해지면 나라 땅이 깨끗해진다」는 근본원리에 손을 대서, 자신의 몸에서 나오는 「신성각」을 개발해야만 비로소 완벽하게 해결될 수 있습니다. 이러한 이론체계는 현재 권위 있는 과학자들이 우주 통제실을 헤치고, 그 속에 들어있는 깊고 신비한 구상을 알아내려는 시도와 약속이나 한 듯이 들어맞아 아주 흥미롭습니다.

우주의 깊은 신비가 그지없고 가없다는 사실은 누구보다도 과학자들이 더 분명하게 알고 있습니다. 바다 가까이 있는 사람만이 바다의 위대함과 물과 하늘이 맞닿아 있는 것을 볼 수 있는 것과 마찬가지입니다.

과학자들은 높이 쳐다보고 멀리 바라보기 때문에 인류가 맞닥

---

171)『유마힐소설경(維摩詰所說經)』상권,「불국품(佛國品)」1. "그렇기 때문에 보적(寶積)이여! 보살이 정토(淨土)를 얻고자 하면 마땅히 그 마음을 맑혀야 하니, 그 마음이 맑으면 붙다 나라도 맑아진다(隨其心淨 則佛土淨)."

뜨리고 있는 온갖 재난들이 이미 코앞에 닥쳐왔다는 것을 모두 알고 있으며, 아울러 과학적 지식의 발전만으로는 문제들을 철저하게 해결할 수 없다는 것도 잘 알고 있습니다. 왜냐하면 인류가 현재 가지고 있는 지능인 「신물각(身物覺)만 가지고는 겉만 다스리지 근본적인 문제는 다스릴 수 없기 때문입니다. 그렇기 때문에 가장 근본적으로 해결할 수 있는 방법은 오직 우주 통제실을 헤치고 우주의 큰 지혜와 능력을 얻어내야만 비로소 순리대로 풀릴 수 있습니다.

과학자들이 인류에게 기여한 공헌은 누구도 부인할 수 없지만, 과학자들의 발명이 가져온 성과는 인류에게 모두 좋은 것만이 아니고 이로운 점과 함께 해로운 점도 있습니다. 이 점은 이미 역사적으로 아주 많은 본보기들이 증명해 주고 있습니다. 예를 들어 핵에너지의 발견은 하나의 매우 위대한 시도였습니다. 핵에너지를 쓰는 공장은 석유 한 방울 석탄 한 조각 쓰지 않고도 수 천 수 만개의 큰 바퀴들을 밤낮으로 쉬지 않고 돌아가게 하여 사람들에게 복을 가져다줍니다. 그러나 해로운 측면에서 보면 약 40년쯤 전 히로시마와 나가사끼에 원자탄을 떨어뜨려 수십만의 목숨을 하루아침에 모두 재로 만들어버린 것입니다.

핵에너지 전문가들은 핵폭탄을 만들어내는 지혜는 있어도 이처럼 거대한 파괴력의 원천을 막을 수는 없었던 것으로, 이른바 "내놓을 줄만 알고 거두어들일 줄은 모른다"는 것입니다. 한번 핵전쟁이 터지면 수 천 수 만의 목숨들이 모두 잿더미로 바뀔 것이며,

아울러 그들 스스로도 재난을 피할 수 없습니다. 그렇기 때문에 최첨단 과학자들은 앞으로 연구할 방향과 범위를 일찌감치 우주의 깊고 신비한 통제실로 정하고, 초대형 지혜와 능력을 얻어 인류에게 복을 가져다주기를 기대합니다.

4. 핵 재난과 인구문제

오늘날 지구가 받는 가장 큰 위협은 핵 재난과 인구가 불어나는 것입니다. 핵 재난은 한번 폭발하면 며칠 사이에 인류는 한꺼번에 멸망합니다. 처음 원자탄 실험이 성공했을 때 당시 영국 수상 처칠 경은 "세계의 종말이 다가왔구나!"라고 탄식했다고 합니다. 그래도 여러분들은 처칠의 견해가 너무 비관적이라며, 「설마 세상에 있는 모든 것 가운데 가장 뛰어난 인류가 속절없이 앉아서 죽기만 기다리기야 하겠는가?」라고 생각할 것입니다.

현재 미국과 소련 두 초강대국이 오랜 동안 「군축회담(軍縮會談)」을 벌이고 있습니다. 그렇지만 미국 쪽에서는 만일의 사태에 대응하기 위해 수백억 달러에 달하는 큰 돈을 「별들의 전쟁 프로젝트」라는 명목으로 책정해 놓고 있습니다.[172] 이것은 처칠의 걱정이 결코 쓸데없는 걱정이 아니라는 것을 뒷받침 해주고 있습니다.

---

172)이 책은 1980년대에 쓰인 책이기 때문에 당시의 상황을 이야기하고 있는 것이다. 30년이 지났지만 세계정세는 별로 더 나아진 것이 없다.

국제적인 분위기는 변화가 심해 미리 헤아릴 수가 없고, 더군다나 원자탄과 핵무기의 제조법은 이제 절대비밀이 아닙니다. 핵무기는 앞으로 몇몇 소수 강대국만 보유하기는 불가능하며, 머지않은 앞날에 제3세계 나라들도 모두 이처럼 파괴력이 굉장히 큰 무기를 보유하게 된다는 것은 두 말할 나위도 없습니다.

인구 압력 문제입니다. 미국인구학회가 공식적으로 발표한 바에 따르면 현재 전 세계의 인구가 55억에 가깝고, (그 가운데) 지난 20년 동안 증가한 인구가 10억에 이른다고 합니다. 이것은 아주 놀랄만한 숫자로, 오늘날 온 세계 인구증가 추세를 보면 앞으로 다시 10년이 지나면 온 세계 인구가 아마 65억에 이를 수 있습니다.[173] 인구가 증가하면 식량이 부족해지게 되고, (그렇게 되면) 적게는 사회질서 유지에 영향을 주고, 크게는 국제적 안녕까지 영향을 미치게 될 것입니다.

이 두 가지 위협과 압력은 인류가 모두 다함께 풀어야 할 책임이 있습니다. 모든 것은 오직 마음이 만들어 냅니다. 현재 과학자들도 우리들에게 온 우주는 한 마디로 말해 하나의 「더할 수 없이 큰 심령(心靈)」일 뿐이라고 말합니다. 그렇다면 우리 모두 이런 우주의 깊고 신비한 통제실을 열 수 있는 조건을 갖추고 있는 것입니다. 그것은 다만 우리의 심령이 맑고 깨끗해지면 마음들도 스스로 커지면서 그지없고 가없는 상태에 이르면, 온 우주와 합쳐져 빈틈이 조금도 없는 하나가 될 것입니다. 그 때 여러분은 드디어 우

173)2015년 10월 현재 세계 인구는 71억 2천만이 훨씬 넘었다.

주의 온갖 커다란 지혜와 능력을 손에 쥐게 되어, 마음대로 바라는
대로 할 수 있습니다.

5. 「참마음(眞心)」이 가져다주는 8가지 지혜와 창조

우주의 비밀스런 통제실(참마음)이 발견되면, 「참마음」에서 나
오는 큰 지혜와 능력이 장래 다음과 같은 8가지의 지혜와 창조를
이루어내 인류가 직면한 위기를 막을 수 있게 될 것입니다.

1) 과학자들이 '피핵침(避核針, 피뢰침과 같은 물건)'과 '피핵탑
(避核塔)'을 발명해 낼 것입니다. 이 시설의 효능은 원자에너지를
빨아들여 핵폭탄이 폭발하지 못하도록 만들며, 「별(星球)」을 만들
어 핵에너지를 빨아들이도록 해, 세계에 있는 핵이나 원자는 생산
적인 방면에서만 이용되도록 하고, 인간을 파괴하는 어떤 활동도
못하게 통제할 것입니다.
현재 물의 흐름이나 전기의 흐름을 통제하는 시설들이 계속해
서 나오고 있어, 핵에너지의 파괴력을 빨아들이는 기계도 생겨날
것입니다. 이 기계는 핵폭탄이나 중성자탄이 분열할 때 생기는 방
사선을 남김없이 흡수하게 될 것입니다.

여러분 중에 제가 되지도 않을 일을 얘기하고 있다고 생각하시
는 분들도 있을 줄 압니다. 그러나 요즘 과학자들은 확실하게 이
학문분야를 연구하고 있습니다. 그렇지만 오로지 심령이 병들지

않은 법신(法身)을 깨달아 얻어내야지, 이러한 기계들이 빨리 나올 수 있을 것입니다. 우리 수행자들이 빨리 마음의 병을 치료하고 심령이 무념(無念)해져 큰 지혜와 능력이 나타나면 자연히 이처럼 통제할 수 있는 기계를 만들 수 있을 것입니다.

2) 버뮤다해역(Bermuda Island : 대서양에 있는 영국령의 섬들)이나 일본의 마귀해(魔鬼海)[174]와 같은 지역에서 발생하는 불가사의한 현상들이 갈수록 자주 일어나고 있어, 수많은 비행기와 배들이 이곳 가까운 바다 지역을 통과할 때 갑자기 어디론가 자취도 없이 사라져 버릴 가능성이 있습니다. 여러분은 이러한 현상들이 무슨 까닭인지 알고 계십니까? 알고 보니 미궁과학(迷宮科學)[175]이라는 분야가 있어서, 앞으로는 까맣게 높고 먼 하늘에서 날아오는 비행접시·비행기·미사일·로켓·인공위성 같은 비행물체들 가운데 그 목적이 바르지 못한 것들은 모두 이 미궁(迷宮)에 빨려들어가게 될 것이라고 합니다. 머지않은 장래에 세계 곳곳마다 이러한 미궁이 생길 것입니다. 비록 과학자들의 연구에 의하여 발명된다고 하지만 우주통제실(바로 통하는 참마음) 떠나서 만들어질

---

174) 대만과 일본을 잇는 마의 해역으로 아시아의 버뮤다 삼각지대라고 일컫는다. 찰스 베릿츠(Charles Berlitz)는 '버뮤다 삼각지(The Bermuda Triangle, 1974)'와 '용의 삼각지(The Dragon's Triangle, 1989)'에서 전쟁이 없던 1952~1954사이에 일본 군함 5척과 700명의 승무원을 잃었고, 원인 규명을 위해 100명이 넘는 연구원을 태운 조사선을 보냈는데, 그 조사선도 사라져 버렸다. 그 뒤 일본은 이 지역을 위험지역으로 선포하였다.

175) 원문에는 미혼진과학(迷魂陣科學)이라고 되어 있다. 중국어에서 미혼진(迷魂陣)이란 ① 그 가운데 들어가면 쉽게 나올 길을 찾을 수 없게 되어 있는 곳을 말하는 미궁(迷宮)을 뜻하고, ② 어지럽게 갈래가 갈라져 섞갈리기 쉬운 길이라는 뜻을 가진 미로(迷路), ③ 작게는 남을 속이는 수단이나 올가미를 뜻한다. 여기서는 미혼진과 가장 뜻이 가까운 미궁을 택했다.

수는 없을 것입니다.

3) 한 발 더 나아가 마르고 깨끗한 흙과 모래를 가지고 과자와 빵을 만들 수 있게 되는데, 이것은 신화가 아닙니다. 과학자들은 우리들에게 누른 모래와 빵의 기본 알갱이(粒子)가 본질적으로 조금도 다르지 않다고 말했습니다. 30년쯤 전에 대만의 과학자는 사람들이 욕지기하는 쓰레기로 과자를 만들어 시장에 팔 계획을 세웠습니다. 이것은 공업비밀에 속하는 것인데, 어쩌면 원가가 너무 비싸 잠깐 생산을 중단했는지도 모릅니다. 앞으로 과학자들이 종전보다 다시 깊이 연구하고 좋게 만들어 쓰레기가 고급식품으로 만들어질 가능성이 아주 높습니다.

앞으로 반드시 심령이 무념(無念)한 사람과 과학자들이 우주통제실(참마음)에서 이 분야를 이룩해내는 지혜를 얻어낼 것입니다.

4) 머지않은 장래에 과학자들이 수자원 문제를 완전히 해결하게 되어, 고원(高原)에서도 오랜 가뭄 걱정 안 하도록 물 나오는 샘이 말라 없어지지 않고, 사막에도 시냇물이 흐르며, 바다에도 민물(淡水)이 생기게 될 것입니다. 중국 신장성(新疆省)은 서북지방이라고 할 수 있는데, 대부분 사막이라 물이 부족하고, 거센 바람이 한번 불어오면 수많은 마을·나무·밭들이 파묻혀 버리기 때문에 이런 상황을 바꾸어야 합니다. 오늘날 수많은 과학자들이 달 겉면에서 기적을 만들어내 물 부족이라는 매듭을 풀려고 연구에 골몰하고 있습니다. 과학자들이 분석해 낸 달 겉면의 흙은 80%가 규

소, 20%가 칼슘, 그밖에 적은 분량의 티타늄과 쇠(鐵)가 들어있다고 합니다. 규소와 칼슘을 화씨 800도까지 데우면, 바로 달 흙에서 산소분자가 떨어져 나오게 되고, 다시 산소(O)에 수소(H)를 결합하면 물(H₂O)에 대한 걱정이 없어진다고 합니다.

만약 달에서 똥팅호(洞庭湖)[176]나 아마존강을 만들어 낼 수 있다면, 고비사막 · 한해(瀚海)[177] · 사하라사막 같은 곳에도 빠얀카라산(巴顔喀拉山)[178] 남북기슭에 있는 것과 같은 큰 물줄기를 대량으로 만들어 낼 수 있을 것이며, 성공할 수 있을 것으로 봅니다.

5) 현재 「우주방사능」이라는 것이 있어, 앞으로 지구에 있는 사막지대를 며칠 사이에 기름진 땅으로 바꾸어 과일나무를 심고, 강과 못을 만들며, 고층 건물을 짓는 등, 사람의 그림자도 없는 아득한 사막을 일구어 인간낙원으로 만들 수 있다고 합니다. 모래와 돌멩이는 모두 진흙이 굳어져서 된 것이기 때문에, 모래를 원래대로 되돌려 본디모습(本來面目)으로 돌이키면 된다는 것입니다. 우주방사능은 지금의 최첨단 과학자인 마크스찬(馬克絲闡)과 루소프트(羅索福得) 같은 이들이 X선의 뒤를 이어서 발견해 낸 것인데, 설명에 따르면 A라는 물건을 B라는 물건으로 변화시킬 수 있고, A라

---

176) 똥팅호(洞庭湖) : 중국 후난성(湖南省)에 있는 중국에서 가장 큰 민물호수. 보통 '똥팅(洞庭) 80리'라고 하는데, 중국에서 80리는 40㎞이다.

177) 한해(瀚海)도 고비사막의 옛 이름이고, 고비(戈壁)는 몽골의 고비사막을음으로 옮긴 것이다. 고비사막은 현재 몽골과 중국 양쪽에 다 있는데, 고비는 몽골, 한해는 중국 쪽 사막을 얘기하는 것으로 보인다.

178) 빠얀카라산(巴顔喀拉山)은 중국 칭하이(青海)성 중부에 있는 산으로 몽골말로 '풍요로운 파란빛 산'이란 뜻이고 티베트 말로 '지마니무짠무송(职权玛尼木占木松)'이라고 하는데, 할아비산(祖山)이란 뜻이다. 이 산 앞면에는 크고 작은 늪과 못, 그리고 호수들이 많은데, 그 가운데 이름난 싱수해(星宿海), 자링호(扎陵湖), 어링호(鄂陵湖) 들이 있다.

셋째 마당, 인간 정토(淨土)를 이룩하는 원리 193

는 동물을 B라는 동물로 바꾸어 버릴 수도 있다고 합니다. 이런 우
주방사능은 우주에 마치 유령처럼 존재하고 있으나 아직 그것을
모아서 이용할 수 있는 기구가 전혀 없다고 합니다. 이러한 사실의
참모습을 알고자 한다면 오직 심령이 무념(無念)한 사람만이 그것
을 장악하여 찾아내고 이용할 수 있을 것입니다.

6) 바닷물이 석유·과일주스·소젖(牛乳) 같은 것으로 바뀔 수
있습니다. 전설에 따르면 처음 뚜캉(杜康)[179]이 만들었던 술은 쌀
을 띄워(醱酵) 만들었다고 합니다. 그 뒤 후세 사람들이 보리·수
수·설탕·고구마·콩·과일 같은 갖가지 거리(原料)를 써서 술
만드는 법이 여러 가지가 되었습니다.

앞으로 바닷물로 석유를 만들 수 있는 이치는 이렇습니다. 석유
는 수소와 탄소의 화합물이기 때문에 석유를 공기 속에서 태우면,
수소는 (공기 속의 산소와 결합하여) 물이 되고, 탄소는 이산화탄
소로 바뀌게 됩니다. 과학에서 「$E=MC^2$ (에너지=질량×광속의 제
곱)」이라는 원리에 따라, 물에다 이산화탄소를 결합시키고, 다시
적당한 기술로 처리하면 어렵지 않게 「본디모습」을 되찾아 고급석
유가 되는 것입니다.

7) 물로 황금과 철강을 만들어 낼 수 있습니다. 독일의 과학자
는 일찍이 여러 차례 실험을 거쳐 바닷물로 금을 만들려고 했습니
다. 온 지구상의 바닷물 전체 3억 입방마일 가운데는 우라늄 200
톤·강철 150톤·은 5억 톤·금 1,000만 톤·소금 55억 톤이 들

179) 주(周)나라 때 술 만드는 기술이 뛰어났던 사람.

어 있고, 순수한 물은 96. 5%를 차지한다고 합니다. 요즈음 미국 듀퐁사의 발표에 따르면, 바닷물 1입방 마일에 갈무리된 갖가지 화학물질이 1억 7천 5백만 톤에 달하고, 만일 우리들이 그것을 뽑아 낼 수 있다면 그 가치가 50억 달러에 이른다고 합니다. 바닷물로 금을 만드는 것은 이룰 수 있는 사실이지만, 우주통제실을 다룰수 있는 사람(무념을 이룬 사람)이 없기 때문에 한 동안은 짙푸른 바닷물로 누른빛 금덩어리를 만들어 낼 수 없을 것입니다.

8) 사람마다 젊고 아름다운 청춘에 늘 머물러 있고자 합니다. 한 아낙네(女人)가 몇 장의 사진이 있는데, 한 장은 16살 때 찍어 아주 예쁜 것이고, 마지막 한 장은 80살 때 찍은 흰머리에 쭈글쭈글한 얼굴로 몹시 못생겼다면, 이 두 사진을 보고 같은 사람이라고 믿기 어려울 것입니다. 옛날에는 선단(仙丹)[180]을 찾았는데, 지금은 젊어지는 약(青春藥)을 새로 만들어내 늙어가는 것을 다스려 어느 정도 효과를 보고 있습니다. 다만 과학자들이 새로 만들어낸 젊어지는 약은 아무리 좋다고 해도 사람 목숨을 천년만년 늘릴 수는 없음과 아울러 젊음을 늙지 않게 이어갈 수 없습니다. 오로지 기계인간(機器人)을 만들어 우리 영혼을 그 안에 설치했을 때만 비로소 8만 4천살까지 오래 견딜 수 있고 끝까지 청춘의 아름다움이 변하지 않을 것입니다.[181] 법화경에서 이렇게 얘기했습니다.

"사람과 천신이 서로 만나 각각 서로 보매 온갖 악도(惡道)도 없

---

180) 신선이 만든다는 오래 살고 죽지 않는 알약. 원문에는 선련단(仙練丹)으로 되어 있지만 우리나라 사전에 나와 있는 단어로 바꾸었음.

181) 인간은 그렇게 될 수 없다는 뜻이며, 인간 심령이 무념을 이루어 인용한 법화경 문구처럼 생사를 초월해서 화생(化生)하면 기계인간처럼 영원한 생명을 얻을 수 있다는 것이다.

고 여인도 없더라. 모든 중생이 다 화생(化生)을 하니 음욕(淫慾)이 없고, 큰 신통을 얻고, 몸에서는 밝은 빛이 나고, 자유자재로 날아다니느라."[182]

6. 감각(感覺)우주와 지각(知覺)우주

우주에 있는 온갖 것들은 시간이 흘러감에 따라 끊임없이 변화하고 있지만 절대로 변하지 않는 영원한 본바탕(本體)이 있습니다. 그 본바탕은 연줄(緣) 따라 변하지 않지만, 변하지 않은 채 연줄(緣)을 따릅니다. 본바탕이 연줄을 따를 때는 바로 쇠(金)·나무(木)·물(水)·불(火)·흙(土) 같은 우주의 온갖 사물이 만들어지고, 그러한 사물들은 때에 따라 끊임없이 변하지만, 그 본바탕만은 처음부터 끝까지 영원히 변하지 않습니다.

만일 우리 심령이 이 변함없는 본바탕으로 들어갈 수 있다면, 즉시 우주 통제실을 충분히 다룰 수 있을 것이고, 우주에 대한 온갖 깊은 신비를 손바닥 들여다보듯 하여 이사무애(理事無碍)[183]에서 사사무애(事事無碍)[184]까지 이르게 될 것입니다.

---

182) 『묘법연화경』 권 4, 「오백제자 수기품(受記品)」 8. 부르나가 미래 붇다가 될 것이라는 수기를 주면서 그 붇다나라에 대한 설명에서 나온다. "… 모든 하늘 궁전 가까운 허공에서 사람과 천신이 서로 만나 …."

183) 이사무애(理事無碍) : 여기서 말하는 변하지 않는 본바탕(本體)이 이(理)고, 연줄(緣) 따라 생겼던 우주의 모든 사물과 현상들을 사(事)라고 한다. 그런데 그 본바탕과 현상이 서로 걸리지 않고 하나가 된다는 뜻으로, 본질과 현상을 모두 환하게 알게 된다는 것이다.

184) 사사무애(事事無碍) : 우주의 온갖 사물들이 서로 걸리지 않고 순리대로 운행하는 것을 말하는데, 사사무애가 되면 이처럼 모든 사물들이 서로 걸리지 않고 잘 돌아가도록 하는 지혜를 갖춘다는 뜻이다.

우주방사능에 대한 과학자들의 발견은 A동물을 B동물로 바꾸고, B동물을 A동물로 바꿀 수 있는 수준에 이르고, 앞으로는 노인을 아이로 바꿀 수 있을 것이라고 합니다. 과학자들도 물질적인 우주를 현실우주·상대우주·감각우주라고 부르는데, 비물질적 우주가 바로 진여(眞如)우주이며 절대(絕對)우주입니다. 위에서 본 우주방사능도 비록 「신통력이 크고 넓다」고 하지만 감각우주와 지각우주 사이에 들어 있는 존재일 뿐입니다. 현재 과학자들의 지능은 겨우 감각우주의 영역에 머물러 있고, 지각우주 범주에 들어가지 못했기 때문입니다. 왜 그럴까요? 과학자들은 아직 만물의 근원적인 현상을 창조해 낼 수 없어, 마음으로는 온 힘을 다하지만 실제로는 부족한 것이 너무 너무 많기 때문입니다.

7. 우주란 하나의 더할 수 없이 큰 심령(心靈)이다.

우주란 하나의 더할 수 없이 큰 심령(心靈)입니다. 남보다 먼저 앞을 내다보는 몇몇 과학자들이 이 사실을 이미 발견했던 것 같습니다. 이 「큰 심령」은 당연히 우주의 온갖 사물인 물질우주(物質宇宙)도 포함하고 있습니다. 예를 들어 곤륜산(崑崙山)이나 태평양은 우리가 볼 때, 어떠한 이유로도 그 존재를 부정할 수는 없습니다. 그러나 그것들도 헤아릴 수 없이 많은 물질의 원자(原子)로 이루어져 있으며, 그 하나하나의 원자단위는 다시 전자현미경으로도 미처 보이지 않는 「역능(力能)」이 뭉쳐진 것입니다. 이 「역능」은 심령에 딸린 것입니다. 그렇기 때문에, 심령이란 「지능(知能)」과 「역능(力能)」이 뒤섞인 「에너지(能)」인 것입니다. 그러므로 과거 몇 몇 앞을 내다보는 과학자들은 우주를 하나의 더할 수 없이 큰 심령(大靈)이 움직이고 있을 가능성이 크다고 보았는데, 아주 정확한 것입니다. 불교의 가르침에서도 "마음으로 물질을 바꿀 수 있으면, 곧 여래와 같다"[185]고 했습니다. 심령(참마음)은 바로 우주만물의 통제실이기 때문에 마음은 막힘없이 물체를 바꿀 수 있는 것입니다.

우리들의 심령(참마음)과 우주의 큰 심령은 본질적으로 조금도 차이가 없습니다. 일반 사람의 마음은 업장으로 겹겹이 쌓여 있기 때문에 그 바탕이 변하여 큰 심령과 막힘없이 통할 수가 없는 것입니다. 만일 우리들이 자신의 마음을 맑고 깨끗하게 할 수만 있다면, 마음들이가 커져 넓은 하늘을 껴안고 싸하세계에 고루 미치며, 우주의 큰 심령과 완전히 합쳐지게 됩니다. 그렇게 되면 우리도 "마음으로 물질을 바꿀 수 있으면, 곧 여래와 같다"는 것이 가능해집니다.

심령과 영혼은 원래 하나이면서 둘이고 둘이면서 하나인 존재로, 마치 같은 물건의 양쪽 끝과 같다고 할 수 있습니다. 다만 일반 사람들의 영혼에 대한 생각은 상대적인 감각우주(感覺宇宙)에 속

---

185) 도원(道原) 모음, 『경덕전등록(景德傳燈錄)』권 4, 「전 숭악(嵩嶽) 혜안국사(慧安國師)의 법맥을 이어받은 제자(法嗣)」; 전겸익(錢謙益) 모음, 『수능엄경소해몽초 권말5록(首楞嚴經疏解蒙鈔卷末五錄)』권 7, 불정종록(佛頂宗錄) 5, 이참회공안(二參會公案) 같은 여러 책에 같은 내용이 들어 있다. 내용은 "스승께서 '본디 있는 물질들이란 물질이 아니니라(本有之物物非物也), 그렇기 때문에 도의 마음(道心)으로 물질을 바꿀 수 있으면, 곧 여래와 같다(所以道心能轉物即同如來)'고 말씀하셨다."는 것이다.

해 있기 때문에 괴로움과 즐거움이 있습니다. 그러나 참되고 바른 심령은 고통과 즐거움을 벗어난 순수한 지각우주(知覺宇宙)입니다. 마음속의 너저분한 생각(雜念)과 헛된 생각(妄想)이 어지럽게 날리는 것이 바로 감각우주인데, 너저분한 생각(雜念)과 헛된 생각(妄想)을 그치게 하고 심령이 맑고 밝아져 참된 도(본디보습)를 되찾으면 바로 지각우주인 것입니다.

우리의 심령(참마음)이 우주의 사물, 하늘(太虛)의 안쪽과 바깥, 나아가 고차원의 다른 공간에 있는 사물까지 마음대로 고쳐서 다시 짜려면(改造), 우선 「우주의 큰 심령」이 간직하고 있는 자유자재한 신통력을 부릴 수 있어야 합니다.

모든 사람의 심령은 우주방사능을 간직하고 있을 뿐 아니라, 오히려 우주방사능보다도 훨씬 신비롭고 오묘한 것들을 많이 간직하고 있습니다. 사람들이 볼 수 없는 것들을 보시고, 알 수 없는 일들을 아셨던 위대한 스승 사꺄무니 붇다에 대해 참으로 탄복하지 않을 수 없습니다. 오늘부터 여러분들도 어서 빨리 수행하십시오. 시작도 없는 과거 삶부터 앓아온 자기 마음의 병을 다스려 낫게 되면, 다시 말해 심령이 무념(無念)해지면 참된 도(眞常)가 나타날 것입니다. 그렇게 되면 여러분은 우주의 온갖 깊고 신비함에 다다르게 되고, 아울러 그 가운데 있는 거침이 없는 신통력을 부려 쓰면서 온갖 것을 마음대로 고쳐 다시 짤 수 있을 것입니다.

넷째 마당

우주적 깨달음(宇宙的覺悟)을 논함

짜오 렌화궈(趙蓮華國) 지음

우주적 깨달음(宇宙的覺悟)을 논함

짜오 렌화궈(趙蓮華國)[186] 지음

1. 우주적 깨달음이 최고의 깨달음이다.

사람이 사는 세상에는 여러 가지 깨달음(覺悟)이 있어, 사상가 · 정치가 · 철학가 · 종교인 · 심리학자 · 과학자들이 저마다 스스로의 '깨달음'을 크게 이야기한다. 보기를 들면, 널리 알려진 '먼저 알면 먼저 깨닫고, 뒤에 알면 뒤에 깨닫는다(先知先覺 後知後覺)'[187]는 이론이 있고, 혼수(昏睡)와 각성(覺醒) · 자재(自在)와 자위(自爲) · 자발(自發)과 자각(自覺)[188] 같은 논법들이 있다. 그러나 그들이 말하는 '깨달음'이란 세속적인 '깨달음'일뿐이기 때문에 우리가 여기서 이야기할 필요는 없다. 우리가 이야기하려는 것은 일

---

186) 이 글은 관징(寬淨) 스님이 짜오 렌화궈(趙蓮華國)란 필명(筆名)으로 1997년 2월 25일 『광동불교(廣東佛敎)』(刊號 GD-1181, 97第一期, 總53期)에 발표한 것이다. 이 글의 원본은 등공(騰功) 스님이 중국 관징 스님을 방문하였을 때 관징 스님이 직접 손으로 쓴 원고를 복사해 가지고 왔던 것을 글쓴이에게 보내주어 그것을 바탕으로 하였다. 원고를 제공해 준 등공 스님께 감사드린다.

187) 중국 근대 혁명가 손중산(孫中山) 선생이 당시 혁명의 형세와 필요에 따라 사람들을 3가지로 크게 나누었다. 먼저 알고 먼저 깨친 사람(先知先覺)은 뒤에 알고 뒤에 깨치는 사람(後知後覺)을 일깨워주어야 하고, 모르고 깨치지 못한 사람(不知不覺)을 이끌어나가야 한다고 주장하였다.

188) 마르크스주의에서 '노동자 계급은 자재(自在)에서 자위(自爲)에 이르고, 자발(自發)에서 자각(自覺)에 이르는 것을 잘 이해하지 못한다'고 했다.

반 세상 것임과 동시에 일반 세상 것이 아닌 붇다의 깨달음·우주적 깨달음으로, 이것이 바로 참되고 바른 깨달음이고 가장 높은 깨달음이다.

붇다는 되풀이하여 깨달음을 강조하였고, 또 스스로를 '깨달은 사람(覺者)'[189]이라고 불렀으며, 아울러 "강가(Gaṅgā, 恒河)[190]의 모래처럼 많은 성인에게 공양한다고 하더라도 굳고 과감하게 바른 깨달음(正覺)을 구하는 것만 못하다"고 지적하였다. 붇다는 확철대오(大徹大悟)·자각각타(自覺覺他)·각행원만(覺行圓滿)·정변지각(正遍知覺)·무상정등정각(無上正等正覺)을 강조하였는데, 바로 산스크리트에서 말하는 '아눋따라-싸먁-쌈보디(anuttara-samyak-saṁbodhi, 阿耨多羅三藐三菩提, 무상정등각)[191]'를 말

---

189) 깨달은 사람(覺者) : 산스크리트 붇다(Buddha)를 말하는 것으로 바로 깨달은 사람이란 뜻이다.

190) 강가(Gaṅgā, 恒河) : 인도 히말라야산맥에 근원을 두고 동쪽으로 흘러 뱅골만으로 흘러들어가는 강으로, 길이는 2,506㎞다. 흔히 경전에서 헤아릴 수 없이 많은 단위를 이야기 할 때, 이 '강가의 모래(恒河沙)와 같다'고 표현하였다. 현재도 인도 지도에는 Ganga라고 표시되어 있으나 근대 인도를 지배한 영국인들이 Ganga의 복수형인 갠지스(Ganges)를 쓰면서(4개 강을 합해 모두 5개의 강으로 이루어졌다) 갠지스강으로 알려졌다. 한문으로는 소리 나는 대로 강가(強迦)·긍가(殑迦)·긍가(恒迦)로 옮기고, 강(江) 이름이기 때문에 한 글자를 줄여 긍(恒)에다가 한문의 강(江)을 뜻하는 하(河)나 수(水)를 더해 흔히 긍하(恒河) 또는 긍수(恒水)라고 불렀다.
현재 한국의 옥편에도 [恒(恒자의 본디 글자)]자는 2가지로 읽히고 있다. '늘·언제나' 같은 뜻으로 새길 때는 항(hêng)이라고 읽고(보기: 恒常), '뻗치다·두루미치다'는 뜻으로 새길 때는 긍(kêng)으로 읽는다. 지금 한국에서는 대부분 항하(恒河)로 읽고 있는데 잘못 읽은 것이며, 반드시 긍가(恒迦)·긍가하(恒迦河)·긍하(恒河)로 읽어야 한다. Gaṅgā의 실제 소리값은 우리말의 '긍가'나 '겅가'에 가깝다. 산스크리트 홑소리(母音)에서 a는 [a]와 [ə]의 중간음으로 영어 sun(sʌn)의 [ʌ]에 가깝기 때문이다. 그리고 우리나라에서는 강 이름을 부를 때 중국 처럼 하(河)를 쓰지 않기 때문에 강가(恒迦)는 강가(恒迦)·강강(恒江)·강가강(恒迦江)이라고 읽고, 또 그렇게 옮겨야 할 것이다.

191) 아눋따라-싸먁-쌈보디(anuttara-samyak-saṁbodhi, 阿耨多羅三藐三菩提) : 일체의 진상을 모르는 것이 없고, 세상에서 덮을 것이 없는 붇다의 마음이나 그

하는 것으로, '여러 붇다의 아눋따라-싸먁-쌈보디 법'·'아눋따라-싸먁-쌈보디의 마음을 내다(發)'·'아눋따라-싸먁-쌈보디를 밝히다(証)'·'아눋따라-싸먁-쌈보디를 얻다(得)'·'아눋따라-싸먁-쌈보디를 이루다(成)' 같은 말들을 강조하였다. 이를 바탕으로 분석해보면, 붇다가 깨달으신 것이나 붇다가 강조한 깨달음이란 바로 '우주적 깨달음'이다. 이와 함께 붇다는 되풀이해서 '불성(佛性)'을 강조하였는데, 정이 있는 것(有情)은 자성(性)[192]을 가지고 있고 정이 없는 것(無情)도 자성을 가지고 있다고 강조하였고, 보디쁘랑냐(菩提般若)[193]의 자성은 본디 스스로 갖추고 있는 것이고 본디 스스로 맑고 깨끗하다는 것을 강조하였으며, '자성이 있는 것

지혜. 한자로는 무상정등정각(無上正等正覺) 또는 무상정변지(無上正遍知)라는 뜻이다.

　　인도에서 발생한 경전을 한문으로 옮길 때 다음 5가지는 일부러 번역하지 않고 산스크리트의 음을 그대로 썼다. ① 다라니(dhāraṇī, 摠持) 같은 주문, ② 바가반(Bhagavān, 婆伽梵, 世尊) 같은 고유명사, ③ 잠부(jambu, 閻浮) 같이 인도에만 있는 나무, ④ 아눋따라-싸먁-쌈보디(anuttara-samyak-saṁbodhi, 阿耨多羅三藐三菩提) 같은 가장 높은 깨달음을 표현한 용어, ⑤ 쁘랏냐(pra jñā, 般若)처럼 불교만 가지고 있는 독특한 용어.

　　옛날 중국에서는 국가적 사업으로 벌인 역경 사업을 위해 총기 있는 이들을 뽑아 어려서부터 산스크리트와 한문을 익혀 장기적인 사업으로 번역했기 때문에 완벽한 어학실력과 확실한 기준을 가지고 진행되었다. 그렇기 때문에 한글로 옮길 때도 그 원칙을 존중할 필요가 있다. 다만 뜻글인 한자에 비해 소리글인 한글은 보다 완벽한 소릿값을 낼 수 있기 때문에 산스크리트 원문을 참조하여 원문에 가까운 소리로 옮기는 작업을 심중히 고려할 필요가 있다.

192) 자성(自性, svabhāva) : 모든 법 그 자체로, 변하지도 않고 바뀌지도 않는 존재성(存在性)을 말한다. 곧 우주 만물의 본질을 말한다. 원래 인간의 자성, 곧 본래 참마음은 그 바탕이 청정하지만(自性清淨心) 현실은 번뇌에 물들어 있기 때문에 자신의 자성을 볼 수가 없다. 그러나 불도를 열심히 닦아서 번뇌를 모두 여의게 되면 자성이 저절로 나타나게 되는데, 이것이 마음을 밝혀 자성을 깨닫는 것(明心見性)이다. 자기 본성, 곧 자성을 깨달으면 붇다가 되는 것(見性成佛)이기 때문에 자성은 곧 붇다(自性佛)라고 하며, 모든 사람은 스스로 참마음·자성·붇다를 몸 안에 가지고 있는 것이다.

193) 보디쁘랑냐(菩提般若, bodhi-prajñā) : 보디반야. 나지도 죽지도 않는(不生不滅) 진리를 깨달아 알게 된 지혜. 보리(菩提)는 보디(bodhi)라고 읽어야 하고, 한다. 반야(般若)는 쁘랑냐(prajñā)를 한자로 옮긴 소리나는 대로 옮긴 것이다.

204

(有性)'은 모두 붇다가 될 수 있다고 강조하였다. 이는 '자성을 가진 것(有性者)'은 모두 깨달음을 얻을 수 있고, '깨달은 사람(覺者)'이 될 수 있다는 것이다.

이를 바탕으로 분석해 보면 붇다가 강조한 '불성'이란 바로 '우주적 진리'인 것이다. 그것이 우주적 깨달음이거나 우주적 진리이거나 그 논리적 기초는 모두 다음과 같이 귀결 된다.

붇다는 우주고 우주는 붇다다.
붇다의 깨달음은 우주적 깨달음이고,
우주적 진리는 붇다의 진리다.

여기서 '우주적 깨달음'이 아주 중요한 열쇠가 되는 것이다.

2. 우주와 통일체 우주관

그렇다면 도대체 우주적 깨달음이란 무엇을 가리키는 것인가?

우주적 깨달음을 이해하기 위해서는 먼저 우주를 알지 않고는 이해할 수가 없다.

우주란 반드시 하나의 통일체(整體), 곧 이른바 '일합상(一合相)[194]'이어야 하기 때문에, 마음대로 갈라서 나누거나, 그 한쪽 끝

---

194) 일합상(piṇḍa-grāha, 一合相) : 갖가지 연(緣)이 만나서 한 가지 사물을 이루는 것을 가리킨다. 불교에서는 세간 모든 것은 일합상(一合相)이 된다. 금강반야바라밀경(金剛般若波羅蜜經), 대보적경(大寶積經), 범망경(梵網經) 같은 여러 경전에 나온다. 금강경에 이런 구절이 나온다. 「若世界實有者, 則是一合相 ; 如來說一合相則非一合相, 是名一合相. 」

만 붙잡거나, 한 별 가운데 지극히 적은 한 면을 전체라고 우겨서는 안 되고, 마치 장님이 코끼리를 만진 것 같은 도리에 어긋난 말이 통할 수가 없다. 그 이치는 아주 간단해서, 통일체가 아닌 우주는 우주 가운데서 한 부분만 따진 것이고, 그 부분은 통일체와 다르기 때문이다. 때문에 이것은 결코 진정한 우주라고 할 수 없다. 진정한 우주란 바로 통일체인 대우주뿐이다.

이것은 마치 고층빌딩은 벽돌과 기와로 쌓은 것이지만 벽돌 1장이나 기와 1장을 가지고 고층빌딩이라고 할 수 없는 것처럼, 우리도 털 하나 손톱 1조각을 사람이라고 할 수 없으며, 한 발 물러서 완전한 사람 몸을 갖추었다고 하더라도 사상과 정신과 생명을 잃어버린다면 그런 사람을 사람이라 부를 수 없고 다만 한 구의 송장으로 여길 수밖에 없다.

우주의 도리도 이와 마찬가지여서, 우리는 어떤 한 천체(天體)나, 어떤 한 항성계(恒星系)나, 어떤 한 시간·공간이나, (물질현상이나 정신현상 같은) 어떤 한 현상을 우주라고 할 수 없다.

그렇다면 도대체 이 통일적이고 진정한 우주란 어떤 것인가? 그 우주는 반드시 끝도 가도 없고(無邊無際), 다함이 없고(無窮無盡), 헤아릴 수 없고(無量無數), 시작도 끝도 없고(無始無終), 끝없이 영원하고(永恒無限), 모두 갖추어져 있고(應有盡有), 온갖 물건을 빠짐없이 다 가지고 있어야 한다. 나지도 죽지도 않고(不生不滅), 늘거나 줄지도 않고(不增不減), 마음도 물건도 아니고(非心非物), 움직이지도 고요하지도 않고(非動非靜), 비지도 차지도 않고(非空非有), 중심·안팎·위아래·4방·과거현재미래(過現未來)로 나누어지지 않고, 절대와 상대(絶對相對)·미시와 거시(微觀宏觀)·주관과 객관(主觀客觀)·정과 무정(情與無情)·더하기와 빼기(正之與負)·사람과 사람 아닌 것(人與非人)·나와 나 아닌 것(我與非我)으로 나누어지지 않고, 드러남(顯)과 은밀함(密)·본성(性)과 모습(相)·시간과 공간·마음과 사물로 나누어지지 않고, 분별이 없고, 인연이 아니고, 집착하지 않고, 나도 없고 나아닌 것도 없는 모두 아울러 하나가 되는 것이어야 된다.

이 '통일체(整體)'는 끝도 가도 없고(無邊無際), 상(相)이 없으나 볼 수 있고(無相可見), 몸통이 없으나 가질 수 있고(無體可取), 따르지 않지만 잡을 수 있기(無從可執) 때문에, 이른바 '통일체'란 사실은 '모두지만 몸통이 없는 것(整而無體)'이다. 또 이 통일체 안에는 부분이 합하여 하나를 이루고, '우주의 온갖 사물과 현상을 아우르고 있지만 빠지거나 실수가 없기 때문에' 이른바 '부분'이란 사실은 '부분이지만 나눌 수 없는 것(部而不分)'이다. 이처럼 통일체는 한데 통하여 막히는 데가 없고(圓圓融融), 넉넉하고 변함이 없고(愈愈如如), 자연 그대로이고(自然而然), 현묘함이 끝이 없다(玄妙無窮). 이것이 바로 우리가 알고 이해해야 할 통일체인 진정한 우주이고, 아울러 우리의 통일체우주관(整體宇宙觀)인데, '우주적 몸통 없는 모두관(宇宙的整無體觀)'이라고 부를 수도 있다.

3. 통일체 우주에서 전체와 부분의 관계

그렇기 때문에 우리가 우주를 이야기하려 할 때는 반드시 우리 자신 속에 있는 우주를 한 테두리 안에 넣어야 하며, 이 시간에 '이야기하고 있는 것' 뿐 아니라 미래의 모든 것도 그 안에 넣어야 한다는 의식을 가져야 한다. 우리(더 나아가 우주 속의 어떤 한 사물)와 우주의 관계는 부분과 통일체의 관계이며, 동시에 또 일반적인 '부분과 통일체'의 관계는 아니다. 일반적인 '부분과 통일체'의 관계는 그 통일체를 나눌 수 있고 부분을 떼놓을 수도 있는 것으로, 과학자들이 물질에 대하여 끊고 나누는 연구를 진행하는 것과 같은 것이다(일반적인 통일체는 아직 완벽하게 철저하지 못해, '통일체'라고 말할 뿐이지 사실은 그것도 부분일 뿐이다).

우주라는 큰 통일체는 아주 특수하고 아주 철저한 것으로, 통일체와 부분의 관계는 다음과 같다.

① 통일체는 나눌 수 없고, 부분은 떼어낼 수 없다(붙지도 떨어지지도 않는다).

② 이른바 '통일체'란 모두이지만 몸통이 없고(整而無體), '부분'이란 부분이지만 나눌 수 없는 것(部而不分)으로, 전체이지만 몸통이 없기 때문에 부분으로 나눌 수가 없고, 부분이지만 나눌 수 없는 것이기 때문에 통일체이면서도 몸통이 없는 것이다.

③ 비록 통일체는 부분과 다르지만 가지고 있는 부분은 모두 통일체에 속해 있고, 비록 부분은 통일체와 다르지만 그 통일체는 가지고 있는 모든 부분을 한 테두리 안에 넣고 있다. 부분은 통일체의 속성을 갖추고 있고, 통일체의 기본 속성은 각 부분 속에 뚜렷하게 통해 있다.

이렇게 보면 통일체와 부분은 마치 한갓 빈이름뿐이고 아주 억지로 한 설법처럼 보인다. 그렇기 때문에 일합상은 일합상이 아니고(一合相卽非一合相) 그 이름이 일합상이라(是名一合相)[195] 했고, 둘이 아니지만(不二) 둘이 아닌 것도 아니라(非不二)[196]고 했고, 가운데도 없고 가도 없다고 했고(無中亦無邊)[197], 그윽하고 또 그윽하다(玄之又玄)[198]고 했고, 야릇하고 또 야릇하다(妙乎其妙)고 했다.

인간의 상식 속에 있는 통일체도 부분으로 이루어지지만, 부분을 완전히 통일한 몸통이 되지 못하고 그 통일체 또한 부분이 되며, 그 부분은 통일체 속에 있지만 통일체의 한 부분으로 떼어낼 수가 있고, 그 부분도 또 다른 하나의 통일체를 이룬다. 하지만 우주는 아주 특수하고 철저하여, 오로지 우주만이 통일체라고 일컬을 수 있고, 또한 우주만이 단 하나밖에 없고 진정한 큰 통일체라고 할 수 있으며, 그 밖의 모든 것은 그 통일체의 부분일 뿐이다.

우주는 영원히 모든 부분을 빠짐없이 다 가지고 있다. 그 '통일체'는 우주의 온갖 사물과 현상을 받아들여 빠진 것이 없기 때문에 이른바 '모자람이 없고, 빠진 것이 없이 광대원만(廣大圓滿)하다'[199]고 하는 것이다. 우주라는 이 통일체 속에 들어있는 '부분'은 영원히 떼려야 뗄 수 없는 우주의 통일체이기 때문에 우주의 통일체는 끝도 가도 없고, 시작도 끝도 없고, 영원하고 무한한 통일체와 부분의 결합체이다. 다만 망상과 집착이 덧없는 부분을 만들어내 통일체를 잃어버렸을 뿐이다.

---

195) 『금강반야바라밀경(金剛般若波羅蜜經)』, 권 1.
196) 『대방광불화엄경(大方廣佛華嚴經)』권 28, 「십명품(十明品)」 23.
197) 『불설최상근본대락금강불공삼매대교왕경(佛說最上根本大樂金剛不空三昧大教王經)』권 3, 「금강수보살최상비밀대만나라의궤분(金剛手菩薩最上祕密大曼拏羅儀軌分)」 14.
198) 신라 원효, 『대혜도경종요(大慧度經宗要)』, 당(唐) 징관(澄觀), 『대방광불화엄경수소연의초(大方廣佛華嚴經隨疏演義鈔)』권 1 같은 책들.
199) 『대보적경(大寶積經)』, 『금강반야바라밀경(金剛般若波羅蜜經)』 같은 경들.

우주라는 이 대 통일체는 본디 통일체와 부분이라는 구분이 없고, 통일체나 부분은 모두 본디 나눌 수 없기 때문에 전체이면서도 몸통이나 부분이 따로 없다. 부분을 얽어 만들었다거나 만들지 않았다거나 하는 문제도 없고, 부분을 떼어내거나 떼어내지 않는다는 문제도 없다. (그렇기 때문에) 망상과 집착을 없애고 착각과 곡두(幻影)[200]를 없애 바른 깨침과 바른 생각으로 되돌아가면, 다시 말해 부분이 통일체 안에 완전히 한 덩어리가 되면, 마치 물방울이 큰 바다로 흘러 모이듯 통일체와 자연히 똑 같아져 차별이나 결함이 없이 원만하고 완전 똑같은 본디모습(本來面目)으로 돌아가게 되는 것이다.

4. 우주적 통일체는 '모두지만 몸통이 없고(整而無體)' '부분이지만 나눌 수 없는(部而不分)' 것

일반 사람들의 상식에서는 몇몇 부분이 새로 나타나면 통일체가 증가하고 탄생한 것이라 할 수 있고, 몇몇 부분이 사라져 없어지면 통일체가 감소하고 죽었다고 말할 수 있으며, 부분의 증가와 감소가 일정한 정도에 이르면 통일체에 본질적인 변화가 일어난다. 그러나 우주는 아주 특수하고 철저해, 어떤 사물이 나타나거

---

200) 곡두(幻影) : 환영(幻影)이란 한자 낱말에 딱 들어맞는 우리말이다. 사전에서 '곡두'를 찾아보면 '실제로 눈앞에 없는 사람이나 물건의 모습이 마치 있는 것 같이 보였다가 가뭇없이 사라져버리는 현상. [漢] 幻影'이라고 나와 있고, 환영(幻影)을 찾아보면 '곡두'라고 나와 있다. 환(幻) 또는 환영(幻影)을 '허깨비'라고 옮기는 경우도 가끔 있다. 그러한 허깨비는 A를 B라고 보는 착각이나 새를 쫓는 사람 모양의 물건(허수아비)을 말하기 때문에 환영(幻影)과는 다른 뜻이다. 곡두는 실제는 존재하지 않는 것을 있는 것으로 잘못 보는 것을 말한다.

나 없어져도 모두 우주를 엮어 만드는 부분이고, 이 부분은 우주의 '몸통이 없는 통일체' 가운데 모두 '부분이지만 나눌 수 없는 존재'다(바로 존재하는 모든 것은 우주적 통일체에 합쳐져 하나가 되고, 아울러 '모두지만 몸통이 없고 부분이 없는 것'이 된다).

그렇기 때문에 이런 부분은 실제로 모두 곡두(幻像)이고, 이 곡두는 우주가 늘거나 줄지 않고 생기거나 없어지지 않는 성질이 아니라고 부정한다. 우주적 통일체는 시작이며 동시에 끝이기 때문에 시작과 끝도 없고(無始無終), 태어남과 동시에 죽음이므로 나지도 죽지도 않으며(不生不滅), 과정임과 동시에 과정이 아니므로 과거·현재·미래로 나누어지지도 않는다(不分過現未來).

만일 통속적인 각도에 따라 더 자세하게 설명하면 다음과 같다.

사물이 나타나고 없어지는 것은 결국 모두 우주의 큰 통일체 속에서 갖가지 연줄(緣)이 모이고 흩어짐에 따라 생긴 것이다(우주는 만능이라 모든 것을 만들어 내고, 우주는 본디 만능이라 모든 것을 본디 갖추고 있다). 게다가 연줄 가운데 또 연줄이 있고, 각 단계에 높낮이가 있어 크고 작기도 하고, 겹쳐지고 포개지고, 뒤섞여 번거롭고, 한도 끝도 없어 마치 비바람의 헤아릴 수 없는 변화 같고 마술사의 요술 같다. 늘고 줄거나 생기고 없어지는 것은 오로지 이러한 연줄의 서로 다른 배열과 조합에 지나지 않고, 실제는 늘고 줄거나 생기고 없어지는 것조차 없는 것이다.

보기를 들어 지구에서 인류가 만들어내고 없애는 것들이 바로 우주라는 큰 통일체의 갖가지 연줄이 모이고 흩어짐에 따라 생긴 것이다. 사람 몸을 가지고 설명하면, (사람의 몸은) 수 천만 억 개의 세포가 엮여서 이루어진 것인데, 이 세포도 끊임없이 생기고 없어지며, 하나의 세포는 또한 4가지 원소(4大)[201] · 5가지 구성요소(五蘊)[202]라는 갖가지 연줄의 조합에서 벗어날 수가 없다. 4가지 원소(大) · 5가지 구성요소(五蘊)도 끊임없이 생기고 없어지며, 4가지 원소(大) · 5가지 구성요소(五蘊)는 또 각자 갖가지 연줄이 모여 이루어진 것이기 때문에 이런 보기를 들자면 한도 끝도 없다.

이른바 우주에서 태어난 것은 죽어서 우주로 돌아가니 오고간다고 말하지만 온다고 해서 오는 것이 아니고 간다고 해서 가는 것이 아닌데, 여기서 무슨 늘고 줄고 생겨나고 사라지는 것이 있겠는가? 큰 바다의 파도를 가지고 보면, 세차게 일어날 때도 있고 고요할 때도 있으며, 물결의 높이도 높을 때도 있고 낮을 때도 있지만, 이런 것을 가지고 거대한 바닷물이 불어나고 줄어드는 것을 설명하기에는 충분하지 않다.

우주 각 부분에서 생겨나고 없어지는 것, 늘어나거나 줄어드는 것들은 우주라는 통일체(宇宙整體)가 갖고 있는 나지도 없어지지도 않고(不生不滅) 늘지도 줄지도 않는(不增不減) 특성에 털끝만큼도 영향을 줄 수 없고, 우주라는 큰 통일체(宇宙大整體)에 본질적인 변화를 일으킬 수도 없다. 우주라는 큰 통일체의 관점에서 보면, 모든 부분 가운데 생겼다 없어지고 늘거나 줄어드는 것은 다 곡두(幻像)고 거짓(虛假)이고 실제가 아니다(不實). 오로지 부분이

---

201) 4가지 원소(4 mahā-bhūta, gross-elements, 四大) : 물질계를 이루는 4가지 원소. 땅(地, pṛthivī-dhātu) 물(水, ap-dhātu) 불(火, tejas-dhātu) 바람(風, vāyu-dhātu)을 말한다. 여기서 원소라는 것은 사람을 이루는 하드웨어를 뜻한다.

202) 5가지 구성요소(五蘊, pañnca-skandha, constituent elements) : 모습(色蘊, rūpa-skandha) 느낌(受蘊, vedanā-skandha) 이미지(想 蘊, saṁjnā-skandha) 하는 짓(行蘊, saṁskāra-skandha) 앎(識蘊, vijñāna-skandha) 같은 5가지다. 물질과 정신 양면에서 인연 따라 생기는 모든 유위법(有爲法)을 말한다. 여기서 구성요소는 사람의 마음을 이루는 소프트웨어를 뜻한다.

생기고 없어지는 것과 늘거나 줄어드는 것을 똑같이 볼 때(圓而觀) [등관(等觀)이라고도 부른다], 비로소 모든 것이 우주적 진여법성 (實際) 속에 들어가게 된다(바로 우주적 '모두지만 몸통이 없고, 부분이지만 나눌 수 없는' 진여법성에 꼭 들어맞는다).

그렇기 때문에 이 통일적 큰 우주를 인위적으로 간단히 떼어내거나 상(相)을 만드는 것은 잘못된 것이고 헛수고일 뿐이다. 같은 이치로 앞으로 사람과 대자연·대우주, 나와 나 이외의 것을 2가지가 서로 대립된 것으로 보고, 상(相)과 비상(非相)을 부수는 현상으로 진행되는 연구·활동·사고(思考)나 이런 식으로 진행되는 모든 것은 잘못된 것이고 헛수고일 뿐이다. 따라서 환경오염, 환경파괴, 생태훼손, 자연파괴 같은 방법은 그야말로 스스로를 그르치고 스스로를 못 쓰게 만드는 어리석고 사물을 분별하는 슬기가 없는 짓들이다. 그러한 부분을 가지고 늘고 주는 것(增減), 생기고 없어지는 것(生滅), 생겨난 근원(起源), 흐름과 멈춤(流止)을 논하는 우주적인 것은 그야말로 유치하고 같잖아서 우습기까지 하다.

시험 삼아 물어보자, 우주란 본디 온갖 물체의 몸통(體)이고, 영원한 덩어리고, 이미 나누어져 있는 것인데, 여기에 이미 나누어진 물체를 또 가져다 놓는 다면 어디에 놓을 것인가? 사실 이 나누어진 물체는 바로 우주 안에 있는 물체라고 할 수 있고, 우주란 본디 온갖 사물과 현상을 다 껴안고 있어 빠진 것이 없는데, 이미 떼어낸다는 것을 어느 쪽으로 떼어간단 말인가? 사실 떨어져 나갔다는 물체는 우주의 범위를 영원히 벗어날 수 없는 것이다.

우주란 본디 한 몸 한 꼴의 큰 통일체로서 '모두이나 몸통이 없고(整而無體)' '부분이지만 나눌 수 없는 것(部而不分)'인데 거기서

상(相)을 취했다면 도대체 그것이 어떤 상(相)이란 말인가? 사실상 집착하고 있는 상(相)은 모두 거짓되고 망령된 것이고, 찰나에 거짓으로 만들어진 것이다. 이 거짓된 가짜 상이 바로 이른바 나고 없어지는 것(生滅) · 씨앗과 열매(因果) · 움직이고 가만히 있는 것(動靜) · 있고 없는 것(有無) · 가운데와 변두리(中邊) · 시작과 끝(始終) · 시간과 공간(時空) · 마음과 물체(心物) · 사람과 사람 아닌 것(人與非人) · 나와 내가 아닌 것(我與非我) 같은 것들이다.

우주란 본디 사람과 사람 아닌 것, 나와 나 아닌 것이란 분별이 없이 하나로 합쳐진 것이다. 만약 이처럼 분별 대립하고 서로 비난하고 서로 헐뜯으면, 스스로 적을 기르는 것과 다름이 없고, 스스로 그릇되고 스스로 상처를 입는 것과 다름이 없고, 더 나아가 스스로 목숨을 끊는 것(自殺)과 다름이 없다.

우주란 본디 늘거나 줄거나, 사물이 새로 생기거나, 흐르거나 멈추는 것 같은 '문제'가 없어, 우주가 태어나기 이전에도 또한 우주였다고 할 수 있다. 만약 늘 이런 이른바 '문제'에 집착하고 있으면, 반드시 발이 번뇌의 진흙구덩이에 깊이 빠질 것 아닌가!

이제 우주적 '모두지만 몸통이 없다는 관(整而無體觀)'은 단 하나의 정확한 우주관이고, 우주의 진리이며, 그와 다른 것은 잘못된 것이라는 것이 아주 분명해졌다.

5. 불경에 나타난 '모두지만 몸통이 없다는 관(整而無體觀)'

우주적 '모두지만 몸통이 없다는 관(整而無體觀)'에 대한 것은 불경 속에 모두 나와 있다.

① '실상은 무상이다(實相無相)'[203]란 논점에서 '색(色)은 공(空)이고, 공은 색이다'[204], '4가지 원소(大)와 5가지 구성요소(蘊)는 모두 공(空)하다'[205]던가 '원만(圓滿)·원관(圓觀)' 같은 논점들은 바로 '모두지만 몸통이 없다는(整而無體)' 문제이다.

② 또 '연줄 따라 생겨나는 것이고, 본성은 공하다(緣起性空)'[206]는 논점도, 그 가운데 '연줄 따라 생겨난다(緣起)'는 것은 우주의 부분을 가리키고, '본성은 공하다(性空)'는 것은 우주의 통일체를 가리킨다. 통일체인 우주는 나지도 죽지도 않고, 인연(因緣)도 아니고, 옳고 그름(是非)도 아닌데, 이것이 바로 '본성은 공(空)하다'는 것이다. 모든 일과 모든 물체가 다 우주에서 생겨나 우주 속으로 되돌아가니, 나고 죽음(生死)·인과 연(因緣)·옳고 그름(是非)이 모두 우주의 부분이고, 모두 우주의 현상이고, 또 이 현상은 모두 곡두(幻像)이며, 연줄 따라 일어났다 연줄 따라 사라지는 것이다.

③ '공도 아니고(非空) 유도 아니다(非有)'[207], '늘 있다(常)와 덧없다(無常)'[208] 같은 논점도 사실은 '공이 아니다(非空)'와 '늘 있다

---

203) 『대보적경(大寶積經)』 권 23.
204) 『마하반야바라밀다심경(摩訶般若波羅密多心經)』 같은 경들.
205) 『불설오온개공경(佛說五蘊皆空經)』 같은 경들.
206) 『방광반야경(放光般若經)』 권 18.
207) 『대반야바라밀다경(大般若波羅蜜多經)』 권 559 같은 경들.
208) 『불설오론개공경(佛說五蘊皆空經)』,『대반야바라밀다경(大般若波羅蜜多經)』 같은 경들.

(常)'는 바로 우주적 '통일체' 쪽을 가리키는 것이고, '유가 아니다 (非有)'와 '덧없다(無常)'은 바로 우주적 '부분' 쪽을 가리키는 것으로, 합하면 바로 '모두지만 몸통이 없고(整而無體) 부분이지만 나눌 수 없는(部而不分)' 형편을 가리키는 것이다.

④ '온갖 것이 다 붇다의 가르침이다(一切法皆是佛法)'[209], 이것은 통일체인 우주가 자신이 가지고 있는 부분을 다 껴안는 것을 가리키는 것으로, 가지고 있는 부분은 모두 우주적 통일체에 함께 속해 있다는 것이다.

⑤ '붇다는 법계에 두루 가득 찬 것을 몸으로 한다(佛以遍滿法界 爲身)'[210]는 논점도 한마디로 말해서 '붇다가 바로 우주'라는 것으로, 이른바 '법계에 두루 가득 찼다'는 것은 바로 전체이지만 몸통이 없는 큰 우주를 가리키는 것이다.

⑥ '무릇 상(相)이 있는 것은 모두 허망하다(凡所有相皆是虛 妄)'[211]는 것은 바로 우주가 '모두지만 몸통이 없고, 부분이지만 나눌 수 없는' 형편을 가리키는 것인데, 그 가운데 '상(相)이 있는 것'이란 우주의 '몸통(體)'이나 '부분'을 가리키고, '허망'이란 그 '몸통'이나 '부분'이 실제로는 '착각이고 곡두(幻影)'라는 것을 가리키는 것으로, 여기서 우리의 '망상과 집착'이 생겨나는 것이다.

---

209) 『대반야바라밀다경(大般若波羅蜜多經)』 권 574, 『금강반야바라밀경(金剛般若波 羅蜜經)』 권 1, 『대방광불화엄경(大方廣佛華嚴經)』 권 53 같은 경들.
210) 『대방광불화엄경(大方廣佛華嚴經)』 권 3 같은 경들.
211) 『금강반야바라밀경(金剛般若波羅密經)』 권 1.

6. 무아(無我)는 바로 우주나(宇宙我)

그 밖에 또 가장 잘 알려진 '무아(無我)'[212]설이 있다. '무아(無我)'를 어떻게 이해할 것인가? 마땅히 우주적 '모두지만 몸통이 없다는 관(整而無體觀)'에 따라 '무아'를 이해해야 한다. 지난날 적지 않은 사람들이 '무아(無我)'를 '비아(非我)'로 이해했는데, 이것은 엄청난 잘못이다. 그들은 붇다의 본뜻을 어긴 것으로 영향이 몹시 나쁘기 때문에 내가 반드시 바로 잡고자 한다. 이른바 '무아'란 사실은 나도 아니고 나 아닌 것도 아닌 것(無我無非我)으로, 바로 '무아법공(無我法空)'을 말하는 것이다.

아래서 이 문제를 설명하기 위해 우리는 먼저 '나(我)'에 대해서 이야기 해보는 것이 좋을 것 같다. '나(我)'는 태어나 자라거나 아니면 사라져 없어지거나를 따질 것 없이, 우주의 4가지 원소 · 5가지 구성요소 · 수많은 인연들의 모임과 흩어짐이 아닌 것이 하나도 없다. 이 4가지 원소 · 5가지 구성요소 · 수많은 인연들은 모두 우주의 근본과 넓이 속에 깊이 뿌리를 박고 있어, 차츰 그 가운데 머물고 있는 한 줄기 연줄(緣鍵)에 영향을 미치고, 바로 전체 우주에 완전히 영향을 미칠 수 있다. 그렇기 때문에 사람들은 반드시 전체인 우주를 모두 '나(自我)'로 봐야 하는데, 그것을 '우주나(宇宙我)'라고 일컬을 수 있다.

전체적인 우주는 끝없고 가없고 그지없고 영원한 '모두지만 몸통이 없는 것(整而無體)'이기 때문에 볼 수 있는 상(相)이 없고, 취

---

212) 무아(anātman 또는 nir-ātman, 無我) : 초기불교 붇다의 핵심적인 가르침으로 초기 경전에 헤아릴 수 없이 많이 나온다. 한문 경전에도 『장아함경(長阿含經)』, 『대반열반경(大般涅槃經)』 같은 경들에 많이 나온다.

할 몸통이 없고, 집착하여 좇을 것이 없다. 그렇기 때문에 이른바 '우주나(宇宙我)'는 바로 '무아(無我)'다. 붇다가 말씀하신 '무아'는 바로 모두지만 몸통이 없는 끝없고 가없고 그지없고 영원한 '우주나(宇宙我)'를 가리키는 것이지 절대로 '나 아닌 것(非我)'을 가리킨 것이 아니다('나'와 '나 아닌 것'은 사람들이 착각을 한 것에 지나지 않는다).

이렇게 이야기 할 수도 있다. '무아'는 바로 나(我)와 나 아닌 것(非我)을 합친 것(結合體) 또는 같은 것(同一體)이라고 부를 수 있다. 이 '합친 것' 또는 '같은 것'은 끝없고 가없고 그지없고 영원히 '합쳤으나 상이 없고(合而無相)' 같지만 몸통이 없는(同而無體) 것'이기 때문에 '깨끗하고 텅 빈 몸(淸虛之身) 끝없는 몸통(無極之體)'이라고 하고, 그래서 '무아상(無我相)·무인상(無人相)·무중생상(無衆生相)·무수자상(無壽者相)·무법상(無法相)·무비법상(無非法相)'이라 하고, 그래서 '무연대자(無緣大慈)·동체대비(同體大悲)'라고 하는 것이다.

이 '우주나' 속에 수많은 온갖 하늘나라·해달별·강토와 땅·온갖 물체와 중생·인류와 인체 같은 것들이 모두 '세포'['나고 죽으며 헤아릴 수 없이 변화하는(生滅變幻)' 처지에서 도(道)가 약간 부족하지만 없어서는 안 되는 세포]를 이루고 있다. 이 '세포'는 하나의 '모두지만 몸통이 없는(整而無體),' 처음도 끝도 없고, 그지없이 영원하고, 생생한 '우주나'인 '몸통(機體)'을 함께 만들었다. 세상에 둘도 없고 오로지 하나뿐인 이 하나의 '몸통(機體)'은 영원히 '둘째 우주'가 있을 수 없고, 영원히 똑같은 2개의 '몸통(機體)'이 없기 때문에 '홀로 존귀하다(獨尊)'·'오로지 나 홀로 존귀하다(唯我獨尊)'고 하는 것으로, 바로 '온 우주에 오로지 나 홀로 존귀하다(唯宇宙我獨尊)'고 하는 것이다.

'무아'는 실제로 대우주의 '모두지만 몸통이 없다는 관(整而無體觀)'을 다른 낱말로 생동감 있게 나타낸 것으로 붇다의 살아있는 이론이다. '우주나'는 우주의 '모두(整)'라는 면을 가리키는 것이고, '무아'는 '몸통이 없다(無體)'는 면을 가리키는 것으로, 통일체(整體)는 몸통이 없고(整體卽無體) 몸통이 없는 것이 통일체(無體卽整體)이며, 합하면 바로 '모두지만 몸통이 없는 것(整而無體)' 또는 '몸통 없는 모두(整無體)'가 된다. 그렇기 때문에 이 '무아'·'비무아(非無我), 또 '우주나(宇宙我), 셋은 차별이 없다.

이렇게 이야기할 수도 있다. '무아'는 바로 '나'의 망상과 집착을 없애고 나의 착각과 곡두(幻影)를 없애 '나도 없고 나 아닌 것도 없는 상태(無我非無我)'에 이르도록 하고, 또 '나의 바른 깨달음(正覺)과 바른 알아차림(正念)'은 '나'를 우주의 몸통 없는 통일체(整無體) 속에 고스란히 한데 통하도록 해, 마치 물방울이 바다에 모이듯 통일체와 똑같은 무리(正等)를 이루게 하며, 또 '나'와 우주가 '고스란히 한데 뭉쳐 똑 같아지는' 본디모습(本來面目)이 되도록 한다.『무량수경』과『금강경』에서 되풀이 해 강조한 것이 바로 이 문제이고, 여러 불보살이 거듭 권유하는 것 또한 바로 이 문제이다.

우리는 절대로 '무아'를 '비아(非我)'로 잘못 써서는 안 되고, 더욱이 '비아(非我)'를 그대로 따르거나 (그렇다고) 서로 비방하고 서로 헐뜯어 '아심설(我心說)'과 '인심설(人心說)'[213]이라는 진창구덩

---

213) 북송(北宋)의 정자(程頤)가 '사람 마음이 도의 마음이다(人心道心).'라고 주장한 것이 인심설이며, 그 뒤 남송(南宋)의 주자(朱熹)가 이를 이기론(理氣論)으로 발전시켰다.

이 속으로 말려들어가서는 더욱 안 된다. 반드시 붇다가 말씀하신 '모든 중생을 자기 같이 보고 어려움에서 건지고 힘든 것을 대신 짊어져 함께 정토로 건너가야 한다'[214)는 것처럼 되어야 한다.

마침내 무아가 무슨 뜻인지 뚜렷해졌으니, 무아의 참뜻을 막힘 없이 환하게 통하게 되면 전 인류가 우주의 큰 이익을 얻게 될 것이다.

위에서 본 것을 종합해 보면 우리는 다음과 같은 사실을 바로 알 수 있다.

① 우주란 통일체인 우주만이 진정한 우주이고, 그렇지 않는 것은 부분적인 우주이며 우주의 실상이 아니다.

② 통일체(整體)란 우주적 통일체만이 하나밖에 없는 진정한 통일체이고, 그 밖의 모든 것은 부분일 뿐이다.

③ 우주적 통일체는 '모두이며 몸통이 없는 것(整而無體)'이고, 이 통일체는 부분이 모아서 이루어졌는데, 우주적 '몸통이 없는 모두(整無體)'가 가지고 있는 부분은 다 '부분이지만 나눌 수 없는 것(部而不分)'이다.

④ 통일체와 부분은 한데 통하여 막힘이 없어, 고스란히 한 몸이고, 상(相)도 없고 몸(體)도 없고 구별도 없다.

⑤ 이 통일체는 '본디부터 불성을 갖추고 있고, 본디 자체가 깨끗하고 맑으며,' 이 통일체가 가지고 있는 부분도 통일체가 본디 갖추고 있는 불성과 완전히 통해있기 때문에 똑같이 불성을 갖추고 있다.

---

214) 『무량수경(無量壽經)』 권 1에 '모든 중생을 자신처럼 여겨 온갖 선근으로 모두 열반에 이르게 한다'는 내용이 있다.

⑥ 때문에 이른바 이 우주적 통일체는 바로 '고스란히 한데 뭉쳐 똑 같아지는 불성체(渾然圓滿大同平正等的佛性體)'이다[줄여서 '한데 통해 막힘이 없는 큰 자성체(圓融渾然的大性體)', 또는 '영원하고 그지없는 우주나인 몸통(永恒無限宇宙我的機體)'이라고 부를 수 있다]. 이것은 우주의 본디모습(本來面目)이고 우주의 진리이며, 또 하나밖에 없고 진짜 참되고 틀림이 없으며 넘어지거나 깨트릴 수 없는 진리이다.

7. 우주적 깨달음은 우주적 지혜

우주 및 우주적 진리에 대해서는 이미 정확히 인식하였기 때문에 다음에는 우주적 깨달음에 대해서 얘기해 볼까 한다.

아주 분명해진 것은 우주적 깨달음이란 바로 앞에서 본 우주에 대한 정확한 인식을 가리키며, 또한 우주적 진리를 깨닫는 것을 가리킨다는 것이다. 위에서 이미 간추려 말했기 때문에 그것에 대해서는 더 이상 말하지 않겠다. 다만 위에서 말한 것 말고 '우주적 깨달음'이 가리키는 것이 따로 더 있는데, 그것은 통일체인 우주 자신의 자아현시(自我顯示) 또는 자연유로(自然流露)라는 것이다. 이것은 또 우주 진리의 현시(顯示 : 스스로 나타내 보임) 또는 유로(流露 : 감정이 일정한 상태로 나타나는 것)를 가리키기도 하는데, 불경 속에서는 이런 것을 '불성(佛性)'의 현시(顯示)라고 부르며, 통속적으로는 바로 영원하고 무한한 '우주나(宇宙我)'에 대한 '깨달음(覺醒)' 또는 '확철대오(大徹大悟)' '큰 깨달음(大覺悟)' 따위로 부른다.

　비록 이 두 가지 설법에 서로 다른 점이 있지만, 실제로 이 두 가지는 같고, 막힘없이 통하는 것으로, 이른바 우주적 진리에 대한 깨달음이란 바로 우주 진리의 현시이기도 하다. 이른바 우주적 깨달음 또한 우주적 진리를 깨닫는 것이다.
　이런 상황은 다음과 같이 간추릴 수 있다.

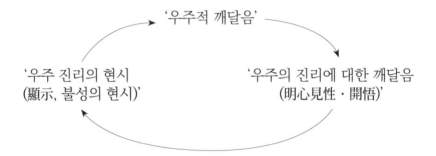

　【'우주적 깨달음'은 바로 '우주적 진리에 대한 깨달음'[수행자들이 말하는 '명심견성(明心見性)'·'개오(開悟)']이 되고, '우주적 진리에 대한 깨달음'은 바로 '우주 진리의 현시(顯示)'[수행자들이 말하는 '불성(佛性)의 현시(顯示)]'가 되며, '우주 진리의 현시(顯示)'는 바로 '우주적 깨달음'이 된다.】

　만일 '우주적 깨달음'에 대해 제대로 이해하지 못하는 사람이 있으면, 그런 사람에게는 다음과 같은 통속적인 추리를 내놓을 수 있다. 앞에서 우리는 우주의 부분인 아무개 중생의 깨달음을 인정하였다. 그렇다면 이 '깨달은 중생(覺悟衆生)'이 다 함께 귀속한 '모두이며 몸통이 없지만 성품이 있는(整而無體却有性)' 대우주는 왜 깨달음이 없겠는가? 만약 그렇다면 그것은 이상한 것이다. 실제로 이 '막히는 데가 없고 깊고 거대한 자성체(圓融深然大性體)'인 우주는 '모두지만 몸통이 없으면서도 깨달음(整而無體但覺悟)'이다. 그 깨달음은 본디 갖추어져 있는 것이고, 그렇게 될 수밖에 없는 것(必然的)이고, 시작도 끝도 없이 변함없는 것이고, 늘지도 줄지도 않아 그지없는 것이다.

중생의 깨달음은 다만 우주적 깨달음의 한 부분에 지나지 않는다. 사람들이 늘 얘기하는 이각(已覺) · 당각(當覺) · 선각(先覺) · 후각(後覺) · 본각(本覺) · 정각(正覺) · 등각(等覺) · 묘각(妙覺) 같은 것들은 실상 모두 이미 우주적 깨달음 안에 들어가 있는 것이다. 우주는 모든 것을 알고 할 수 있으며(全知全能), 우주란 본디 모든 것을 알고, 우주란 본디 모든 것을 할 수 있는 것이다. '우주적 깨달음', '우주나에 대한 알아차림(覺醒)'은 통일체우주인 '불성체(佛性體)'가 되고, '각오체(覺悟體)'가 되고, 그지없이 영원한 우주나(宇宙我)를 알아차린 '몸통(機體)'이 되는 것이다. 이것은 참으로 바른 것이고, 실재 존재하고, 명명백백하고 확실한 것이다. 불경 속에서도 늘 쓰이는 '심성(心性)' · '만법은 오로지 마음(萬法唯心)' · '깨달음의 바다(覺海)' · '자성의 바다(性海)' · '지혜의 바다(智慧海)' · '대승(大乘)' 같은 말들은 이 '우주적 깨달음'에 대한 상황을 설명하고 있는 것이다. 이에 대해 우리는 마땅히 굳게 믿고 흔들려서는 안 될 것이다.

이 문제를 좀 더 설명하기 위해, 아래서 이와 관련된 6조 혜능

(慧能)의 논술을 다시 보는 것도 괜찮을 것 같다. 혜능은 '마하쁘랑 냐빠라미따(摩訶般若波羅密多)[215]'를 해석할 때 이렇게 말했다.

"모두 다 마음을 깨끗이 가다듬고 마하쁘랑냐빠라미따(摩訶 般若波羅密多)를 마음속에 새기시오(念). 보디쁘랑냐(菩提般若)의 지혜는 세상 사람들이 본디 스스로 가지고 있는 것입니다. … …

무엇을 '마하(摩訶)'라 하는가? '마하(摩訶)'는 '크다(大)'는 것입니다. 마음의 양이 크고 넓기가 허공 같고, 가없고, 또한 네모도 동그랗지도 크지도 작지도 않으며, 또한 푸르지도 누렇지도 붉지도 하얗지도 않으며, 또한 위아래 길고 짧음도 없으며, 또한 화내는 것도 기뻐하는 것도 없고, 옳고 그른 것도 없고, 좋고 나쁜 것도 없고, 머리도 꼬리도 없으니, 모든 붇다 나라도 다 허공과 같다. 세상 사람들의 묘한 자성(自性)도 본디 공하여 한 법도 얻을 것이 없으니, 자성의 참된 공(空)도 이와 마찬가지입니다.

선지식(善知識)[216]이여, 내가 말하는 공(空)을 듣고 바로 공에 집착해서는 안 됩니다. 무엇보다 먼저 공에 빠져서는 안 되는 것이니, 부질없는 마음으로 고요히 앉아만 있으면 무기공(無記空)에 빠지게 될 것입니다.

선지식이여, 세계의 허공에는 만물의 색상(色像)을 모두 품

---

215) 마하쁘랑냐빠라미따((mahā-prajña-pāramita, 摩訶般若波羅密多) : 마하(mahā, 摩訶)+쁘랑냐(prajña, 빨리어 : pañña(빤냐, 般若)+빠라미따(pāramita, 波羅密多)의 합성어. 마하(mahā)는 '크다'는 뜻이고, 쁘랑냐(prajña)는 '지혜(wisdom, 般若)'라는 뜻이고, 빠라미따(pāramita)는 '저 언덕으로 건너간(gone to the opposite shore, 渡彼岸)'이란 뜻이다. 따라서 '저 언덕으로 건네주는 큰 지혜'라는 뜻이다. 좀 더 쉽게 해석하면 '큰 지혜의 완성'이란 뜻이다.

216) 선지식(kalyāṇamitra, 善知識) : 바른 도리를 가르치는 이를 말하며, 바른 벗(善友), 가까운 벗(親友), 뛰어난 벗(勝友), 바르고 친한 벗(善親)이라고도 한다.

고 있어, 해달별, 강토와 땅, 샘과 시냇물, 풀과 나무가 우거진 숲, 좋은 사람 나쁜 사람, 좋은 법 나쁜 법, 천당과 지옥, 모든 바다, 수미산을 비롯한 모든 산들이 다 그 안에 들어 있듯이 세상 사람들의 자성이 공한 것도 이와 마찬가지입니다.

선지식이여, 자성(自性)은 우주의 온갖 법(萬法)을 품을 만큼 크니, 우주의 온갖 법이 모든 사람의 자성 안에 있는 것입니다. 모든 사람의 악한 것과 그리고 선한 것을 보더라도 마음과 뜻은(心旨) 취할 수도 버릴 수도 없고, 더렵혀지지도 않는 것이라, 마음은 허공과 같아 크다(大)고 이름 하였으니, '마하(摩訶)'라 하는 것입니다. ……"[217]

6조가 말하는 '크다(大)'는 '그지없이 크다(無限大)'는 것이고, 온갖 사물과 현상을 품은 세계의 총체(總體)이며, 또한 바로 우리가 오늘 얘기하고 있는 '우주'라는 것을 어렵지 않게 알 수 있다. 그는 또 '공(空)'과 '집착 하지 않는 것(不著)' 같은 개념을 가지고 이 '통일체(整體)이면서 동시에 또 모두지만 몸통이 없는(整而無體)' 큰 우주를 조금도 다름없이 이끌어냈다. 세상 사람들이 말하는 '심량(心量)'·'묘성(妙性)'·'성공(性空)'과 걸림이 없고 원만한 큰 자성체(大性體)인 우주는 본디 다른 것이 아니다. 그렇기 때문에 '마하쁘랑냐(摩訶般若)'는 바로 '큰 지혜(大智慧)'이고, 바로 '우주적 지혜'이고, 통속적으로 말하면 '우주나(宇宙我)의 지혜'이며 바로 붇다의 지혜를 말하는 것이다.

'붇다의 지혜'가 '우주적 지혜'라는 것은 아주 확실하고 의심

217) 혜능(慧能), 『육조대사법보단경(六祖大師法寶壇經)』, 반야품(般若品).

할 나위가 없다. 6조가 여기서 말하는 '큰 지혜'란 실지로는 '우주
적 지혜'이고, 또한 우리가 오늘 이야기 하고 있는 '큰 깨달음(大
覺悟)'이고 '우주적 깨달음'이다. 불경 속에서 '큰 지혜'와 '큰 깨달
음'은 언제나 한데 섞어서 논하고 있는데, 이것은 위에서 본 6조의
이야기에도 '보디쁘랑냐(菩提般若)'의 지혜'라는 설법이 있고, 옛
날의 큰스님들도 '보디(菩提)[218]란 깨달음이란 뜻이고, 깨달음이란
바른 지혜'라고 하였다. '큰 깨달음'은 반드시 '큰 지혜'를 갖추고
있고, '큰 지혜'는 반드시 '큰 깨달음'을 얻는 것이니, '우주적 지
혜'란 바로 '우주적 깨달음'이고, 6조가 경에서 말하는 '마하쁘랑
냐(摩訶般若)'에 대한 해석도 '우주적 깨달음', 이 문제에 대한 가
장 유력한 설명이다.

8. 올바른 우주관을 세우고
'우주나(宇宙我)를 깨쳐야 한다.

우주의 진리를 깨닫는 것은 우주에 대한 정확한 인식이며 정확
한 우주관을 세우는 것인데, 이런 것이 정말 그렇게 이루기 어려운
것인가!

옛날을 뒤돌아보면 인류는 이 방면에 적지 않은 경험과 교훈
을 가지고 있다. 처음 사람들은 어리석고 사리에 어두운 것(蒙昧)

---

218) 보디(bodhi, 菩提) : 산스크리트 보디(bodhi)를 소리 나는 대로 옮긴 것이 보디(菩
提)이다. 뜻은 깨달음(覺)·지혜(智)·앎(知)·도(道)라고 옮긴다. 사전이나 불교계
에서 흔히 '보리'라고 읽는데, 1464년 세조가 몸소 우리말로 옮긴『佛說阿彌陀經』
에는 '보뎨'라고 읽고 있어 '보리'는 조선 후기에 들어오면서 잘못 전해진 것이다.

을 타파하였다. 그런데 또 '지구 중심설(地心說)'²¹⁹⁾과 '하늘은 둥글고 땅은 네모라는 설(天圓地方說)'²²⁰⁾이란 미혹을 만나게 된다. 얼마 뒤, '지심설(地心說)'과 '천원지방설(天圓地方說)'을 타파하게 되자 다시 자아를 잃어버리고 인생의 참뜻과 우주 속에서의 위치, 인생과 우주의 관계 따위를 어떻게 할지 몰랐다. 그 뒤 다시 '아심설(我心說)'과 '인심설(人心說)'이라는 미혹에 깊이 빠져 들어갔다. 오늘날 붇다 사상이 널리 떨쳐 일어나면서 '아심설(我心說)', '인심설(人心說)' 및 모든 장애와 집착을 타파하고, 우주의 진정한 모습을 발견하고, 우주적 깨달음을 얻어 '우주나(宇宙我)'을 알아차리게 되었으니 어찌 행운이 아니겠는가!

아울러 우리도 마침내 진리는 오로지 우주적 진리이고, 아주 분명하고 깨트릴 수 없는 단 하나의 진리라는 것이 뚜렷해졌다. 깨달음이란 우주적 깨달음만이 진정하고, 가장 철저하고, 가장 높아, 위가 없는 깨달음이다. 또 이 진리와 이 깨달음은 모든 사람이 완성할 수 있고 이룰 수 있으며, 아울러 모든 사람 스스로 본디 갖추고 있는 것이다. 왜냐하면 각 개인은 모두 우주의 부분이며 동시에 부분이지만 나눌 수 없는 것이기 때문이다. 이 부분과 다른 부분이

---

219) 지구중심설(地心說) : 오랜 옛날부터 많은 학자들이 우주는 어떻게 생겼을까 하는 구조에 대해 생각해왔다. 고대 그리스의 아리스토텔레스와 에우독소스는 지구가 우주의 중심에 있고 모든 천체가 지구 주위를 공전한다고 주장했는데 이것을 지구중심설이라고 한다. 중국어에서는 지심설(地心說)이라고 한다.

220) 하늘은 둥글고 땅은 네모라는 설(天圓地方說) : 주역(周易)의 기본 학설이다. 아주 오랜 옛날 복희씨(伏羲氏)는 늘 머리를 들어 하늘에서 해의 운행을 보고 하늘이 둥글다는 것을 알았으며, 머리를 숙여 땅을 관찰하여 지평선이 곧게 펼쳐지는 것을 보고 땅은 네모가 난 것으로 생각했다. 이것이 주역의 시작에 대한 전설이다. 『회남자(淮南子)』「천문훈(天文訓)」에는 "하늘의 도리는 둥글고 땅의 도리는 네모다(天道曰圓 地道曰方)" 라고 하였다.

우주적 통일체를 이루며 동시에 '모두지만 몸통이 없는 것(整而無體)'이다.

부분은 통일체의 본성을 갖추고 있고, 통일체의 본성은 각 부분 가운데 속속들이 통해있어 통일체와 부분은 한데 통하여 막힘이 없다. 망상과 집착, 착각과 곡두(幻影)를 없애면 다시 부분과 통일체의 본디모습으로 돌아가고 그 원만한 본성이 드러난다. 다만 우리는 지금도 적지 않은 사람들이 '아심설(我心說)'·'인심설(人心說)' 심지어 '지심설(地心說)'에 홀려 있다는 것을 인정해야 한다. 그들의 마음과 눈에는 우주란 여전히 우리 인류와 서로 대립된 하나의 밖에 있는 객체로서의 우주이며, 아울러 우리 인류 자신의 내적 우주를 받아들이지 않고 있다. 그들의 우주관은 여전히 우주의 부분관(部分觀)으로, 좁고 경직된 우주관이다.

그들은 아직까지도 우리가 살고 있는 세계에는 나지도 죽지도 않는(不生不滅) 것은 없으며, 영원한 것은 찾을 수 없다고 불평하고 있는데, 이것은 그릇된 생각이다. 사실은 이 통일체이면서 동시에 또 '모두지만 몸통이 없는' 우주야말로 바로 나지도 죽지도 않는 것이고 영원한 것이다. 그들은 '우주는 끝도 가도 없다'는 진리를 받아들이지 않고, 생각 밖으로 '마젤란의 항해가 지구 전체를 증명했다'는 것 같은 실천방식으로 검증된 것만 진리라고 공언하고 있으니 참으로 가여운 일이다.

그들은 언제나 헛된 것을 가지고 참된 것이라고 많은 착각을 일으킨다. 유물주의의 물질에 대한 착각, 유심주의의 정신에 대한 착각, 현실주의의 지금 실제로 받은 혜택에 대한 착각, 숙명주의의 과거 미래의 운명에 대한 착각, 존재주의의 존재에 대한 착각, 절충주의의 절충에 대한 착각, 허무주의의 허무에 대한 착각, 헤겔의 '핵심(內核)'과 '변증(辨證)'에 대한 착각, 그리고 다음과 같은 모든 부분에서 착각을 일으키고 있다 : 시간ㆍ공간과 마음ㆍ물질(時空心物), 나고 죽는 것과 움직이고 고요함(生滅動靜), 시작과 끝 그리고 있고 없는 것(始終有無), 발전과 쇠퇴(發展衰退), 인연(因緣)과 옳고 그름(是非), 명예와 이익ㆍ사회적 위치와 재물과 계집(名利地位財色), 가운데와 변두리ㆍ위아래와 4방ㆍ과거 현재 미래, 절대와 상대ㆍ미시(微視)와 거시(巨視)ㆍ주관과 객관ㆍ정과 무정(無情)ㆍ더하기(正)와 빼기(負)ㆍ사람과 사람 아닌 것ㆍ나와 나 아닌 것, '지심설(地心說)'ㆍ'인심설(人心說)'ㆍ'아심설(我心說)'.

만일 그들의 '깨달음'을 얘기하자면, 그들의 '깨달음'은 오로지 '육체아(肉體我)적 깨침(覺醒)'에 머물러 있으며, 한 단계 더 높인다 해도 '작은 단체아(小團體我)적 깨침' '작은 환경아(小環境我)적 깨침'에 지나지 않는다. 이런 깨달음과 우주적 깨달음의 차이는 엄청나게 크고, 오늘날 눈부시게 발전하는 과학물질문명과도 서로 적응하지 못한다. 두 가지가 서로 적응을 못하고 때때로 서로 필요 없는 방해를 일으키는 것은 높은 과학물질문명이 높은 깨달음의 사상과 가르침에 이르지 못하기 때문에 생긴 것으로, 문명의 위협을 조성하고 인류 스스로를 해치는 아주 중대한 결과를 가져다준다. 그렇기 때문에 그들이 말하는 소위 '문명'이나 '깨달음'이란 '착각'에 들어가는 것이지 바른 깨달음을 얻은 것이 아니다.

이런 사실들은 이미 밝혀졌고, 또 밝혀지고 있는 중이다. 우주 진리와 다른 모든 세속적 상식과 행위는 앞으로 인류 스스로에게 재난을 줄 것이기 때문에, 인류는 반드시 이치를 받들어 행동해야 하고, 우주적 진리에 거스르지 않아야 성과가 있을 것이다. 그렇기 때문에 우리는 반드시 전 인류에게 '우주나(宇宙我)'를 깨치도록 부르짖어야 하고, 함께 착각을 바로 잡아야 하고, 진리를 뚜렷하게 나타내 보여 진정으로 '자신과 남을 굴복시키도록' 해야 하고, 나(自我)를 뛰어넘어야(超越) 하고, 나를 벗어나(解脫), 바로 우주적 깨달음이라는 가장 높은 목적을 이루어내야 한다. 이것이 바로 인류를 복되게 하는 것이고, 중생의 근본 존재 가치가 아니겠는가!

9. 우주적 깨달음을 얻는 방법, '나모아미따불'[221]

우주적 깨달음과 우주적 진리, 그리고 붇다가 바로 우주이고, 우주가 바로 붇다라는 것은 사꺄무니 붇다가 일찍이 열어 보이셨

221) '나모아미따불' : 한국 불자들은 늘 '나무아미타불'이라고 염불한다. 관징 스님이 직접 녹음한 염불을 틀어보면 '나모아미따불'이라고 한다. 물론 마지막 '불(佛)'자는 중국 발음대로 '포'라고 하지만, '나모아미따'에서 2개의 소리, 곧 '모'와 '따'가 한국의 불자들이 하는 염불과 다르다. 결론부터 말하면 관징 스님의 발음이 맞다. 한자의 '南無'는 산스크리트의 'namo'를 소리 나는 대로 읽는 것인데, 한국에서는 '南'은 '남'으로 읽지 않고 산스크리트 소리대로 '나'로 읽고, '無'는 '모'로 읽지 않고 한국 소릿값을 따라 '무'로 잘못 읽은 것이다. 중국어 사전에는 '南無=나모(nāmó)'라고 되어 있다. 타(ta)는 한글로는 '따'로 읽어야 한다. 왜냐하면 산스크리트 글자에는 따(𑖝=ta)와 타(𑖞=tha)라는 전혀 다른 글자가 있다. 그렇기 때문에 바른 소리로 옮기려면 '𑖝(ta)=따', '𑖞(tha)=타'로 옮기지 않으면 ami-ta가 아닌 ami-tha가 되어버리기 때문이다. 사실은 '佛'도 '붇다(Buddha)→佛陀'로 소리 나는 대로 옮긴 것인데, 줄여 쓰기 좋아하는 중국인들이 '佛'로 줄여 쓰면서 그대로 정착된 것이다. 앞으로 불교의 국제화를 위해서는 본디 소리인 붇다(Buddha)로 읽는 것이 바람직하다.

다. 대·소아미따경[222]은 바로 이 문제에 대해 전문적으로 말씀하신 것이다. 붇다는 중생들에게 반드시 '나모아미따불'을 염불하도록 하였는데, 이것이 바로 붇다가 우주적 각오·우주적 진리·우주는 붇다·붇다는 우주 같은 것을 가르치려는 뜻에 가장 잘 들어맞는 것이다.

여러분 '나모아미따불(南無阿彌陀佛)'을 한 번 보십시오. 그 가운데 '아미따(阿彌陀)[223]'는 '그지없는 빛(無量光, Amitābha)[224]과 그지없는 목숨(無量壽, Amitāyus)'[225]을 뜻하는데, 바로 끝없는(無限) 시간과 끝없는 공간을 가리키며, 끝없는 시간과 끝없는 공간은 바로 우주입니다. 오로지 통일체(整體)이면서 동시에 '모두지만 몸통이 없는(整而無體)' 우주만이 끝없는 시간과 공간을 가지고 있기 때문입니다. 그렇다면 끝없는 시간과 끝없는 공간만 가지고 있으

222) 대아미따경은 무량수경(無量壽經), 소아미따경은 아미따경(阿彌陀經).

223) 아미따(amita, 阿彌陀) : a-mita는 a와 mita의 합성어이다. 아(a)는 '반대'를 나타내고 접두어이고 미따(mita)는 √ma나 √mi라는 어간에서 파생된 것인데, mi는 인도 고대 바라문교의 경전인 리그베다(Rig-veda) 같은 문헌에서 영어의 measure와 같은 뜻으로 쓰였다. measure는 동사로는 '재다', '측정하다'라는 뜻이고, 명사로는 분량(分量), 크기, 무게, 길이를 뜻한다. 따라서 아미따(amit)는 '잴 수 없는', '분량이나 크기가 없는' 곧 한문으로는 무량(無量) 또는 무한량(無限量)을 뜻하고 우리말로는 '그지없는'이란 뜻이 된다.

224) 그지없는 빛(無量光, Amitābha) : 산스크리트로는 아미따바(Amitābha, 阿彌陀婆)인데, 아미따(Amit)는 '그지없다'는 뜻이고, 아바(ābha)는 빛남(splendor, 光輝·光彩), 빛·밝음(light, 光) 같은 뜻이다. 따라서 아미따바(Amitābha)는 '그지없는 빛(無量光)'이고, 여기에 붇다(Buddha, 佛陀)가 붙어 아미따바 붇다(Amitābha Buddha, 無量光佛)가 된다.

225) 그지없는 목숨(無量壽, Amitāyus) : 산스크리트로는 아미따윳(Amitā-yus, 阿彌陀庾遮)인데, 아미따(Amita)는 '그지없다'는 뜻이고, 아윳(āyus)은 삶(life, 生), 목숨을 이어가는 힘(vital power, 生命維持力), 튼튼함(health, 健康), 목숨(duraion of life, 壽命), 긴 수명(longlife, 長壽) 같은 뜻이다. 따라서 아미따윳(Amitāyus)은 '그지없는 목숨(無量壽)'이고, 여기에 붇다(Buddha, 佛陀)가 붙어 아미따윳 붇다(Amitāyus Bud-dha, 無量壽佛)가 된다.

면 되는 것인가? 그렇지 않습니다. 거기에 끝없는 시간과 끝없는 공간의 통일체인 큰 우주적 깨달음이 더 있어야 하는데, 나모아미따불 가운데 '붇다(佛)'가 바로 그 뜻을 가리키는 것이다. 또 '나모(namo, 南無)'[226]가 있는데, '귀의(歸依)'라는 뜻으로, 만물중생과 대우주가 한 몸으로 모아져 있지 따로 떨어져 있지 않다는 것을 가리키는 것이다. 사실은 뭉쳐서 이루어진 하나만 존재하기 때문에 뗄 수 없는 것으로, 모두 함께 '모두지만 몸통이 없고, 부분이지만 나눌 수 없는' 통일체인 큰 우주를 이루고 있는 것이다.

결론은 아주 분명해진다. 여기서 나오는 붇다(佛)는 바로 '붇다가 바로 우주이고 우주가 바로 붇다'라는 것을 가리키는 것이 아닌가? '나모아미따불'은 바로 우주적 깨달음임과 동시에 또한 우주를 깨달은이를 말하는 것으로, 이것은 가장 참되고 틀림없는 진리이다.

---

226) 나모(namo, 南無) : 산스크리트 namo는 본디 namos라는 중성(中性)명사의 활용이다. namos는 절(bow), 경례(obeisance, 敬禮), 경건한 인사(reverential salutation, 敬虔人事), 예배·숭배(adoration, 禮拜·崇拜)를 뜻한다. namo는 주로 namos를 다른 낱말과 합성할 때 많이 쓰이는데, 보기를 들면, '나모 3보(三寶)'는 '나모 라뜨나-뜨랴야야(namo ratna-trayāya, 南無喝囉怛那哆囉夜野, 那謨囉怛那怛囉夜野)'라고 한다.

한문에서는 뜻을 따라 옮길 때 귀의(歸依)·귀명(歸命)·경례(敬禮)·귀례(歸禮)·신종(信從) 같은 낱말을 썼는데, 귀의(歸依)·귀명(歸命)을 가장 많이 쓰고 있다. 소리 따라 옮길 때는 남무(南無)·남모(南牟: 牟자는 '모'와 '무' 2가지로 읽는다)·나모(那謨)·나마(那摩)·낭막(曩莫)·납막(納莫) 같은 글자를 썼는데, 당시 소리로는 모두 나모(namo)로 읽어야 한다.

후세에는 염불할 때 나모아미따불(南無阿彌陀佛), 나모관세음보살(南無 觀世音菩薩)처럼 불보살 이름 앞에 붙여서 불렀다. 그러나 우리나라에서는 '南無'를 '나무(namu)'라고 부르고 있는데 잘못된 것으로 반드시 '나모(namo)'라고 불러야 한다. '南無'가 산스크리트를 소리 나는 대로 옮긴 것이라는 것을 알고 '南'자는 '나(na)'로 읽었는데, '無'자는 '모(mo)'자로 읽지 않고 우리나라 읽는 법대로 '무(mu)'라고 읽고 있는 것이다.

사꺄무니(Śakyamuni, 釋迦牟尼)[227] 붇다는 또 우리에게 '나모 아미따불'을 항상 염불하면 극락정토에 가서 태어날 수 있고, 붇다를 뵙고 붇다가 될 수 있다고 가르치셨다. 이 문제는 현재까지 마치 하나의 수수께끼이고 헤아릴 수 없는 일로 여겨지고 있다. 다만 적지 않은 사람과 중생들이 확실히 사꺄무니(Śakyamuni, 釋迦牟尼) 붇다의 이 가르침에 따라 행한 결과 감응을 받았고, (극락에) 가서 태어났고, 붇다를 뵙고 붇다가 되었다. 다만 적지 않은 사람들이 줄곧 그 원리, 곧 이른바 그렇게 된 까닭을 밝혀내기로 맘먹고 가벼운 마음으로 시작했으나 결과는 대단히 유감스럽게도 해낼 수 없었다. 왜냐하면 이 '그렇게 된 까닭'은 오로지 붇다에게만 있고, 붇다만이 알고 있기 때문이다. 그런데, 우리는 우주적 깨달음을 통해 이 문제를 보면서 혹시 '실마리(滴水)'를 얻을 수 있게 되지 않겠는가!

우주적 깨달음이란 바로 붇다의 깨달음이니, 붇다는 우주고 우주는 붇다이며, 붇다의 깨달음 또한 우주적 깨달음이다. 이런 깨달음은 큰 깨달음·큰 지혜·큰 광명·큰 자유·큰 신통이고, 이런 깨달음은 껴안지 않는 것이 없고, 알지 못한 것이 없고, 모르는 것이 없고, 볼 수 없는 것이 없고, 못하는 것이 없고, 통하지 않는 것이 없다. 아미따불은 '빛 가운데 가장 밝은 빛이요, 붇다 가운데 가장 높은 임금'인데, 우리와 아미따불은 본디 하나의 공통된 통일체

---

227) 사꺄무니(Śakyamuni, 釋迦牟尼) : 사꺄(Śakya)는 겨레(種族) 이름을 말하고, 무니(muni)는 거룩한 사람(聖者)을 뜻한다. 그렇기 때문에 사꺄무니(Śakyamuni)는 사꺄족 출신의 거룩한 사람(聖者)이라는 뜻이다. 한문으로 그 소릿값을 따서 사꺄무니(釋迦牟尼) 또는 사꺄문(釋迦文)이라고 옮겼다.

이고, 또한 '모두이며 몸뚱이가 없고, 부분이며 나눌 수 없는 것'이니, 우리가 아미따불을 잊지 않고(憶) 마음에 새기며(念) 그 이름을 부르면, 붇다는 바로 알게 되어 있다.

그렇기 때문에 우리는 붇다와 감응하고 서로 통하게 된다. 다시 말해 붇다가 과거세에 했던 다짐 및 바람(誓願)과 감응하여 서로 통하게 되고, 붇다가 베풀어주신 '신실한 이득'을 얻을 수 있게 되고, 망상·집착과 '부분관'을 깨끗이 쓸어 치울 수 있게 되고, 착각을 바로잡아 '우주적 깨달음'에 이르게 되면, 여러 불보살들의 영감을 깨닫고 인도를 받게 된다. 그렇게 되면 여러 가지 '기적'이 나타나고, 그렇게 되면 (극락에) 가서 태어나 붇다를 뵙고 붇다를 이루게 된다. 이러한 모든 일은 사리에 맞는 것으로 '수수께끼'가 아니며, 이해할 수 있고, 진실로 믿을 수 있는 것이다.

모두 아울러서 매듭을 짓는다면, 우주적 깨달음·우주적 지혜·우주적 진리는 아무리 많은 말을 하고 수많은 논리를 가져다 댄다 하더라도 마지막 뿌리로 돌아가는 것은 바로 한마디 '나모아미따불'이다. '나모아미따불'을 염불한다는 것은 바로 믿음(信)·발원(願)·닦음(行) 같은 모든 방편을 다 갖추는 것이고, 바로 우주적 깨달음에 이를 수 있는 것이니, 이보다 더 빛나 눈부시고, 이보다 더 뚜렷하게 뛰어난 것은 없다.

아 ! …

인류는 반드시 '나모아미따불' 염불을 해야 한다!

더 미룰 시간이 없다!

세상에 있는 모든 것(萬物)과 감각이 있는 모든 생명(衆生)은 반드시 '나모아미따불' 염불을 해야 한다. 더 늦출 시간이 없다!

나모아미따불! …

다섯째 마당

12명이 말하는
관징 스님 정토선과의 인연

1. 관징 스님 통역관 통거사(通居士)

궁철(중국 연변)

1) 한국에서 통역을 맡게 된 사연

나는 중국 길림성 연변에서 태어나 농업대학을 나와 용정시 특산국에 근무하고 있었다. 1983년부터 KBS 텔레비전에서 '누가 이 사람을 아시나요?'라는 프로그램으로 대대적인 이산가족 찾기 방송이 시작되었고 수많은 이산가족이 만나게 되었는데 우리 가족도 그 속에 들어 있었다. 그 뒤 나와 처형은 평창동에 있는 삼촌 집에서 가사 돕는 일을 하게 되었다. 1997년 3월 9일, 상락선 보살이 말씀하셨다.

"강서방, 능인선원에 중국에서 오신 스님이 법문을 한다는데 함께 가서 들어보자."

나는 불교 자체를 좋아서라기보다는 집에서 일하는 것보다 좋고, 또 오랜만에 중국에서 오신 분이 법문을 하신다니 따라 나섰다. 능인선원에는 정말 많은 사람들이 왔는데, 들어갈 때 모든 사람들에게 떡을 나누어 주었다. 관징 스님은 강한 복건성 사투리로 법문을 하시는데 통역을 맡은 여자 분이 차트를 넘기며 주로 차트에 적힌 내용 위주로 통역하고 있었다.

　법회가 끝나자 많은 대중들이 두 편으로 나누어 가운데 길을 내어 드리자, 관징 스님이 나오시고 그곳에 참석하셨던 7명의 스님이 뒤따라 나왔다. 우리 앞을 지나가시던 관징 스님이 갑자기 가던 걸음을 멈추시고 나를 보고 또 보고 하시더니 중국말로 물었다.

　"너 왜 여기 와 있는가?"

　나는 속으로 '웃기는 일이다. 나를 언제 보았다고 아는 척을 하지?'라고 한국말로 두런두런했다. 내 속을 아는지 모르는지 이렇게 말씀하셨다.

　"내일 구룡사에서 전법(傳法)하는데 꼭 오너라."

　이때부터 나는 큰스님을 모시고 통역을 하게 되었다.

2) 그렇다면 한 번 해보자.

1997년 관징 스님이 처음 왔을 때 대구의 한 호텔에서 그 지역 원로 스님들과 모임을 가졌다. 22명의 큰스님이 모였는데 대부분 각 종단의 종정을 비롯하여 유명한 스님들이었다. 그 때는 초창기라 최안지 씨가 통역을 했는데 나는 옆에 서서 열심히 듣기만 했다.

관징 스님이 극락 다녀온 이야기를 하고 정토선 수행법을 설명하자 대부분 화두선을 하는 스님들은 이에 아주 비판적인 공격들이 쏟아져 나왔다.

"한국에서는 염불이란 근기가 낮은 사람이 하는 수행법이다."

"우리는 참선을 한다. 화두를 참구하는 참선이 가장 수승한 수행법이다."

처음에는 공격에 대해서 나름대로 대답을 해 나갔으나, 참석자들의 공격이 그치지를 않고 도가 지나치다는 생각이 든 관징 스님께서 결심하고 참석한 스님들께 말씀하셨다.

"그러면 좋습니다. 나도 허운 화상으로부터 화두를 참구하는 참선수행을 배웠습니다. 그러나 30여년의 선수행을 통해서는 최고의 경지를 이르지 못했습니다. 그러나 염불을 통해 번뇌를 완전히 벗어나 무념상태를 이룰 수 있었습니다. 그렇기 때문에 우리가 이렇게 논란만 벌일 것이 아니라 서로 어느 정도 경계를 가지고 있는지 확인해 보기로 하는 것이 좋겠습니다. 저는 지금부터 이 자리에서 염불을 통해 선정에 들어가 7일 동안 꼼짝하지 않고 일어서지 않겠습니다. 여기 선을 많이 하신 대선사들이 많이 계시니 여러분이 닦은 수행법을 통해서 저보다 더 우월한 수행력을 보이실 분은 나서 보십시오."

이처럼 조용하면서도 단호한 관징 스님의 사자후에 아무도 나서는 스님이 없었다.

3) 아버지를 극락으로 천도해 주신 큰스님

솔직히 처음에 나는 관징 스님의 도력에 대해 큰 믿음을 가지고 있지는 않았다. 그런데 관징 스님에 대한 여러 가지 의심을 말끔히 씻을 수 있는 일이 있었다. 바로 아버지의 천도재 때문이다.

1999년 음력 6월 4일 아버지(姜周弘)가 돌아가셨다. 당시 나는 한국에 불법체류를 하고 있는 상태였기 때문에 아버지 장례식에도 참석하지 못한 큰 불효를 저지르고 말았다. 멀리서라도 자식으로서 도리를 해야겠다고 생각하고 49재를 준비하였다. 그래서 미국에 계시는 관징 스님에게 전화해서 여쭈어 보았다.

"아버지가 돌아가셔서 49재를 지내야 하겠는데, 어느 절에서 하는 것이 좋을까요?"

그러자 관징 스님께서 대답하셨다.
"너의 아버지 49재는 내가 직접 해 줄 터이니 따로 할 필요 없다."

관징 큰스님은 내가 한국에서 불법체류를 하고 있는 것도 잘 아시고, 또 내가 벌어서 중국에 돈을 보내야 된다는 것을 잘 알고 계셨다. 그래서 늘 나에 대해 신경을 써 주셨고, 큰스님이 직접 2번이나 우리 집으로 돈을 송금한 적도 있었다. 그렇기 때문에 모든 사정을 감안하여 직접 천도재를 해 주신 것이다. 이렇게 해서 관징 스님을 모신 덕분에 아버지에게 조금이라도 자식노릇을 할 수 있었다.

다음해인 2000년 5월 22일 관징 스님이 한국에 오셔서 전남 강진 백련사, 경주 백운암 같은 10곳이 넘는 순회법회를 마치고 마지막으로 6월 16~18일까지 상주 석문사에서 법회를 하실 때의 일이다. 저녁에는 늘 아무 말씀 안하시고 참선만 하시기 때문에 심심해진 나는 아버지 천도재에 대해서 여쭈어 보았다.

"아버지 천도재를 하셨다면 아버지는 지금 어디에 계십니까?"
"극락에 가셨다."

너무 간단히 대답하여 정말 믿음이 가지 않았다. 극락이라는 것이 그렇게 쉽게 갈 수 있는 것도 아니지 않는가? 그래서 다시 여쭈었다.

"그것을 어떻게 증명할 수 있습니까?"
내가 믿지 않는다는 것을 알아차린 관징 스님은 한참을 생각하더니 내일 천도재 오전 일정을 오후로 미루라고 하셨다. 영문을 알수 없지만 주지 스님에게 말씀드려 오전 천도재를 오후로 미루었다.

그날 저녁 공양 하시고 잠깐 주무신 뒤 12시에 일어나셔서 세수하시고 양치질을 하신 뒤 결가부좌를 하시고 앉아서 나에게 말씀하셨다.

"지금부터 내가 '읽어라'라고 하면 '중국 길림성 용정시 △△번지 강윤철이 아버지 강△△를 찾고 있습니다.'라고 중국말과 한국말로 읽어라."

12시 40분쯤 '읽어라'고 하셔 나는 '중국 길림성 …'이라고 중국말과 한국말로 읽었다. 10분 뒤, "또 읽어라"고 하셔 '중국 길림성 …'이라고 중국말과 한국말로 읽었다. 20~30분 뒤, "또 읽어라"고 하셔 '중국 길림성 …'이라고 중국말과 한국말로 읽었다. 계속해서 "읽어라"고 하시면 읽고, "또 읽어라"고 하면 또 읽었다. 이렇게 무려 4시간을 계속한 뒤 새벽 4시 반이 되어서야 말씀하셨다.

"찾았다. 너 원래 나를 믿지 않았지? 종이 가져 오너라."

종이를 가져다 드렸더니 아버지의 화상을 그리기 시작하였다. 다 그리신 뒤 물었다.

"너의 아버지 맞나? 천도한 것 틀림없지?"

"예, 맞습니다."

종이에 그려진 모습은 정확하게 아버지 모습이었고, 심지어는 금이빨이 몇 개 있는 것까지 정확하게 그리셨다. 정말 할 말이 없었다. 그래서 다시 여쭈었다.

"왜 이렇게 오래 걸리셨습니까?"

"극락에 가는 사람들은 모두 같은 모습이기 때문에 찾을 수가 없다. 다만 천도한 사람들은 모두 업을 가지고 왕생(帶業往生)했기 때문에 수행을 하다가도 자식이 아버지를 간절하게 부르면 망상이 뜨고 옛날 본디 모습(眞面目)이 나타난다. 그렇기 때문에 상품상생부터 너에게 '읽어라'하고 망상이 뜬 모습을 찾기 시작하여 9품을 다 훑느라고 시간이 걸린 것이다. 너의 아버지는 하품하생에서 찾았다."

나는 이 말씀을 듣자마자 관징 큰스님에게 큰절을 올리면서 말씀 드렸다.

"이제부터 저는 사부님께서 소를 보고 돼지라고 하면 돼지라고 하고, 팥을 보고 옥수수라고 하면 옥수수라고 하겠습니다."

다음날 오전에는 쉬셨다. 이제야 오전 천도재를 오후로 미루라는 큰스님의 뜻을 이해할 수 있었다. 저녁 내 9품을 다 다니시느라 힘들어 천도재를 할 수 없기 때문에 오전 일정을 오후로 미루셨던 것이다.

4) 네가 먼저 자성염불이 되어야지 - 개인교습

큰스님 모시고 다닐 때 나에게도 염불을 열심히 하라고 여러 번 말씀하셨다. 그리고 시간이 나면 관징 스님과 둘이서만 서로 주고 받으며 정토선 염불을 했다. 한국에 오시면 늘 빡빡한 일정에 바쁘게 움직이면서도 통역하는 나 한 사람을 위해 틈을 내서 염불을 함께 해 주신다는 것는 참으로 감격스러운 일이 아닐 수 없었다.

"너와 나는 전생부터 함께 했다. 네가 한 발 먼저 가야 다른 사람들도 믿을 것 아니냐?"

그래서 나름대로 시간 나는 대로 염불을 하였으나 당시 불법체류자 신분이었고 연변에 있는 집의 경제도 책임을 져야하기 때문에 어디 한 군데 머물러 염불에 집중할 수 있는 시간이 없었다. 그러다 2001년 상주 석문사에 오래 머물게 되면서 석문사에서 여러 신도들이 함께 염불하는 팀에 끼어 염불을 하게 되었다. 그런데 얼

마 안 가 등에서 염불소리가 들렸다. 바로 관징 스님이 말씀하신 '간배(艮背)' 지점이었다. 나는 바로 관징 큰스님에게 말씀드렸다.

"생각보다 늦게 되었구나. 자성염불이 시작된 것이다. 나는 네가 2000년 강진 백련사 법회 때 자성염불이 된 것으로 알았다. 그런데 네가 잡념이 많고 머리가 복잡하기 때문에 늦게 나타난 것이다. 이제부터 입으로 염불하지 않고 선을 해야 한다. 선을 하면서 아주 면밀하게 그 소리를 들어야 한다. 열심히 하면 꼭 된다."

그리고 수시로 자성염불에 대해서 자세한 설명을 해 주셨다.

"자성염불이 되는 것은 극락 가는 출입증이다. 사람이 목숨이 다 할 때 죽는 고통이 심하기 때문에 염불을 하기 어려운 경우가 많다. 그러나 자성염불이 되면 업이 커서 육신이 염불을 못하더라도 자성이 염불하기 때문에 업을 가지고 극락에 가게 된다. 업을 가지고 가더라도 극락은 뒤로 물러나는 일이 없기 때문에 열심히 해서 도를 이룰 수 있다. 내가 '우리 극락에서 만나요!' 라고 써준 사람은 그런 근기를 확인하고 써준 것이다."

"한국 제자들은 자성염불이 된 것을 내세우는 경향이 있는 것 같다. 자성염불이 되면 자기 스승한테나 이야기하고 조용히 다음 단계를 닦아야 하는데 여기저기에 떠벌리는 사람이 많다. 다시 한 번 말하지만 자성염불이 끝이 아니다. 그때부터 선을 해야 한다. 그래서 정토선이라 하는 것이다."

당시 소리가 약하게 들리거나 때로는 끊기는 경우도 있었다. 때로는 소리가 사라졌다가도 이틀만 열심히 염불하면 바로 다시 살아나고, 하자고 마음만 먹으면 금방 자성염불이 되살아난다. 그 뒤 소리가 점점 자리를 잡더니 이제는 하단전에서 계속 염불 소리가 난다.

앞에서 이야기 했지만 나는 중국에서 공무원 생활을 했기 때문에 종교를 미신이라고 생각하였다. 그러나 7년 동안 큰스님 모시면서 통역을 하고 다니다보니 어느새 나도 불교사상이 내 마음속에 스며들었고, 이처럼 자성염불까지 이룰 수 있었던 인연에 대해 정말로 감사하고 있다. 아무리 생각해도 큰스님이 말씀하신 것처럼 '전생의 인연'이 아니면 있을 수 없는 일이라는 사실이 더욱 실감이 난다.

2. 이 분이 금세기 진짜 도인이구나!

괭도(연지암 주지)

1) 관정 스님과의 만남

"극락에 다녀오신 중국 스님을 모셔왔으니 법회에 참석해 주십시오."

1997년 2월 안동 천등산 봉정사 지조암에서 함께 수행했던 타공 스님으로부터 연락이 왔다. 나는 출가하여 선방에 앉아서도 염불을 할 정도로 염불수행에 집중하던 중이었고, 염불하는 목적은 극락에 가는 것이기 때문에 극락을 다녀오신 스님이 오셨다는데 어찌 가만히 있을 수 있겠는가? 나는 바로 관정 스님이 와 계시는 함양으로 달려갔다. 재실(齋室)을 빌려 마련한 작은 토굴이라 큰스님에게 걸맞은 성황을 이룬 것은 아니었지만 관심 있는 불자들이 참석하여 관정 스님의 법문을 들었다.

당시 2박 3일 동안 이어진 법문에서 처음에는 극락을 다녀오신 이야기를 하며 극락의 여러 가지 상황을 자세하게 설명해 주셨다. 법문 가운데 가장 고갱이(核心)는 바로 정토선 염불이었다. 법회 도중 이 염불법을 소개하시면서 직접 육성으로 염불을 해 주셨다.

염불하는 사람이 여러 명이면 두 편으로 나누어 한 편이,

　"나모아미따워, 나모아미 따워"

　이렇게 2번 염불하면, 다른 한 편은 귀를 기울여 듣고, 이어서 다른 편이 똑같이 2번 염불하면 먼저 했던 편이 귀 기울여 듣는 것이다.

　약간 발음 차이가 나는 것은 흔히 우리가 '나무…'라고 하는데 '나모…'라고 했고, 우리가 '아미타'라고 하는 부분은 '아미따'라고 해서 '따'자를 아주 강하게 소리 냈다. 그리고 우리가 마지막에 '…불'이라고 하는 부분은 '워' 나 '훠'라고 들렸다. 나중에 알고 보니, 중국에서는 南無를 '나모'라고 읽고, 산스크리트 원문도 그렇다고 한다. '아미타'에서 '타'도 산스크리트에서는 '따'라고 한다고 한다. 결론적으로 말하면 관정 스님이 하신 '나모아미따'는 산스크리트 본디 소리와 정확하게 일치하는 것이다. 원래 중국어에서 '佛'자를 '퍼'라고 읽는데 '워'로 들리는 것은 복건성 사투리 음이라고 하는데, 관정 스님은 복건성 출신이기 때문이라고 한다.

　나는 그 동안 염불을 하면서 소리를 염했는데, 관정 스님의 염불을 듣자마자 "바로 이것이다. 이것이 참 법이구나."라는 생각이 들었다. 더구나 극락에서 수행하는 방법이라고 하지 않는가? 나중에 타공 스님이 번역해서 낸『정토선정의』를 자세히 읽어보고, 더욱 더 확신을 갖게 되었으며, '이 분이 금세기 진짜 도인이구나.'하고 믿게 되었고, 15년이 지난 이 순간에도 그 확신은 변함이 없다.

2) 극락새 가릉빈가의 소리인가?

1997년 이후 나는 정토선 염불을 하루도 놓은 적이 없이 계속하였다. 그냥 밥 먹듯이 염불하는 것이 하루 일과가 되어 있다. 그렇게 염불을 계속하던 어느 날 멀리서 희미하게 '나모아미따불' 하는 염불소리가 들리더니, 점점 더 소리가 커지면서 가까워졌다. 뿐만 아니라 계곡 물소리도 '나모아미따불'로 들리고, 온갖 시끄러운 소리가 다 염불소리로 들린다. 들렸다 안 들렸다 하던 소리가 하루 종일 이어지면서 어느 때부터인가 차츰 자기 소리로 들리면서 내 귀가 염불을 하기 시작하였다. 귀에서 나는 염불소리, 그것은 평소 내가 하는 염불소리와는 전혀 다른 소리였다. 정말 아름다운 소리라, 그 소리를 뭐라 말로 표현할 수가 없다. 이 소리가 바로 『정토선정의』에서 말하는 자성염불이라는 것이다. 자성염불을 듣는 순간 마음이 깨끗해지면서 맑고 깨끗한 극락세계와 하나가 된다는 관정 스님 말씀이 생각난다.

"나는 서울 가는 것보다 극락세계 가는 것이 더 빠르다."

3. 15년 만에 돌아온 "나무아미타불"

굉연(경주)

1) 1997년 대구 보현사(동화사 직할포교당) 법회

1997년, 자해 스님이 말씀하셨다.

"중국에서 극락을 다녀오신 고승께서 오셨습니다. 2월 20일 대구 보현사에서 법회가 있으니 많이 참석하기 바랍니다."

관정 큰스님에 대해서는 이미 『극락세계 유기(極樂世界 遊記)』라는 책을 읽었기 때문에 잘 알고 있었다. 그런데 우리나라에 오셔서 가까운 곳에서 법회를 한다니 정말 기쁜 소식이었다. 나는 모든 회원들에게 연락하여 함께 참석하였다.

이 법회에는 52명의 사찰 주지 스님들이 가르침을 받으러 오셨고, 또 그 스님들을 따라 참석한 신도들도 많았기 때문에 큰 강당을 메우고 바깥까지 들어차서 정말 대단한 행사가 벌어지고 있었다. 우리 미타회 회원들은 모두 극락을 가기 위해 열심히 염불하는 불자들이다. 그래서인지 극락을 다녀오신 큰스님께서 극락에 대해 말씀 하실 때 정말 모두 환희심이 절로 났다. 나는 그 이야기에 집중하느라 시간이 가는 줄도 몰랐다.

2) 정토선 수행과 자성염불

우리 회원들은 대부분 오랫동안 염불을 해 온 〈미타회〉 불자들이었지만, 정토선 염불은 처음 들어본 가락이고, 또 편을 나누어 두 번씩 번갈아 하는 방법은 처음 해보는 생소한 것이었다. 그러나 우리는 관정 큰스님에 대한 엄청난 믿음으로 나중에는 우리들끼리 열심히 정근을 계속하였다. 많지 않은 대중이지만 정토선 염불소리는 우리 절 계곡에 울려 퍼졌고, 염불삼매에 빠진 우리는 모두 마치 극락에 와 있는 것 같았다.

비록 관정 큰스님이 한국에 체류한 기간은 1달 밖에 되지 않지만 그 영향은 지대하였다. 우리는 이미 큰스님으로부터 직접 징토선 염불을 배웠기 때문에 우리들끼리 열심히 정근해보기로 하였다. 얼마 뒤 포항에서 간 우리 팀 15명, 대구에서 온 12명, 모두 27명이 한 주 동안 철야정진을 하기로 결정하였다. 밤 10시부터 아침 5시까지 7시간씩 집중적으로 염불하는 동안 자해 스님이 처음 몇 분간만 목탁을 쳐 주시고 토굴로 올라가시면 그 다음부터 우리는 두 팀으로 나누어 "나무아미타불, 나무아미타불"을 서로 주고받았다.

나는 지금까지 6가지 수행을 해 보았다. 아바타, 비파사나, 관세음정근 등등, 이러한 수행들이 비록 서로 다른 수행법이지만 실제 시간이 지나서 보면 모두가 다 하나도 버릴 것 없이 다음 수행의 징검다리가 되었다. 그렇기 때문에 7시간 철야에 집중할 수 있는 근기가 생긴 것 같았다. 이렇게 집중적으로 일주일 동안 염불을 했더니 그때부터는 내가 염불을 하지 않아도 허공에서 염불소리가 들렸다.

"관정 큰스님이 초심자가 3개월을 염불하면 자성염불을 한다고 하셨는데 이것이 자성염불이 아닌가?"

이런 생각을 하며 하루하루가 정말 환희에 차서 염불에 집중하였다. 이렇게 하늘에서 염불소리가 끊임없이 나고 있을 때 한 번은 아주 속상한 일이 있었다. 새집으로 이사를 했는데 물이 자꾸 새서 여러 차례 회사에 건의를 했지만 수리를 빨리 해주지 않아 결국 이불, 옷, 가구 등 많은 세간이 다 젖고 곰팡이가 피어 엉망이 되어버렸다. 나는 화가 나서 관리실에 가서 항의하였다. 너무 화가 나서 참지 못하고 나도 모르게 업이 동해 탐진치 삼독 가운데 하나인 화를 내버린 것이다. 그랬더니 단박에 자성염불이 끊어져버렸다.

"아니, 내가 지금 무슨 짓을 했는가? 이 세상에 극락에 가는 것보다 더 중요한 것이 무엇인가?"

너무 아쉽고 답답하여 울면서 화낸 것을 진심으로 참회하고 용서를 빌었다. 다행히 참회를 하고 나니 일주일 뒤 다시 허공에서 염불소리가 들리기 시작하였다.

3) 잃어버린 자성염불

나는 관정 큰스님이 오신 뒤부터 마치 극락에 사는 것 같았다. 1년에 두 번쯤 오셨다는 소식이 들리면 만사를 제쳐놓고 찾아가 공양을 올리고 마정수기도 받았다.

좋은 일에는 마장도 많다(好事多魔)고 했던가, 수행이 높아지면 마장도 그만큼 높아진다(道高魔盛)고 했던가! 우리절 에 이상한 기운이 감지되기 시작하였다. 아랫마을에 사는 총무와 대구 사는 전 회장이 예전처럼 절을 이끌어 가면서 무속인을 끌어들인 것이다. 그리고 얼마 뒤 이런 소식이 전해졌다.

"2000년 5월 초 관정 큰스님이 5번째 한국을 방문해서 가장 먼저 그 머나먼 우리 절을 찾았으나 무슨 일이 있었는지는 모르지만 큰스님께서 종이에 글 한 줄 써놓고 새벽에 떠나버리셨다"

"아! 이것이 무슨 일인가!"

정말 청천벽력 같은 소식이었다. 너무나 슬프고, 분하고, 화가 나서 그 뒤로 우리 절에 발길을 끊었다. 그렇게 큰스님이 우리 절을 떠나시고 난 뒤 2000년 6월 3일 경주 백운암에서 관정 큰스님이 법회를 한다는 소식이 전해져 회원들과 함께 참석하였다. 그리고 이 법회가 큰스님과의 마지막이 될 줄은 몰랐다.

관정 큰스님이 떠나신 뒤 나는 다시 옛날에 했던 '관세음보살'

정근을 했다. 관세음보살도 아미타불을 돕는 협시보살이기 때문에 좀 더 자신 있는 관세음보살 정근으로 돌아간 것이다. 또 실제로 기도를 해보면 아미타불 정근을 해도 실제 와서 도와주시는 것은 관세음보살이라는 것을 여러 번 체험한 적이 있기 때문이다. 힘든 예토를 살아가면서 어려운 일에 부딪히면 관세음보살 기도가 큰 도움이 된 것도 사실이다.

4) 다시 돌아온 자성염불

그리고 10년쯤 되는 세월이 흘렀다. 2012년쯤 어느 날 아들이 이야기 했다.

"제가 절에서 생사를 헤매고 있을 때 그동안 까맣게 잊고 있었던 정토선 염불소리가 들리면서 살아날 수 있었습니다. 이것은 우리는 정토선을 잊고 지냈지만 자성은 잊지 않고 염불을 하고 있다는 것을 뜻합니다. 관정 큰스님의 정토선이 여러 수행법에서 가장 빼어난 수행법이라고 했습니다. 우리가 관정 큰스님을 모실 때를 생각하면 정토선 염불을 하는 것이 좋겠습니다."

그렇다. 비록 관정 큰스님은 떠났지만 관정 큰스님을 한 번도 잊어본 적이 없다. 그런데 가만히 생각해 보면 그동안 관정 큰스님의 정토선 염불을 소홀히 했었던 것 같다. 관정 큰스님이 우리 중생에게 남긴 가장 큰 유산은 바로 우리가 정토선 염불을 해서 모두 극락에 가도록 하는 것이었다. 그래서 다시 '나무아미타불' 염불을 시작하였다.

　정토선 염불을 다시 시작하고 얼마 안 되어 아미타불을 뵈올 수 있었다. 아미타불께서 연꽃을 내리자 관세음보살이 받는 장면인데 연꽃을 나에게는 주지 않는 것이었다. 그동안 관정 큰스님은 우리가 염불을 시작하면 극락에 연꽃이 피고, 열심히 하면 연꽃이 자라고 염불을 그만 두면 시든다고 했다. 아마 염불을 다시 시작하니 연꽃을 살려주셨으나 아직 확실하게 내려주시지는 않는 것으로 해석했다.

　그리고　지난 해 어느 날 정토선 염불을 계속 이어가고 계시는 선용 스님이 계신다는 소식을 접하고 아들과 함께 찾아갔다. 정말 오랜만에 관정 큰스님 이야기를 나누고 선용 스님이 한국의 가락으로 염불한 정토선 염불 CD를 받아가지고 돌아왔다.

　집에 돌아와 새로 가지고 온 CD를 틀자 "나무아비타불, 나무아미타불" 염불소리가 경쾌하게 이어진다.

　"아! 그리운 염불소리!"

　15년 전 아련한 기억 속에 남아있던 관정 큰스님의 염불소리가 마음 저 밑바닥에서 다시 천천히 되살아나기 시작하였다. 그리고 하루가 지나자 내 머릿속에서 염불소리가 들리기 시작했다. 옛날에는 허공에서 들렸던 염불이 지금은 머릿속에서 난다. 자세히 들어보면 나의 목소리 같다. 이 얼마나 반가운 일인가! 15년간 끊어졌던 자성염불 소리가 다시 돌아온 것이다.

　'부처님 고맙습니다. 관정 큰스님 고맙습니다.'

감사의 기도가 저절로 나오고 감격의 눈물을 주체할 수가 없었다. 자성염불이 돌아오고 나니 바로 아미타불께서 연꽃을 내려주셨고, 자성염불이 좀 더 확실하게 되자 수정으로 된 연꽃을 받게 되었다.

　'15년이란 세월이 흘렀지만 관정 큰스님은 잊지 않고 다시 돌아와 주셨고 자성염불도 돌려주시는구나!'
　이런 생각을 가지고 조용히 관조해 보니 관정 큰스님은 떠난 것이 아니었다.
　"그렇다 내가 떠난 것이지 관정 큰스님이 떠나신 것이 아니다. 나는 왜 그동안 관정 큰스님이 나를 떠났다고 생각했을까?"

　『능엄경』의 「대세지보살 염불원통장」에 나온 말씀이 떠오른다.

　'사람과 견주어 말하면, 한 사람은 올곧게 생각하는데 한 사람은 까맣게 잊어버렸다면, 두 사람은 만나도 만나지 못하고 서로 보아도 보지 못한다. 두 사람이 서로 생각하며 그 생각이 깊어지면, 이 두 사람은 태어날 때마다(世世生生) 그림자가 모습을 따르듯 서로 어긋나지 않을 것이다. 시방의 여래께서는 중생을 어머니가 아들을 생각하듯 어여삐 여기신다. 하지만 아들이 달아나버린다면 (어머니가 그렇게) 생각한들 무슨 소용이 있겠느냐? 만일 아들이 어머니를 생각하길 어머니가 (아들) 생각하듯 한다면, 어머니와 아들은 여러 생을 지내는 동안 서로 어긋나거나 멀어지지 않을 것이다.

만일 중생이 마음에 부처님을 기억하고(憶佛), 염불(念佛)하면 지금이나 미래에 반드시 부처님을 뵙게 되고, 부처님과 멀리 떨어지지 않으며, 방편을 빌리지 않고도 스스로 마음이 열린다. 마치 향기가 묻은 사람은 몸에서 향기가 나는 것과 같은데, 이것을 향광장엄(香光莊嚴)이라고 한다.'

나는 이제 아침에 눈만 뜨면 자동으로 자성염불이 돌아가고, 다른 일에 열중하거나 다른 사람과 말을 할 때는 중단되었다가 일을 마치면 바로 염불소리가 이어진다.

"나무아미타불, 나무아미타불"

달아났던 내가 다시 돌아오자 자성염불이 돌아오고, 관정 스님도 돌아오고, 아미타불도 돌아오셨다. 향광장엄(香光莊嚴)이 온 누리를 덮는다.

4. 정토선 염불 수행일지

굉성(경주)

1) 〈1997년 2월 20일〉 관정 큰스님과의 첫 만남과 자성염불

30대 초반 때의 일이다. 3월 6일 큰스님이 우리가 다니는 군위에 있는 절에 오신다는 소식을 듣고 가서 다시 뵈었다. 우리 절에서는 낮에 잠깐 법회를 하면서 정토선 염불법을 배웠다. 그리고 관정 큰스님이 육성으로 녹음한 정토선 녹음테이프를 하나 받아가지고 돌아왔다. 나는 우리 절에서 포항까지 돌아오는 3시간 내내 차 안에서 그 녹음테이프를 틀고 집까지 왔다. 집에 돌아와 집안일을 정리하고 있는데 갑자기 "나무아미타불, 나무아미타불" 하는

아주 작은 소리가 들렸다. 분명히 녹음테이프는 틀지 않았는데 어디서 나는 소리일까 하고 자세히 소리가 나는 곳을 살펴보니 바로 내 귀 속에서 나고 있었다. 모기 소리만큼 작았기에 조용히 신경을 쓰면서 들어보니, 귓속 저 깊은 곳에서 들려오는데 참으로 신기하기 짝이 없었다.

'이것이 무엇이지?'
'그래, 이 염불에는 무엇인가 신비한 것이 있다.'

한편으로는 신기하여 믿기지 않으면서도 한편으로 새로 배운 정토선 염불에 대한 강한 믿음이 내 마음 속에 자리 잡았다. 관정 큰스님이 법문을 할 때 이렇게 소리가 나는 것이 자성염불이라고 했지만 자성이 무엇인지, 자성염불이 무엇인지 감이 오지 않았는데 내가 직접 체험해 보니 '바로 이것이구나!' 하는 생각이 들었다. 그리고 그 때부터 수행이라고 할 수는 없지만 안 놓치려고 열심히 들었다. 그러자 그 소리가 점점 커지고 또렷하게 들리기 시작하였다.

그렇게 2달쯤 지난 어느 날, 자고 일어났는데 갑자기 자성염불 소리가 들리지 않고 뚝 끊어져 버렸다. 나는 몹시 당황해서 이것이 어떻게 된 일인지 곰곰이 생각해보니 바로 엊저녁 회사 회식 때 고기를 한 점 먹었던 것이 원인이라는 것을 알 수 있었다. 나는 평소 육식을 삼갔는데 회사에서 회식할 때 옆 사람들이 하도 권하길래 고기를 한 점 먹은 것이 이런 결과를 낳은 것이다. 나는 즉시 육식을 일체 하지 않고 자성염불을 다시 살리기 위해 녹음테이프를 틀고 큰 소리로 염불을 하는 등 엄청나게 노력을 하였다. 그러자 사흘 만에 다시 자성염불이 시작되었다. 관정 큰스님은 법회하기 전에 늘 먼저 계를 스승으로 삼아야 한다는 법문을 하신다. 그렇기 때문에 수행을 하려면 역시 먼저 계를 지켜야 한다는 것을 엄중하게 경고하는 사건이 벌어진 것이다.

처음에는 2~3일씩 허공에서도 염불소리가 났는데 나중에는 귓속에서 났고, 5~6개월이 지나자 가슴에 있는 중단전으로 그 소리가 옮겨갔다.

"자성염불이 옮겨 다니기도 하는구나!"

이런 생각을 하였다. 가슴에서 나는 염불소리가 익어가자 그때부터는 신경을 쓰지 않아도 자동으로 잘 돌아가고 내가 어떤 일에 집중하거나 다른 사람과 이야기 할 때도 소리는 나지 않지만 안에서 소리가 이어진다는 느낌이 계속되었다. 그리고 일이 끝나거나 이야기가 끝나자마자 바로 중단전에서 염불 소리가 이어졌다.

'내 속에 나 아닌 다른 무엇이 있구나!'

생각하면서 환희심이 나고 모든 생활이 즐거워졌다. 그러나 나의 수행 결과는 함부로 남에게 말하는 것이 아니라는 것을 알기 때문에 남에게 이야기를 하지 않았다.

2) 내 몸 속에 또 다른 내가 있다.

자성염불이 크고 또렷하게 되기 시작하면서 특이한 경계를 보기 시작하였다. 자성염불이 되고 3~4개월이 지나자 지옥과 천상을 보게 되었다. 아울러 많은 생을 살아오는 동안 몸 안에 쌓였던 숙업이 녹아나는 것을 볼 수가 있었다.

나의 자성염불은 계속되었고 다음 해에는 아미타불을 친견할 수 있었다. 내가 어딘가에 혼자 두리번거리고 있는데 어디서 지금까지 맡아보지 못한 오묘한 향기가 나면서 기분이 아주 상쾌하고 좋아졌다. 주변을 둘러보았지만 아무 것도 보이지 않는데 앞에 단단한 벽 같은 것이 가로막혀 있었다. 그래서 벽 위를 올려다보면서 "아, 아미타부처님이시다!"는 생각이 들었다. 그러나 부처님이 너무 높아 끝까지 다 볼 수가 없었다. 마치 개미 한 마리가 63빌딩을 올려다보는 것처럼 어마어마한 크기라 헤아릴 수가 없었다. 가슴까지는 확인할 수 있었지만 그 위로는 무지갯빛 안개가 자욱하게 끼어 볼 수가 없었다. 비록 위 부분은 뵙지 못했지만 웅장하기 그지없는 가슴 아래 부분에는 형언할 수 없이 아름다운 갖가지로 장엄이 되어있어 나를 황홀하게 하였다. 아미타불을 친견하는 동안에는 자성염불이 들리지는 않았지만 온 몸에서 함께 돌아가며 이어지고 있다는 것을 느낄 수 있었다.

관정 큰스님을 뵙고 나서부터 자성염불은 더욱 또렷하게 들려 이제는 늘 자성염불과 함께하는 생활이 이어지면서 새로운 경계들이 더 나타나기 시작하였다. 무엇이라고 뚜렷하게 설명할 수는 없지만 내가 자성염불을 하고 있는 그놈을 쳐다보는 또 다른 내가 있다는 것을 알 수 있었다.

'염불하는 놈이 나인가? 아니면 그것을 묵묵히 지켜보는 놈이 나인가?'

사실은 그때 관정 큰스님에게 직접 물었더라면 정말 시원한 대답을 듣고 공부도 한 단계 뛰어넘었을 것이라는 생각이 든다. 그러나 그때는 감히 그런 생각조차도 못했다. 지금 생각하면 정말 아쉬운 대목이다.

1990년대 말, 관정 큰스님을 다시 뵙고 나서 출가 하겠다는 마음을 먹었다. 그 당시 내가 보던 『정토선수행법』이라는 책에 나의 심정을 이렇게 메모해 놓았다.

'사람으로 태어나 정법 만나기 몇 겁 만이었던가. 이제 시절인연으로 정법을 만났으니 어찌 수행을 게을리 하랴! 이 몸 받았을 때 대장부 한 소식을 마치리라!'

그러나 그 때 출가는 현실화 되지 못했다. 2000년 초 관정 큰스님이 5번째 방문하셔서 글 한 줄 남겨놓고 떠나버리셨다는 소식을 듣고 크게 실망을 하게 되었고, 결국은 출가를 접게 되었다.

3) 잃어버린 자성염불이 죽음에서 나를 건지다.

2000년 관정 대법사께서 우리 절을 떠나신 뒤 정토선 수행에 대한 내 열정이 조금씩 식어가면서 자성염불도 서서히 약해지기 시작했다. 그리고 그냥 놔버린 자성염불은 힘이 없어져 어느 사이 내 영혼에서 사라져 버리고 말았다. 내 젊음의 가장 황금기였던 30대 전반 거의 5년 동안 내 마음을, 내 영혼을 철저하게 붙잡았던 자성염불을 어떻게 그렇게 쉽게 망각할 수 있는지 지금 되돌아보면 참으로 무섭기까지 하다. 그 뒤 나는 비록 정토선은 떠났지만 수행에 대한 막연한 열망은 남아 있었던지 각종 사찰의 여름 수련회를 쫓아다니고, 한 때는 어느 스님의 권유에 따라 화두선에 몰두하기도 했다.

그러나 그 어떤 수행도 옛날 자성염불 했을 때 체험했던 깊은 경지를 얻지 못하고 나이는 불혹의 나이를 바라보고 있었다. 그래서 봉화에 있는 한 사찰에서 불사를 도우면서 제대로 수행을 해보려고 마음을 먹었다. 그러나 수행을 제대로 시작하기도 전에 큰 사고가 나서 생사를 헤매는 일이 벌어졌다. 비탈에 세워놓은 차의 브레이크가 풀리면서 차가 굴러 내려가기 시작한 것을 보았다. 나는 재빨리 뛰어가서 앞문을 열고 간신히 옆에서 핸들을 붙잡았으나 이미 기울어진 차를 세우기는 늦었다. 그렇게 좁은 산길을 달려 내려가던 차가 결국은 큰 나무에 부딪치면서 내 몸은 튕겨나가 허공을 날아 땅바닥에 떨어져버렸다. 다행히 머리는 다치지 않았지만 양쪽무릎 연골이 파열되고 발목뼈가 여러 조각나서 깨지고 팔꿈치에 살점이 떨어져 나가는 큰 사고였다. 그런데 그 순간 하나도

아프지 않았고 갑자기 절 안에서 엄청나게 큰 소리로 정확한 정토
선 염불소리가 나기 시작했다.

"나무아미타불, 나무아미타불!"

나는 속으로 깜짝 놀라 '아니, 저 절에는 관정 큰스님이 오신 적
이 없는데 어떻게 정토선 염불을 틀어놓았을까?' 이런 생각을 했
다. 나는 그 염불소리를 들으면서 정말 마음이 고요하고 편안하였
다. 마치 망망대해 위에 조용히 누워있는 기분으로 정토선 염불에
빠져 있었다. 내가 몇 년 전 자성염불이 될 때 느꼈던 편안함 그대
로였다. 나중에 생각해보니 그렇게 큰 부상을 입었는데도 하나도
아프지 않고 편안했던 것을 보면 정신을 잃었던 순간에 정토선 염
불 소리가 났다는 것을 알 수 있다.

의식이 돌아오자 온몸이 안 아픈 곳이 없을 정도로 견디기 힘들
었다. 나는 '정신이 깨어나지 않고 조금 전의 편한 자세로 그냥 갔
으면 좋겠다.' 하는 생각이 들었으며, '수행하면 죽음이 전혀 두렵
지 않는구나!' 하는 생각이 들었다.

사람들이 달려와 나를 깨우고 병원으로 옮겨져 꽤 오랫동안 병
원신세를 져야 했다. 병원에 있으면서 나는 다시 정토선으로 돌아
가야 한다고 마음먹었다. 내가 죽음에 맞닥트릴 때 결국 나를 살
린 것은 아미타부처님이었고 정토선 염불이었기 때문이다. 그동
안 내 귀에 정토선 염불 소리는 들리지 않았지만 마음 속 저 밑에
는 자성염불이 쉬지 않고 계속 돌아가고 있었던 것이다.

4) 다시 시작한 정토선 염불

본격적으로 정토선을 하려고 했는데 어떻게 된 것인지 마음만 바빴지 몇 년간 다시 허송세월을 보내다 보니 나이만 먹어가고 있지 않는가? 그래서 3년 전쯤 어머님에게 말씀 드렸다.

"어머니와 저는 10년 전 정토선 염불을 떠나 어머님은 관세음보살 정근을 하셨고, 나는 이것저것 옮겨 다니다가 세월만 보냈습니다. 전에 제가 죽음에 직면할 때 제게 남은 것은 나무아미타불밖에 없었고 그 아미타불이 나를 살렸습니다. 이제부터라도 정토선 염불을 하는 것이 좋겠습니다."

어머니도 동의하셔서 3년 전부터 다시 정토선 염불을 시작하였다. 그러나 그 전처럼 바로 자성염불이 되살아나지 않았다. 이제는 마음 변하지 않고 끈질기게 염불테이프를 틀고 염불을 하였다. 그리고 무려 2~3년이나 걸려 겨우 자성염불이 되살아났고 귀속에서 들리던 자성염불이 이제는 이전처럼 중단전에서 들리기 시작한다. 너무 쉽게 자성염불을 이루어 그 가치를 몰랐었는데 다시 해보니 한 번 놓치면 다시 찾기가 참 어렵구나 하는 생각이 들었다. 10년 전에는 정말 크고 또렷하였으며 자성염불이 잘되었지만 지금은 정신 차려 끈을 놓치지 않아야지 정신을 조금만 놓으면 흩어진다. 그래도 이제는 다시 돌아온 자성염불을 키워나가 두 번 다시 지난날의 실패를 되풀이하지 않을 것을 다짐한다.

5. 10년 염불하여 만난 정토선 염불

안양 · 원만행(대구)

1) 중단전에서 들리는 '나무아미타불' 염불 소리

'나무아미타불'

이 한마디는 우리 집에서 끊이지 않고 이어가고 있었다. 우리가 하는 염불은 다른 수행과 겸해서 하는 것이 아니라 오로지 염불에만 집중하기 때문에 다른 불서는 보지도 않는다. 그렇게 하다가 관정 스님을 알게 된 것은 서울 능인선원에서 열린 법회를 녹화한 비

디오를 보고나서이다. 그리고 같은 해 가을 우리가 다니는 경주 미타사에서도 관정 스님을 초청하여 법회가 열렸다.

이 법회에 참석했던 우리 부부는 그 뒤 바로 지금까지 했던 염불방법을 바꾸어 관정 스님의 정토선 염불을 시작하였다. 절에 갔을 때는 물론 집에서도 열심히 듣고 차만 타면 차에서도 흘러나오기 시작한다. 이렇게 4~5개월이 지난 뒤 먼저 원만행 보살이 이야기했다.

"처음에는 멀리서 소리가 나더니 점점 가까이 들리더니 귀에서 염불소리가 들리네요."

"자성염불이 된 것인가?"

"귀에서 나는 것 같기도 하고 밖에서 나는 소리가 귀에서 들리는 것 같기도 하고요! 아무래도 자성염불은 아닌 것 같아."

"언제 소리가 나는데?"

"집에서 조용히 있을 때는 물론 버스를 타고 갈 때도 모든 소리가 염불로 들립니다."

"어떤 소리가 들리는데?"

"내가 염불하는 소리도 들리고, 관정 스님이 염불하는 소리도 들리고, 여러 사람이 합창하는 소리도 들리고…. 아무래도 자성염불이 아닌 것 같은데, 이것이 무슨 소리일까?"

당시 나는 직장에 다니고 있어 보살보다 더 열심히 할 수가 없었기 때문에 우리집 보살이 먼저 자성염불에 가까운 것은 당연한 일이었다. 귀에서 염불소리가 들린다는 소리를 듣고 나도 더 분발하지 않을 수 없었다. 따지고 보니 나는 직장 다닌다는 핑계로 느슨하게 했던 것이 사실이었기 때문이다. 차를 타고는 물론, 조그만 틈만 생겨도 나는 열심히 정토선 염불을 했다.

"나무아미타불, 나무아미타불!"

그리고 두 달쯤 뒤 내 귀에도 염불소리가 들리기 시작하였다. 처음에는 멀리서 작은 소리만 들리더니 소리가 점점 커지면서 '나무아미타불' 소리가 또렷하게 들렸다. 처음에 내가 한 염불소리같이 들리더니 자세히 들어보니 관정 스님이 하는 염불소리가 명확하게 났다. 그리고 좀 더 열심히 염불했더니 이제는 무슨 일을 해도 염불 소리가 나고 그 염불 소리가 날 때는 그 소리의 톤만 들린다. 어떤 때는 관정 스님이 하시던 강한 톤이 나오다가 어떤 때는 내 마음에 따라 아주 부드러운 소리가 나며 소리가 때와 마음먹는 것에 따라 달라졌다. 그러던 어느 날 어느 사이에 내 몸속에서 염불 소리가 났다. 바로 가슴팍에서 나는 것으로 흔히 말하는 중단전에서 염불소리가 자동으로 돌아가고 있었다. 바쁘면 잊어버렸다가도 생각만 하면 염불소리가 성성하게 들렸다.

"이것이 자성염불이라는 것인가?"
하고 생각하며 나름대로 환희심을 내며 열심히 정진하였다.

2) 자성염불인가? 환청인가?

어느 날 법회가 끝나고 진안거사가 법장스님에게 머리 뒤쪽에서 염불이 들린다고 말씀드리니, 스님이 '환청'이라 말씀을 하시면서 '마장'이라고 하셨다. 스님 말씀을 듣는 순간 상당히 충격적이었다. 당시만 해도 미타사 스님은 우리를 정토로 이끌어주신 스님이고 부처님 말씀처럼 믿고 따르던 스님이었기 때문이다. 솔직히 그 당시는 자성염불에 대해 말씀해 주셔도 이해를 할 수가 없었다. 스님이 '환청' '마장'이라고 하시니까 진안 거사와 우리끼리만 여러 번 이야기를 나누었지만 확신이 서지 않고 의문이 계속되었다.

'그렇다면 어떻게 되는 것이 자성염불인가?'
'자성염불의 기준은 무엇인가?'
'누가 이것을 증명해 줄 것인가?'

이런 의문과 불만 때문에 큰 실망감과 상실감을 느끼지 않을 수 없었다. 거기다 여러 가지 소문에 시달리고 믿음이 떨어지다 보니 우리 공부는 거기서 멈추어버리게 되었다. 지금 생각해 보면 그때 과감하게 다시 법장 스님에게 나의 경계를 물어보았어야 했는데 진안 거사와 상의만 했고, 더구나 관정 스님이 다시 오셨을 때 직접 여쭈어 보았어야 했는데 그렇게 하지 못한 것이 참으로 아쉽다. 3년 뒤인 2000년 6월 3일 첫 번째 일요일이라 경주 미타사에 가서 법회에 참석하였는데 사찰 건축업을 하는 신사장이 "오늘 관정 스님이 경주 백운암에서 법회를 한다고 해서 우리 부부는 함께 백운암까지 가서 법회도 참석하고 마정수기도 받았다"고 한다. 그 뒤 미타사에도 여러 번 오셨는데 시간 나는 대로 찾아가 뵈었다. 그 때 우리는 마정수기도 중요하지만 수행에서 나타나는 경계를 물어야 했다는 것을 이제야 깨달았으니 참으로 통탄이로구나!

이렇게 정토선 염불을 놓아버렸지만 어찌 된 것인지 내가 생각만 하면 아직도 중단전에서 정토선 염불소리가 들린다. 쩌렁쩌렁한 관정 스님의 2회 염불이 확실하게 들린다. 이점은 우리 집 보살도 마찬가지다. 생각만 하면 바로 속에서 염불소리가 들린다고 한다. 나는 6~7년 전 정년퇴직을 하고 내가 가지고 있던 기술을 가지고 여러 사찰에서 봉사를 하고 있다. 주로 앰프를 설치하고 손봐주고 있다.

3년 전 학림사에 일을 봐주러 갔다. 입구에서 차를 딱 내리는데 내 가슴에서 정확하게 관정 스님 정토선 염불 소리가 났다.

"나무아미타불 나무아미타불"

아무리 둘러보아도 다른 데서는 앰프를 틀어놓거나 염불하는 사람도 없고 소리도 들리지 않았다. 이상하다고 생각하면서 주차장으로 지나 계단을 건너 대웅전 앞으로 갈 때까지 염불소리가 끊이지 않고 계속되었다. 수환 스님이 촛대를 좀 정리해주고 앰프 조정을 해달라고 해서 법당에 들어갔는데 나는 깜짝 놀랐다. 바로 법당 안에서 똑같은 정토선 염불 소리가 나는 것이다.

'이 절에서 관정 스님 정토선 염불을 할 리가 없다.'

생각해서 소리 나는 곳을 가보니 작은 염불기에서 정토선 염불 소리가 아주 작은 소리지만 또렷하게 이어져 가고 있었다.

'아! 우리만 하는 줄 알았더니 여기서도 정토선 염불을 하고 있구나!'

이런 생각을 했다. 그렇지만 그 소리는 아주 작아 법당 안에서도 아무도 없이 조용해야지만 들릴 수 있는 나지막한 소리로 이어지고 있었다. 그런데 어떻게 주차장에서부터 내 가슴에서는 똑같이 소리를 냈을까? 누구에게 들으니 자성염불이 되면 다른 사람이 두 번 염불하면 내 자성염불이 두 번을 따라서 한다는 소리를 들었는데, 여기서는 법당에서 나는 정토선 염불과 내 자성염불이 하나가 되어버린 것이 아닌가 하는 생각이 들었다. 시간에 맞추어 자동으로 염불이 들리도록 앰프를 조정해 드리고 촛대도 다 설치해 드린 뒤 주지스님과 차 한 잔을 들면서 정토선에 대해서 여쭈었더니 뜻밖의 사실을 알려주셨다.

"관정 스님을 두 번 모셔 법회를 했고, 정토선 염불법을 직접 해보고 자성염불까지 한 뒤 확신이 생겨 내가 녹음한 정토선 염불을 대만에 보내 염불기를 만들었습니다. 우리 법당에는 늘 정토선 염불이 돌아가고 있습니다."

참으로 깊은 인연이라고 아니할 수 없었다. 어느 날 부산에 있는 선원에서 앰프를 손봐주고 있는데 스피커에서 '약사여래불' 염불이 흘러나왔다. 그런데 참으로 이상한 것은 그와 동시에 내 가슴에서는 '나무아미타불' 자성염불이 자동으로 돌아가고 있었다. 다른 절에 가서도 스피커에 관세음보살 염불 소리가 나도 내 가슴속에서는 관정 스님 정토선 염불이 돌아가 사운드가 서로 부딪친다.

'이런 현상을 나는 어떻게 해석해야 할 것인가?'

6. 정토선과 기공이 하나 되니…

꿩공(혜원, 서울 평인사 주지)

"중국에서 오신 고승께서 북한산 영취사에서 법회를 하신답니다. 극락을 다녀오신 대단한 스님이라는데 원장님도 함께 가시겠습니까?

2001년 당시 나는 신설동에서 기공원(氣功院)을 운영하고 있었는데 한 회원이 이야기 한 것이다. 나는 마음이 끌려 10월 28일 등산복을 입고 북한산 영취사로 향했다. 꽤 높은 곳에 있는 절이지만 꽤 많은 사람들이 참석하였다.
참석하는 사람이 많아 마정수기는 저녁까지 이어졌다. 그리고

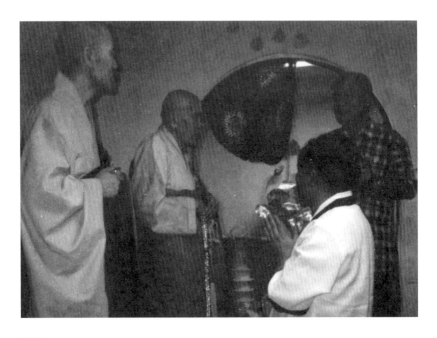

저녁에 몇 사람이 관정 스님을 따로 찾아뵈었다. 이때 내 차례가 되어 관정 스님과 마주했는데 먼저 나이부터 물었다.

"몇 살이냐?"

"44살입니다."

"조금만 더 열심히 하면 혜안도 열리고 법안도 열리고 불안도 열린다. 그렇게 되면 말이 필요 없는 단계가 된다. 정토선 염불을 열심히 하여라."

그리고 특별히 나에게 넓을 굉(宏), 빌 공(空)자를 합친 굉공(宏空)이라는 법명을 내려주셨다.

얼마 뒤 바로 그 수행법을 실천해보기 위해 등원 스님이 수행처로 만들고 있는 강원도 영월에 있는 높은 산으로 갔다. 그때는 해발 750m나 되는 높은 곳에 작은 집을 하나 지은 상태였다. 나는 그곳에서 일주일 동안 모든 곡기를 끊고 단식을 하면서 정토선 염불을 시작하였다.

"나무아미타불 나무아미타불"

관정 스님이 주신 염불수행법은 사실 아주 간단한 것이었다. 두 번 큰 소리로 염불하고 두 번은 소리 내지 않고 찬찬히 속으로 염불하면서 듣는 것이었다.

이미 기공수련을 통해서 단전을 이루고 있었기 때문에 하단전에서 자성염불이 되도록 하였다. 며칠 가지 않아 하단전에 염불이 들어가면서 얼마 안가 무의식으로 들어가 자연히 기가 트여 막힘이 없는 상태가 되었다. 마치 그동안 기공으로 수련한 실력을 구슬로 엮어서 꿰는 것처럼 모든 것이 염불과 하나가 되었다.

나중에는 입으로 염불을 하지 않고 속으로만 하는 단계에 들어갔다. 그리고 염불한다는 생각도 잊어버리고 마음만 살아있는 것을 볼 수 있었다. 쉽게 말해 공한 상태에 들어간 것이다. 기공이란 12경락 소주천 대주천 우주의 기운을 수련하는 훈련이다. 인체의 기는 몸의 좌우가 만나는 한 가운데 선인 임맥(任脈)과 독맥(督脈)을 따라 도는데 이러한 기의 흐름이 바로 소주천(小周天)이다. 소주천의 흐름을 자유롭게 하면 이어서 대주천(大周天)의 기순환 수련을 하게 된다. 그런데 놀랍게도 염불로 경락이 자연히 열리고 탁한 기운이 정화되고 일체가 공한 상태를 경험할 수 있었던 것이다. 염불 기공 합일이 되면서 완전히 새로운 경지를 보게 되고 그 동안 수행한 기공은 부가적인 것이 되고 정토선이 주가 되었다.

나는 서울로 돌아온 뒤 다시 여래선원을 찾아가서 관정 스님을 뵈었다.

"정토선 수행으로 기공을 터득하였습니다."

가만히 눈을 감고 보시더니 말씀하셨다.
"아주 좋은 것이니 만인에게 가르쳐라."

짧은 기간에 완전히 새로운 수행법을 체험한 나는 그때부터 전혀 새로운 기공법을 가르치기 시작하였다. 기공을 주업으로 하던 내가 이제는 염불을 통해서 기공을 가르치게 된 것이다. 보기를 들어 기공에서 소주천이란 임맥과 독맥을 통해 기를 돌리는 것이다. 그런데 임독맥의 각 혈에 '나' '무' '아' '미' '타' '불'을 한 글자씩 배당하여 그 글자를 따라 가며 염불을 하게 된다. 이전 기공 때는 숨을 마시고 내쉬면서 기를 올리고 내리고 했는데, 이번에는 나무아미타불 글자를 따라서 마음이 따라가니 자연히 기가 따라가서 돌게 된 것이다. 그리고 이런 연습을 오래 하게 되면 염불만 해도 자연히 기가 돌게 된다.

단전 수련도 마찬가지다. 하단전 수련할 때 배꼽에서 항문까지 일직선을 긋고 그것을 세 토막으로 나누어 가운데 토막에다 염을 두고 염불을 하도록 한다. 처음에는 그곳에서 '소리가 난다'고 암시를 주라고 한다. 그리고 염불을 계속하다보면 그곳에서 진짜 소리가 나는 것이다. 그것도 곡조가 붙여서 하니까 더 신난다. 그렇게 하면서 12경락(經絡) 임독맥(任督脈) 기경8맥(奇經八脈)의 오링 테스트를 해보면 막힌 것이 다 풀리니까 나쁜 기운도 싹없어진다. 기공만 가르칠 때보다 훨씬 빠르고 경계도 높다. 다만 한 가지 문제는 이교도들이다. 기공원에는 다른 종교를 가진 사람들도 오는데 모두 '나무아미타불'을 하라고 하니까 따르기 어려운 사람들이 나왔던 것이다.

나는 수련생들에게 늘 강조하였다.
"아미타불은 더 할 나위가 없는 완성이다. 우리는 거기에 귀의하는 것이다. 최고의 결정이고 더 이상이 없는 부처님에게 귀의하면 그 기운이 어디로 오겠느냐. 그렇기 때문에 정토선을 하게 되면 완전히 부조화가 없어진다. 극락에는 치우치는 것이 없으니 체질이 없어진다. 소음 · 태음 · 소양 · 태양처럼 어느 한쪽으로 치우치는 것이 없어지고 공의 경지에 가니까 바로 극락인 것이다."

결국 기공에서 시작한 정토선의 완성은 아미타불로 시작해서 아미타불로 끝나는 것이기 때문에 이제는 아미타불을 떠날 수가 없었고, 결국 나도 출가해서 아미타불 수행에 전념하는 사찰로 바뀌었다. 당연히 이교도들이 발을 끊으니 전에 비해 인원은 줄었지만 건강을 생각하는 기공에서 이제는 생사문제를 해결하는 도량으로 바뀐 것이다.

7. 10년 공부 '나무아미타불' 그리고 자성염불

굉수(묘수, 전 구화사 주지)

1) 상기가 되어 참선을 접고 염불로

나는 일찍이 20대 초반에 출가하여 이생에 반드시 성불하겠다는 일념을 가지고 치열하게 공부하였다. 결국 선방에 앉아 있을 수 없는 상황이 되자 염불을 하지 않을 수 없게 되었다. 처음 도반 스님이 있던 송광사 감로암에 가 있으면서 '광명진언'을 열심히 하였다. 얼마나 열심히 했는지 큰스님과 주변 스님들이 모두 "묘수 스님은 얼굴에서 빛이 난다"고 하였고, 내가 보아도 정말 내 몸에 놀라운 변화가 오는 것 같았다.

그 다음에는 '관세음보살' 정근도 열심히 하였다. 남해 보리암에서 백일기도할 때도 함께 묵언 수행하던 스님이 놀랄 정도로 밤낮을 가리지 않고 열심히 '관세음보살' 정근을 하였다. 안동 봉정사에 갔을 때 지족암에서 열심히 수행하는 스님이 계시다는 말씀을 듣고 찾아올라갔다. 거기서 처음으로 도융(道融) 스님을 만나뵈었다.

"참선하지 못한 것을 아쉬워할 필요 없습니다. 참선으로 득도한다는 것은 아주 어려운 길이라 난행도(難行道)라고 합니다. 그리고 쉽게 '나무아미타불' 염불을 해서 극락에 가면 바로 불퇴전이 되기 때문에 이행도(易行道)라고 합니다. 그리고 관세음보살 정근도 좋지만 관세음보살의 본사(本師)이신 '나무아미타불' 염불을 하는 것이 좋습니다."

도융 스님의 이런 법문을 듣고 그날부터 나는 '나무아미타불' 염불을 시작하였다. 관세음보살에서 나무아미타불로만 바뀌었지 염불하는 마음자세는 똑같기 때문에 아미타불 정근에 바로 집중할 수 있었다.

2) 10년 염불하고 만난 관정 큰스님과 정토선

1997년 어느 날 도융 스님이 찾아와서 말씀하셨다.

"얼마 전 중국에서 극락을 다녀오신 관정 스님이 오셔서 극락에서 배워온 정토선 염불을 가르쳐 주셨는데 해보니 정말 수승한 수행법이었습니다. 묘수 스님도 이 법에 따라 염불해 보시오. 이 염불을 하면 머지않아 자성염불 소리가 들릴 것입니다. 그 소리는 자성이 염불하는 것으로 주변의 어떤 소리보다 더 크게 들릴 것입니다."

그러면서 『극락세계 유람기』와 『정토선 정의』라는 작은 책자 두 권을 주셨다. 나는 책을 읽기도 전에 그 염불법을 배워 실천하고 나서 천천히 책을 읽었다. 도융 스님이 나에게 그만큼 큰 선지식이셨기 때문이다. 책에 보니 이 염불법은 관세음보살께서 직접 가르쳐 주신 것이고 아미타불께서도 인정하신 정말 극락세계의 염불법이었다.

나는 다시는 6도를 윤회하지 않기 위해 극락에 가기로 원을 세웠기 때문에 때와 장소를 가리지 않고 행주좌와 간에 열심히 정토선 염불을 했다.

"나무아미타불, 나무아미타불"

2번 하고 쉬면서 2번 듣기 때문에 힘들지도 않았다. 그렇게 한 달쯤 했을 때 갑자기 허공에서 어린아이 목소리처럼 아주 맑고 청아한 소리가 멜로디처럼 들렸다.

"나무아미타불, 나무아미타불"

'이게 무슨 소리인가?'라고 생각하다가, '아! 이것이 도융 스님이 말씀하신 자성염불이구나!'이런 생각을 하니 갑자기 마음 저 속에서 정말 기쁨이 솟아올랐다. 이어서 모든 소리가 염불로 들렸다. 다른 사람이 염불을 해도 그 염불소리에 묻어서 나오고, 계곡에 힘차게 흐르는 물소리도 염불로 들리고, 아득히 하늘에 날아가는 비행기 소리도 염불소리로 들렸다. 얼마 안가서 그 소리는 내 귀속으로 들어와서 점점 또렷하고 크게 들리기 시작하였다. 자성이 염불하는 것이기 때문에 내가 하려고 하느냐 안 하느냐에 상관없이 마치 CD가 돌아가듯이 염불소리가 이어졌다.

이 사실을 도융 스님에게 말씀 드렸다.

"이제부터는 입으로 염불을 하지 말고 조용히 그 자성염불 소리를 들으세요."

그래서 그 뒤로는 귀속에서 나는 염불소리를 듣는 것이 수행이 되었다.

2000년 6월 16일은 잊을 수가 없는 날이다. 이날 나에게 자성 염불을 선물하신 관정 큰스님께서 우리 절에 와서 법회를 하셨기 때문이다. 비록 책에서 읽었지만 이날 처음으로 큰스님 육성으로 말씀하신 극락 다녀온 이야기와 정토선 염불에 대한 법문을 들었다. 직접 정토선 염불을 해 주셨는데 내가 그동안 해 온 염불과 똑같아 신기하기도 했다. 그리고 이어서 17일에 합동 천도재가 있었다. 그리고 극락을 틀림없이 간다는 것을 증명하는 마정수기도 받았다.

돌이켜보면 그 때 관정 스님에게 상기병을 비롯한 나의 병세도 말씀 드리고, 자성염불이 된 뒤에 어떻게 공부할 것인가도 구체적으로 물어보았어야 했는데 그러지 못한 것이 못내 아쉽다. 당시는 많은 대중들이 모였기 때문에 할 일이 많았고, 또 큰스님을 모시고 온 스님들을 비롯하여 스님들이 많이 계셔서 나는 큰스님께 가까이 갈 엄두도 내지 못했다. 다행히 도융 스님이 큰스님에게 내가 자성염불이 되었다는 사실을 말씀드렸고, 큰스님은 기뻐하시면서 나에게 '굉수(宏首)'라는 법명을 내려주셨다. 당시 법당에서 정토선 염불을 하였는데, 들려오는 염불소리보다 내 자성염불이 더 크게 들렸던 것이 기억난다.

3) 죽을병을 견디게 해주는 자성염불
2000년대 중반 나이 50대 중반이 넘어서야 생전 처음으로 절의 살림을 맡게 되었다.

구화사 절을 맡고나서 나는 먼저 신도들에게 정토선을 보급하는 프로그램을 운영하였다. 토요일 저녁마다 철야를 하면서 관정 큰스님이 말씀하신 대로 두 편으로 나누어 한쪽에서 염불하면 한쪽에서는 주의 깊게 듣고, 이어서 반대로 하는 식이었다. 이렇게 1년쯤 가자 구복 위주의 절 분위기가 수행을 하는 방향으로 가면서 경내 분위기가 많이 바뀌었다. 어느 날 한 불자가 와서 말했다.

"저는 서울에서 왔습니다. 삼성 이건희 회장의 주치의 한 분이 밤하늘이 환하게 빛이 나며 김천 구화사의 주소가 뚜렷하게 나타난 것을 보시고 저에게 한 번 찾아가 보라고 해서 왔습니다."

그때는 모두 밤새도록 열심히 했기 때문에 빛이 났던 모양이다. 옛날부터 염불하는 사람에게는 빛이 난다는 얘기는 들었지만 이렇게 합동정진의 빛이 서울에서도 볼 수 있을 정도로 강렬하다는 것은 처음 알게 되었다. 이런 철야는 2년쯤 계속되었지만 여러 가지 사정으로 끝까지 계속되지는 못했다. 우선 내 병이 더욱 위중하게 되었고, 철야에 참여한 신도들도 끝까지 수행할 근기가 부족했던 것 같다. 한 사람이 2년간 계속하지 않고, 철야 때뿐 아니라 평소에도 열심히 염불을 해야 하는데 그런 마음가짐이 철저하지 않았기 때문에 자성염불 단계에 들어가기 어려웠던 것으로 보인다. 내가 쉽게 자성염불이 되었기 때문에 모두 빨리 그런 단계를 성취할 수 있을 것으로 보았으나 역시 전생에 닦은 사람이나 이승에 와서도 미리 염불정근을 많이 했던 사람이 빨리 자성염불을 이룰 수 있다는 것을 알았다. 그리고 나도 자성염불이 그냥 빨리 된 것이 아니라 그 이전에 10년간 열심히 염불을 정근했던 것이 밑거름이 되었다는 것을 알 수 있었다.

구화사 말년에 이런 생각을 많이 했다.

"어디 가서 오로지 혼자 조용히 공부만 할 곳이 없을까!"

사실 주지 소임을 마치고 나서 나이가 너무 많아지면 갈 곳이 없다. 다행히 나에게는 언니가 자기 농장에 작은 집이 있으니 와서 지내라는 권고가 있어 2년 전부터 아로니아농장으로 왔다.

나는 이곳이 좋다. 가난한 절에서 열심히 일하느라 공부할 시간이 없었는데, 이곳에서는 내가 원하면 얼마든지 공부할 시간이 있기 때문에 너무 편하고 좋다. 이곳 농장은 유기농단지이기 때문에 거름도 유기농 거름 한 번만 주고, 농약도 치지 않고, 그저 한 철 수확할 때 열매를 따서 부치는 일만 하면 되기 때문에 남은 시간은 오롯이 이곳을 지키며 혼자 마음대로 공부할 수가 있다.

이제 건강도 어느 정도 자신감이 생겼고, 눈만 뜨면 자성염불이 돌아가고, 차를 몰아도 차 소리보다 자성염불 소리가 더 크게 들리니 더 바랄 것이 없다. 모든 것을 떠나 먹을 것, 입을 것, 잘 것 걱정하지 않고 농장에 있는 작은 관리건물을 토굴 삼아, 자성염불을 벗 삼아 말년을 보내니 이제 다음 갈 곳은 오로지 한 곳, 극락밖에 없다.

8. 중단전에서 들리는 염불소리 '나무아미타불'

긩웅(청주)

옥양폭포를 지나 좀 가파른 길을 올라서니 석문사(釋門寺)라는 절이 하나 나왔다. 차를 세우고 절 입구에 들어서려는데 큰 소나무 아래 황금색 노란 법복을 입으신 어떤 스님이 앉아 계셨다. 그 스님을 뵙자마자 바로 누구인지 알아볼 수 있었다.

'이 스님이 바로 관정 스님이구나!'

5달 전인 2000년 11월호『불광』지에「특별법석/중국의 생불로 추앙받는 관정(寬淨) 대사」라는 기사가 나와 아주 인상 깊게 읽었는데 스님을 뵙자마자 바로 그 기사가 떠오르며 직감적으로 관정 스님이라는 것을 알아차렸다. 그리고 내가 도착한 바로 그 시간에 입구 의자에 앉아 계시는 것이 '아! 나를 기다리고 계셨구나!'라는 생각이 들었다.

나는 선 채로 3배를 올렸더니 흰 종이에다 '우사(愚師) 관정(寬淨)'이라고 스님의 법명을 써서 나에게 주시면서 통역을 통해 "차나 한잔하고 가시게!"라고 나를 초청하셨다. 참으로 뜻밖의 만남에 뜻밖의 초청이었다.

'관정 스님은 내가 거기에 올 걸 어떻게 알고 산문 앞에서 기다

리고 계셨을까?'

'처음 본 나에게 이름을 써 주시고 차 대접을 한 것은 어떤 연유인가?'

극락을 다녀왔다는 것도 신비한데, 지금도 언제든지 갈 수 있다니 더욱 신비하지 않을 수 없었다. 내 생전에 많은 스님들을 만나 보았지만 극락을 마음먹은 대로 오갈 수 있는 스님을 언제 또 만나겠는가!

그 해 10월 관정 스님께서는 다시 한국에 오셔서 석문사에 머물면서 법회를 하셨다. 우리가 알고 있는 주변 도반들에게 알려 박귀순, 박정인, 오은주, 한규량, 홍병학 교수내외분, 김대제 선생과 그의 고모님 내외분 등과 함께 법회에 참석하여 정토선 수행법에 대해서 듣고 마정수기도 받았다. 관정 스님이 중국으로 귀국하시고 난 뒤 석문사 주지인 굉룡 스님이 정토선 염불수행을 함께 하자고 해서 직장에서 퇴근하고 나면 바로 석문사로 가서 매일 '나무아미타불' 정근을 하였다. 지난 번 관정 스님이 오셨을 때 관정 스님이 직접 녹음하여 CD로 만든 것을 틀어놓고 관정 스님이 하신 대로 두 번 염불하고 두 번은 주의 깊게 듣는 2회 염불을 열심히 정근하였다. 내가 기억하기로는 우리 부부를 비롯하여 7명 정도가 함께 정근했었다. 10일쯤 지났을 때의 일이다. CD를 틀지도 않고 나도 염불을 하지 않는데 멀리서 '나무아미타불 나무아미타불' 염불소리가 들렸다. 참으로 신기하고 환희심도 나서 어디서 염불소리가 나는지 열심히 들었다. 그리고 며칠간 더 염불을 계속하자 나도 모르는 부지 부식 간에 등줄기를 따라 아래에서 위로 뜨거운 기운이 치밀어 오르기 시작하였다. 그리고 그 기운은 다시 앞쪽으로 내려오면서 명치아래에 머무르자 그 곳(중단전)에서 염불소리가 들리기 시작했다. 그리고 그 소리는 세상에서 처음으로 들어보는 너무도 신비한 소리였다. 잔잔한 음성이 너무도 곱고 아름다워 '천상의 소리가 아닐까?'라는 생각이 들었다.

'아니 이것이 어떻게 된 것인가?'

중단전에서 나는 염불소리는 더욱 더 뚜렷하게 들리고, 며칠이 더 지나자 그 염불소리와 내가 하나가 되어 내가 염불이고 염불이 나인 상태가 되어버렸다. 우리가 체선할 때 경험했던 트랜스 상태로 들어간 것이다. 다만 체선할 때는 그 놈을 지켜보는 내가 있었는데, 그것마저도 없어진 상태였다.

"이것이 어떤 경계인가?"

문제는 이런 상태가 왔을 때 이것이 무엇인지, 그리고 그 다음에는 어떻게 해야 하는지를 모르는 상황이었다는 것이다. 모두가 처음 시작한 도반들이라 같은 처지에 누구한테 물어볼 수도 없었다.

2002년 3월 2일 꽁룽 스님이 관정 스님을 초청하여 불교방송국에서 대법회를 열었을 때 나는 당시 근무 중이라 참석하지 못하고 아내를 비롯하여 다른 도반들만 법회를 참석하였다. 법회를 마치고 관정 스님은 석문사에 오셔서 며칠을 더 묵으셨다. 그때 나는 모든 일을 제쳐놓고 찾아가 관정 스님에게 물어 보았어야만 했다.

"제가 경험한 것은 어떤 경계입니까?"

"앞으로는 어떻게 해야 합니까?"

"앞으로 해 나갈 때 주의해야 할 점은 어떤 것입니까?"

"어떤 책을 봐야 합니까?"

이렇게 수많은 질문들을 가슴에만 담고 속절없이 시간만 보냈던 그 시절이 참으로 아깝고 또 아깝다.

9. 자성염불 되면 극락 가는 비행기를 탄 것

연당(서울)

1) 자성염불을 위해 총력을

2003년 2월에 관정 큰스님이 다시 오셔서 인사동 계신다는 소식을 듣고 찾아뵙고 삼배를 올렸다.

1배할 때는 "편안하세요."
2배할 때는 "순조로우세요."
3배할 때는 "성불하세요."

이런 발원을 해주시는 스님은 처음으로 나에게 행복을 주는 발원이었다. 그리고 관정 큰스님은 나에게 극락 가는 비행기 표를 주셨다.

‘극락이 어디 있어? 마음이 편하면 극락이지!’하는 이야기를 스님이나 불자들한테서 흔히 들었다. 그러나 나는 비로소 서방 극락세계가 확실히 있다는 믿음을 갖게 되었다. 관정 큰스님을 만난 인연으로 정토선 염불을 하여 극락에 가겠다는 원을 세웠고, 이 원을 성취하기 위해 열심히 염불하기로 했다.

정말 자성염불이 되나 안 되나 의심의 여지도 없이 혼자 있을 때나 밥 할 때나 청소 할 때 테이프를 틀어놓고 테이프가 2번 하면 내가 2번하였다. 힘들지도 않고 마음이 편안하고 일도 빨리 되었다.

여섯 글자를 ‘나무’하고 숨쉬고, ‘아미’하고 숨쉬고, ‘타불’하고 숨 쉬면서 정성을 기울여 더 큰 소리로 몸과 마음이 하나 되어서 간절히 염불하였다. ‘두번 하는 염불 중 첫 번째 염불은 나를 위해 하고, 두 번째는 일체중생을 위해 염불하라’는 말씀을 기억하면서 스님의 소리에 더욱 마음을 기울였다. ‘관정 큰스님은 당신을 위해 부를 때와 일체 중생을 위해 부를 때를 어떻게 구분하시는가? 어떤 감정일까?’라고 생각하며 소리에 집중하였다.

그러면서 아침에 1시간은 기본으로 염불하고, 시간이 나는 대로 장소에 구애받지 않고 염불하였다. 차를 타고 외출을 할 때나 누가 없을 땐 겉으로 두 번, 속으로 두 번 박자를 맞추어서 염불하였다. 밤에는 이중창문을 걸어 잠그고 새벽 2시까지 소리소리 지르고 목이 아프면 소금물로 가글해서 갈아 앉히고 했다. 틈만 나면 노래하듯 단전으로 집중해서 힘을 주고 온 몸으로 소리 질렀다. 아무리 단계를 정해 놔도 실천하지 않으면 안 되기 때문에 방법은 계속하는 것 밖에 없었다. 젖먹이 갓난아이가 엄마를 찾듯 간절한 마음으로 싫어도 싫은 놈을 이겨야 하고 좋으면 더욱 열심히 하되 간절하게 힘을 모아서 염불하는 것이 제일 빠르다고 생각했다.

　앞에서 말했듯이 아침 1시간이 기본이고, 더 할 수 있으면 그때그때 상황 따라 하면서, 그러나 활동을 해야 하니까 아침 8시 이후에는 나가야 하고 오후에는 그날 사정에 따라 집에 돌아오면 염불은 입으로 하니까 무슨 일을 하던 끊이지 않고 이어서 할 수 있었다.
　대중교통을 이용하는 중에도 차안에서 마음으로 정성을 다했다. 제일 힘들 때가 속으로 2번, 겉으로 2번 하는 것이었는데. 속으로 해도 내 마음 속에서는 발음과 박자가 밖으로 하는 것과 같다는 확신이 생겨야 하기 때문에 버스타고 다닐 때가 제일하기 좋은 시간이었다. 뒷자리에 앉아 남이 듣거나 말거나 작은 소리로 염불을 했다. 누가 시끄럽다고 내리라면 내려서 다른 버스 타고 갈 작정으로 염불하고 있으면 신기하게도 옆 사람도 내 염불 소리에 마음이 편해지는 것 같이 느껴졌다. 이렇게 계속하니 간절한 마음이 저절로 생겼다.

　그렇게 6개월쯤 지난 어느 날 배꼽아래 단전에서 저절로 터져나오는 염불소리에 깜짝 놀라 잠에서 깨어났다. 찰랑찰랑 조용히 염불하는 소리는 마치 모기 소리만큼 작았으나 낭랑한 소리였다. 참으로 놀랍고 신기하였다. 배속에서 저절로 염불 소리가 나고 있으니 처음엔 황당하기도 하였다. 2003년 10월 2일 다시 관정 스님을 만나 뵐 때 나에게 일어난 경계를 말씀 드렸더니 이렇게 일러 주셨다.

"그 염불 소리가 '자성염불'이니 이제 소리 지르지 말고 그 소리를 듣기만 하십시오. 자성염불이 되면 극락 가는 비행기를 타고 앉아 있는 것과 같습니다. 그 소리를 행주좌와 중에 잘 들으면서 꾸준히 수행하여 속히 성불을 이루십시오."

그러나 자성염불이 된다고 번뇌가 뿌리째 뽑혀지는 것은 아니었다. 그리고 시간이 흐르며 비로소 정토선 나무아미타불만이 자성염불이 된다고 하신 관정 큰스님 말씀에 확실한 자신감을 얻게됐다. 그렇게 3년이 지나자 내면에 뿌리 깊었던 질투심, 미움, 독한 마음이 흐지부지 해지면서 환희심과 깊은 신심이 서서히 일어나 벅찬 감동을 주었다.

『정토선 원리』에 보면 자성염불이 되고 나면 그때부터 가부좌하고 열심히 그 소리를 관하라고 했고, 단 20분이나 한 시간이라도 집중적으로 자성염불 소리를 들으라고 했다. 그 뒤 수행이 그렇게 쉽게 되지 않았다. 그런데다 '된다'는 상에 걸려서 어떤 모습이 보이고 신기한 마음의 변화가 일어난 듯 하다가도 어느 사이 내 업식이 일어나 깊이 들어가는데 한계를 느끼지 않을 수 없었다. 관정 큰스님은 자성염불이 되면 '듣기만 하라'고 하셨는데 무슨 광기가 일어난 것인지 홍련암에 가서 7일간 관세음보살 주력을 하는 기도를 했다. 그때 열심히 관음주력을 하면서 '혹시 자성 염불이 없어지지 않을까' 걱정했다. 그런데 다행히도 자성염불은 없어지지 않았다.

2) 굉혜와 굉덕이의 자성염불

어느 날 큰스님 찾아뵈었을 때 통역이 말했다.

"8살 먹은 아이도 자성염불이 되었습니다."

이 이야기는 나에게 큰 가르침을 주었다. 내가 큰스님 만나서 염불 할 당시 며느리가 미국에 가있게 되어 당분간 내가 친손녀와 친손자를 돌보아야 했다. 당시 6살인 혜련(굉혜)이와 5살인 혜광(굉광)이는 하루 종일 할머니와 함께 생활했기 때문에 할머니의 말을 잘 들었다.

내가 자성염불이 되니 세상이 달라 보였다. 그런데 없어서 못주지 무엇이든지 해주고 싶은 손녀 손자에게 세상에 하나밖에 없는 정토선 염불을 안 시킬 수가 없었다. '8살 먹은 아이도 했다고 하지 않았는가? 우리 아이들은 아직 그보다 어리지만 틀림없이 더 잘할 것이다.' 라는 생각이 들었다. 내가 하루 종일 밤낮으로 염불을 하기 때문에 아이들도 자연히 귀로 듣게 되어 있었지만, 나는 특별히 아이들을 집중적으로 염불을 시키기로 마음먹었다.

그래서 매일 일정한 시간을 정하고 하루에 두 번 정도를 함께 염불했는데 처음에는 20분씩 하다가 나중에는 한 번 시작하면 40분까지 지속할 수가 있었다. 아이들이 두 번하고 내가 두 번하고, 굉혜가 두 번하고 굉광이가 두 번하고, 마치 놀이를 하듯이 주고받으니 힘들지 않고 계속할 수 있었다. 이렇게 황토방 염불놀이는 2달이 넘고 3달이 다 되어갔을 때 손녀 굉혜가 말했다.

"뱃속에 새가 우는 것 같은 소리가 나요. 파도가 출렁거리는 소리가 나기도 하고!"

"그래, 이제 조금만 더 열심히 염불하면 뱃속에서 우리가 하는 염불소리가 들릴 것이다. 그것은 네 몸속에 있는 자성이 염불하는 것인데 아무나 되는 것이 아니고 아주 똑똑하고 열심히 하는 사람만 할 수 있단다."

나는 놀라서 속으로 소리쳤다.

"그래 아이들도 가능하구나. 아니, 식이 맑으니 오히려 나보다도 더 빨리 되지 않는가!

나는 내가 자성염불하는 것보다 더 기뻤고 정말 하늘에 오를 것만 같았다. 손녀는 기뻐서 더 열심히 했고, 드디어 뱃속에서 염불소리가 들리기 시작하였다. 그러자 남동생이 울면서 투정을 부리기 시작했다.

"할머니 누나는 배에서 소리가 난다는데 나는 왜 안 되는거야! 으앙~!"

"안 된다는 생각하지 말고, 조금만 더 열심히 해보자. 너도 틀림없이 된다. 누나가 되는데 네가 왜 안 되겠느냐?"

누나에게 지기 싫어하는 손자는 땀을 뻘뻘 흘리면서 큰소리로 더 열심히 염불을 시작하였다. 그리고 두세 번 이렇게 하더니 소리쳤다.

"할머니 나도 배에서 소리가 난다!"

아! 우리 집 황토방에서는 이처럼 기적과 같은 일이 일어나고 있었다. '부처님 고맙습니다. 관정 큰스님 고맙습니다.' 소리가 저절로 나왔다. 이렇게 우리 삼총사는 큰스님의 가르침을 실천하면서 극락으로 가는 비행기 안에서 하루하루를 환희 속에서 지내게 되었다.

두 아이는 뱃속에서 나는 염불소리를 아주 신기해했고 좋아했다. 그리고 내가 두 아이에 대해 자랑스러워하는 만큼 아이들도 무엇인가 아주 특별한 일을 해냈다는 자부심을 가지고 있었고, 따라서 불법을 좋아 하게 되었다.

10. 관정 큰스님 회상에서 염불공덕 회향하여

지성(대구)

    2004년 10월17일 경북 군위 고원사에서 아미타불 점안식과 마정수기를 한다는 법회 일정을 보고 도반 친구 부부를 동반하여 고원사 법회에 참가하였다. 참 많은 불자들이 모여 큰스님으로부터 수기를 받았다. 마정수기를 받으면서 큰스님의 용안을 뵈니 그렇게 자비스럽고 평화스러울 수가 없었다. 집에 돌아와서 생각하니 비록 말이 통하지 않고 주위가 산만하였지만 큰스님과 좀 더 대화를 나누지 못한 것이 너무 아쉬웠다.

    법회에 참석하고 돌아와 본격적인 정토선 수행에 들어가기로 마음먹고 준비를 하다가 3주가 지난 11월 8일부터 정토선 테이프 소리를 들으며 정토선 염불을 시작하였다.

정토선 염불을 시작한 뒤 집에서는 물론 출근하는 자동차에서 도 염불을 하였으며, 사무실에 도착해서도 그치지 않고 하루 12시 간 정도 계속하였다. 그 당시 나는 병원 유료주차장 사업을 하였는 데, 공간이 넓어 주차장을 돌면서 염불하기 아주 좋은 환경이었기 때문에 잠들기 전까지는 마음대로 염불을 할 수 있었다.

2005년 5월 18일, 이날 여느 때와 마찬가지로 새벽 5시 출근하 기 위해 자동차에 오르니 정토선 염불소리가 들렸다. 카세트를 확 인해보니 아직 켜지도 않은 상태인데 염불소리가 나는 것이다. 나 는 출근하자마자 테이프를 구입한 선용 스님에게 전화를 했다.

"자성염불이 시작되는 것입니다."

나는 자성염불이 시작된다는 것을 알고 얼마나 기분이 좋은지 수시로 점검해 보았다. 어떤 때는 보살소리로 들리다가 어떤 때는 합창으로 들리더니 또 자주 끊어지기도 하였다. 그러다가 갑자기 밖에서 크게 염불소리가 났다.

"나무아미타불 나무아미타불"

창문을 열고 2층에서 밖을 내다보니 화물차에 야채를 싣고 다 니며 마이크로 크게 야채 사라고 외치는 소리가 "나무아미타불 나 무아미타불" 소리로 들렸다. 나는 너무 신기하여 몇 번을 확인해 도 내 귀에는 분명이 "나무아미타불 나무아미타불"이라는 정토선 염불로 들리는 것이다. 그때서야 청화 스님 법문집에 나온 "우주 법계의 소리가 모두 염불소리로 들리는 날이 있을 것이다"라고 하신 것이 떠올랐다.

2005년 6월4일 백담사에서 출발하여 봉정암 참배하러 올라가는 꽤 긴 시간 동안 등산에서 자성염불이 이어졌다. 2007년 12월 25일 대형 오토바이를 타고 천천히 운전하다가 인도 블록을 들이받은 가벼운 사고가 났는데 왼쪽 다리 정강이뼈가 11조각으로 동강나는 큰 사고가 되었다. 수술을 하고 오랜 병원 생활을 하는 동안에 오히려 정토선 염불을 더 집중하였더니 귓가에 들리던 자성염불소리가 귓속에서 들리고, 어떤 때는 머리 전체에서 염불이 들리는 것 같았다.

2011년 1월 10일 100일기도를 회향할 때 꿈에 온몸의 시꺼먼 때를 깨끗이 벗어버리면서 건강도 좋아지고 사업도 순탄하게 이루어졌다. 2014년부터 생사문제에 대한 근본적인 질문이 생기고, 나만이 아니라 남을 위해 자비심을 가지고 보살행을 해야겠다는 자각도 생겼다.

지난 10년 동안 매일 아침기도를 할 때 아침 예불을 올리고 나서 하루 40~50분씩 좌선 자세로 자성염불을 면밀하게 듣고 있으며 사무실에서도 한 쪽에 법단을 모셔놓고 특별한 일과가 없으면 자성염불을 듣고 있다. 자고나서 아침에 깨어나자마자 염불소리가 들리고, 주위가 시끄럽지 않거나 일에 몰두 하지 않으면 자성염불이 늘 들리는 행복한 삶을 이어가고 있다. 자다가 잠시 눈을 뜰 때도 염불 소리가 들리는 것을 보면 24시간 염불소리는 들리는데 내가 다른 것에 정신을 쓰면 듣지 못하다가 다시 염을 잡으면 자성 염불 소리를 지각하는 것이라는 생각이 든다. 어떤 때는 상기가 되었는지 몸 전체에 리듬이 깨진 어려운 고비도 있었고, 좌선할 때 자성염불에 열중하다 보면 갑자기 육신이 사라지고 주위가 온통 광명으로 가득 찬 법열을 느끼기도 하였다.

　이제 부처님 법을 만난 지 10년 세월을 뒤돌아보면 정토선을 수행하면서 좀 더 명확한 수행법에 대한 기본 공부가 부족했다는 생각이 든다. 자성염불 소리 듣고 10년이 다 되어가는 지금 '이제는 어떻게 해야 하는가?'에 대해 이번 기회에 좀 더 깊은 공부가 필요하다는 생각이 들기 때문이다. 비록 자성염불은 되었지만 처음 시작할 때 두 번은 염불하고 '두 번을 주의 깊게 들어라'라는 큰스님의 가르침이 있었지만 정토선 염불을 듣는 시간이 아까워 2회 계속 염불을 하였고, 몽중 가피 같은 특별한 현상에 감동을 갖는 등 신통한 일에 많이 끌렸던 것도 사실이다. 그런데 보정거사님이 집필하신 관정스님의 행장과 정토선 수행방법에 대해 논하신 『정토와 선』을 읽어보니 큰스님은 '수행에서 신통은 큰 이익이 아니다'라고 일갈을 하셨다. 앞으로 좀 더 심도 있게 정독하며 공부하여야 겠다는 다짐을 해본다.

11. 관세음보살 : "관징 스님을 만나 도움을 받아라!"

홍셴(宏仙, 중국 仙遊縣 香山寺 주지)

1) 관징 스님과의 만남

나는 1929년 11월 9일 이곳 쫑산진(鍾山鎭) 줘췐촌(卓泉村)에서 태어났다. 관징 스승께서 1924년 태어났으니 5살이 위다. 내가 불교와 인연을 맺게 된 것은 49살 때인 1979년이다. 어느 날 꿈에 관세음보살이 나타나셔서 지금의 터에 절을 지으라고 하셨다. 이곳은 옛날에 절이 있던 터이지만 폐허가 되어 아무 것도 없는 곳이었다. 1979년 정부가 종교의 자유를 선포하였다고 해도 아직은 이런 불사를 하는 것이 어려울 때였지만 관세음보살의 말씀이기 때문에 믿고 혼자서 이곳에 건물을 짓기 시작하였다. 그런데 절에 대해서 아는 것이 없기 때문에 겨우 집 두 칸은 지어놓고 무엇을 어떻게 해야 할지 도무지 알 수가 없었다. 당시는 문화대혁명 때 모든 절이 다 파괴되어버려 참고로 할 절도 없고 절에 대해서 아는 분도 없어 물어볼 사람도 없었다. 그저 집만 두 칸 지어놓고 어찌할 바를 모르고 있었다. 그 때 다시 관세음보살이 꿈에 나타나셔서 말씀하셨다.

"관징 스님을 만나 도움을 받아라."

'관징 스님이 어떤 분이고 어디에 계시는 스님인가?'

한 번도 들어본 적도 없고 만난 적도 없는 스님이었다. 여러 방면으로 알아보았으나 이름만 가지고 찾기가 힘들었다. 그런데 1980년 관징 스님이 7일간 선정에 들었다는 소문이 전 현(縣)에 퍼졌다. 그때서야 나는 관징 스님이 산휘사에 계신 것을 알고 지체없이 찾아가 보았다. 정말 수 천 명의 사람들이 처음 들어보는 이러한 이적을 보기 위해 산휘사로 몰려들고 있었다. 관징 스님이 선정에서 나와 다시 일상 업무를 하실 때 찾아가 조용히 말씀드렸다.

　"저는 종교에 대해서 아무것도 모릅니다. 다만 관세음보살의 지시대로 집을 두 칸 짓고 어떻게 할 줄을 몰랐는데, 관세음보살이 다시 나타나셔서 스님을 찾아뵈라고 하여 왔습니다."

　그러자 그 자리에서 바로 출가 날짜와 시간을 정해서 만나 뵌지 10일 만에 머리를 깎고 출가하였다. 그 때 관징 스승께서 남새밥(菜食)만 먹어야 한다고 가르쳐 주셔서 한평생 지금까지 33년 동안 철저하게 계를 지키고 있다.

　그 뒤 관징 스승께서 몸소 우리 절에 와서 이틀 동안 아침저녁 예불(早課, 晩課)하는 법, 염불하는 법, 제자를 받는 삼귀의(三歸依)

의식 같은 것을 직접 친절하게 가르쳐 주셨다. 당시 문화대혁명으로 모든 절이 폐허가 되어 아무도 이런 의식을 모르기 때문에 그런 정도만 아는 것도 남보다 빨리 입문하게 된 것이다. 그때부터 나는 관징 스승께서 가르쳐주신 대로만 하는 제한된 지식이지만 승려 생활을 시작하였다. 관세음보살과 관징 법사의 가르침을 받아 나는 완전히 붇다의 제자가 되어 새롭게 태어난 것이다.

2) 쉬지 말고 참선하고 염불하여라.

1년쯤 스승님의 지도를 받고 지냈는데 1981년 갑자기 미국을 가신다고 했다. 그래서 혼자서 어떻게 수행을 해야 하는지 여쭈어 보았다.

"미국에 갔다가 반드시 돌아온다. 그 동안 날마다 1시간씩 참선하고 매달 1일과 15일은 염불하여라. 염불은 '나모아미따불'을 2번 큰소리로 하고, 2번은 쉬면서 들어라."

이때 가르쳐 주신 수행법은 30년이 넘은 지금까지도 하루도 빼지 않고 계속하고 있다.

1985년 미국에서 돌아오셔서 몇 천 위옌(元)을 주시면서 샹산사를 격식을 갖춘 절로 지으라며 자세한 지침을 주셨다. 새 절의 위치, 방향, 그리고 전체적인 설계까지 직접 그려서 주신 것이다. 나는 그 자금을 바탕으로 1985년 지금의 샹산사를 세웠다.

미국에서 중국을 드나들며 여러 군데 절을 일으켜 세우시던 관징 스승께서는 1993년 당시 여러 절에서 절을 책임지고 있는 제자들을 한 자리에 모아 '道場'을 열어 갖가지 경전과 천도재 같은 의식을 가르쳐 주셨다. 당시 64살이었지만 어린 학생처럼 정말 열심히 배웠다. 나는 10년 넘게 마을 사람들과 부처님을 모셨지만 너무 많은 것이 부족하다고 생각했는데 모든 것이 다 절실한 것들이기 때문에 잠시도 한눈을 팔 수가 없었다. 그 해 11월 14일 정식으로 푸저우(福州) 린양사(林陽寺)에서 열리는 삼단대계(三壇大戒)를 받았다.

스승께서는 늘 나를 높이 봐주시고 부지런하고 성실하다고 칭찬해 주셨다. 그리고 너무 순진하다고 걱정하시면서 항상 절을 잘 관리하라고 당부하셨다. 나는 출가한 뒤 국내에서도 이 절을 떠나 다른 곳을 가본 적이 거의 없이 이곳에서만 일하고 수행하였는데, 스승께서는 그런 나를 많이 좋아하셨다.

3) 『극락세계 유람기』와 『정토선 원리』

『극락세계 유람기』와 『정토선 원리』 이 두 책을 주셨지만 모두 읽지 못했고, 지금 어디 두었는지 찾기도 어렵다. 그렇지만 극락 다녀오신 이야기는 많이 들었고, 나 말고도 많은 사람들이 들었다. 말씀하신 것을 모두 믿기 때문에 꼭 책을 읽어야 하는 것은 아니다.

정토선은 책이 나오기 전에 이미 전수한 염불법에 따라 지금도 매달 초하루와 보름, 10명쯤 되는 신도들과 계속하고 있는데 모두 열심히 한다. 책을 모두 읽지 않았지만 미국 가시기 전에 일러주신 염불과 선을 하루도 빠짐없이 이어가고 있었다. 그러던 어느 날 갑자기 몸속에서 염불소리가 들리기 시작했다. 참으로 신비한 체험이었다. 이런 체험은 나 혼자 한 것이 아니라 내가 가르치는 몇 사람도 그런 경험을 했는데, 그 가운데 금년 70살이 넘은 장슈위(張秀玉)란 거사는 가장 뛰어나다. 비록 학교에 가서 공부한 학력은 없지만 믿음이 강하고 열심히 염불하여 남다른 체험을 하고 있다.[228]

4) 극락에서도 바쁘신 관징 법사

스승께서 원적하신 뒤 다비식에 참석하고 마지막 탑에 사리를 모시는 법회에도 참석하였다. 스승께서 원적하신 뒤 얼마 안 되어 꿈에 나타나셨다. 아주 젊은 스승께서 붉은 가사를 입고 나타나셔서 내가 물었다.

"지금 어디서 무엇을 하고 계십니까?"
"지금 극락에 있는 절에 있다. 이 서방세계에서도 회의하고 법회 하느라 나는 아주 바쁘다."

이 꿈을 꾸고 나서 나는 스승께서 극락에 왕생하셨다는 것을 굳게 믿고 있다.

---

228) [편집자 주] 이 스님은 그런 현상이 관징 스님이 책에서 말한 '자성염불'이라는 것을 모르고 계속하고 있었다.

12. 나를 출가시키고 극락 가신 관징 법사

홍셴(宏顯, 중국 仙遊縣 서방사)

1) 내 삶을 모두 바꿔주신 관징 스승님

나는 현재 84살(2014년)인데 확실하게 기억은 나지 않지만 처음으로 관징 스님을 만난 것이 30대인 것으로 생각된다. 스승께서는 처음 삼귀의를 받아주시기 전에 먼저 2주일 동안 남새밥(素食, 菜食)만 먹은 뒤 오라고 했다. 그래서 2주동안 모든 고기를 끊고 오로지 남새밥(素食, 菜食)만 먹고 난 뒤 스님에게 가서 삼귀의를 하고 우잉(吾英)이란 법명을 받았다. 그 뒤 지금까지 한 번도 스님의 말씀을 어기지 않고 남새밥만 먹고 있다. 1980년대 스님이 미국에서 돌아오셨을 때 출가하여 홍셴(宏顯)이란 법명을 받았다.

스승을 만나 귀의하고 출가하기 전에는 이 동네에서 날마다 꼴을 베고 소먹이는 일을 했다. 그러나 출가를 한 뒤 내 생활은 완전히 바뀌었다. 나의 삶에서 가장 큰 변화를 일으킨 것은 스승께서 미국에서 돌아와 톈마사(天馬寺)에 제자들을 모두 모아 놓고 '道場'을 열었을 때이다. 그때 참가한 제자들이 모두 17명이었는데, 비구니는 나 혼자 뿐이었다. 지금 생각해도 비구니인 나를 그 道場

에 넣어준 관장 스승은 정말 파격이라고 아니할 수 없다. 이 때문에 나는 평생 스승에 대한 은혜를 잊지 않고 간직하고 있다. 평생을 꼴이나 베고 소나 먹이며 살다가 죽을 중생을 부처님 앞에 인도하여 생사를 다시 생각하게 하고 작지만 남을 위해 축원을 해주고 중생들과 괴로움을 함께하는 보살행을 할 수 있게 해준 스승은 나에게 바로 보살이고 살아있는 붇다(生佛)가 아닐 수 없다.

석 달 동안 나는 정말 열심히 했다. 가장 어려운 것은 그때까지 아직 글을 읽을 수 없다는 것이었다. 우리 어렸을 때는 시골에서 일 하느라 학교에 간다는 것은 꿈도 꾸지 못했다. 그렇기 때문에 간신히 이름이나 쓸 줄 알았던 나에게 그 어려운 경전을 읽어야 하는 임무는 정말 쉬운 일이 아니었다. 나는 그저 열심히 했다. 경전을 읽기 위해 글자를 열심히 익혔고, 심지어는 표준어인 북경말도 배웠다. 그리고 기적처럼 내가 그 사이에 경전을 읽을 수 있는 실력을 갖출 수 있었다.

의식을 할 때 순서나 주문을 외울 때 음률 같은 것이 조금만 틀려도 엄하게 꾸짖으셨기 때문에 하나도 소홀히 할 수가 없었다. 비록 3개월간이지만 새벽 4시부터 밤늦게까지 조금도 쉬지 않고 열심히 했기 때문에 道場이 끝났을 때는 이미 절에 돌아와 모든 절차를 조금도 틀리지 않게 할 수 있었다.

이제 내 나이 80살이 넘었지만 그 때 배운 것은 하나도 잊어버리지 않고 지금도 그 때 만들었던 책을 놓고 주문을 한 박자도 틀리지 않게 정확하게 외울 수 있다. 지금까지 몇 십 년 동안 그 때 배운 것을 바탕으로 열심히 살아가고 마을 사람들을 위해 기도해 주고 있기 때문에 아주 건강하고 나는 아픈 데가 하나도 없다. 작년 홍롄(宏蓮) 스님과 두 사람이 지은 벼농사가 모두 50석(1석=100근=25㎏, 모두 1,250㎏)인데, 30석만 먹고 20석이 남았고, 남새는 김과 버섯만 사고 모두 스스로 지어 먹으며, 우리 절에서 기르는 용안(龍眼)은 절에서 다 먹지 못해 모두 마을 사람들에게 나누어 준다. 이처럼 건강하게 살 수 있는 것은 모두 스승에게 배운 불법을 생활에서 그대로 실천하고 언젠가는 나도 극락에 간다는 기쁨이 늘 함께 하기 때문이다.

2) 극락에 가신 관징 법사님

관징 스님 입적하시고 셴먼사(仙門寺)에서 다비를 한 뒤 2일 만에 밤에 꿈을 꾸었다. 20대 깨끗하고 잘 생긴 청년이 되어 아주 화려한 가사를 입고 공중에 나타나셨는데, 그 가사에서는 찬란한 빛이 났다. 나는 스승에게 그 가사를 달라고 했다. 그랬더니 "이 가사는 당나라 때 황후인 이시민의 어머니가 만든 것이라 안 된다"고 하시면서 멀리 하늘나라로 올라가셨다. 나는 이로써 스승께서는 극락으로 가시는 것을 내 눈으로 본 것이다. 나는 관징 스승의 극락왕생을 믿으며, 나 또한 그 뒤를 따를 것이다..

극락과 염불
극락 여행기 · 정토선 수행

2016년 4월 8일 초판 1쇄 펴냄
2016년 4월 25일 증보판 1쇄 펴냄

지은이 釋寬淨 ┃ 옮긴이 서길수
펴낸이 이은금
펴낸곳 맑은나라 ┃ 출판등록 제 2013-000282호
주소 04056 서울특별시 마포구 신촌로2안길 47. 맑은나라 불교연구회
전화 (02)337-1661 ┃ 전자우편 koguri@hanmail.net

ISBN 979-11-873050-1-9 (03220)

책값 : 15,000원